당신이 꿈꾸던
30일간의
북유럽 여행

당신이 꿈꾸던 30일간의 북유럽 여행

발행일	2018년 12월 21일	
지은이	유창열·김선진	
펴낸이	손 형 국	
펴낸곳	(주)북랩	
편집인	선일영	편집 오경진, 권혁신, 최예은, 최승헌, 김경무
디자인	이현수, 김민하, 한수희, 김윤주, 허지혜	제작 박기성, 황동현, 구성우, 정성배
마케팅	김회란, 박진관, 조하라	
출판등록	2004. 12. 1(제2012-000051호)	
주소	서울시 금천구 가산디지털 1로 168, 우림라이온스밸리 B동 B113, 114호	
홈페이지	www.book.co.kr	
전화번호	(02)2026-5777	팩스 (02)2026-5747

ISBN   979-11-6299-465-8 03920 (종이책)   979-11-6299-466-5 05920 (전자책)

이 도서의 국립중앙도서관 출판예정도서목록(CIP)은 서지정보유통지원시스템 홈페이지(http://seoji.nl.go.kr)와 국가자료공동목록시스템(http://www.nl.go.kr/kolisnet)에서 이용하실 수 있습니다.
(CIP제어번호: CIP2018040638)

(주)북랩 성공출판의 파트너

북랩 홈페이지와 패밀리 사이트에서 다양한 출판 솔루션을 만나 보세요!

홈페이지 book.co.kr • **블로그** blog.naver.com/essaybook • **원고모집** book@book.co.kr

인생의 쉼표가 필요한 순간
신비의 땅 북유럽 여행은 어떠신가요?

노르웨이, 덴마크, 스웨덴, 핀란드 등지에서 보낸
30일간의 행복한 일탈

당신이 꿈꾸던

30일간의
북유럽 여행

유창열, 김선진 지음

북랩 book Lab

PROLOGUE

필자 부부는 은퇴 생활을 즐기는 60대 부부다.

은퇴 후 지난 10여 년 동안 세계 몇 곳을 여행했다. 지난해 6월 중순부터 7월 중순까지는 약 한 달 동안 북유럽을 여행했다. 그 여행 기간 중에 노르웨이 로포텐 제도(Lofoten Islands)의 레이네(Reine)라는 곳에서 페리선을 타고 피오르(fjord)를 건너 부네스 비치(Bunes Beach)라는 곳까지 약 2시간 동안 트래킹을 했다.

그 트래킹은 필자 부부에게 정말 잊지 못할 추억을 갖게 해 주었다.

부네스 비치로 가는 트래킹 길 주변은 온통 야생화로 뒤덮여 있었다. 마치 영화의 제목과 같이 '천상의 화원으로 가는 길' 같았다.

그 트래킹 길은 유명한 트레킹 길도 아니다. 우리 부부가 갔던 시기는 6월 말이었다. 그곳은 북극과 가까운 지방이라 높은 산봉우리에는 아직도 흰 눈이 남아 있었다. 그러나 산 아래 초원의 한낮의 기온은 15~20℃까지 올라갔다. 그곳은 이제 막 봄이 시작된 것 같았다. 그 온도는 식물들이 새 생명을 시작하기에 충분한 온도였다. 그래서인지 오랫동안 추위에 움츠렸던 식물들이 따뜻한 햇볕을 받아서 일제히 아름다운 꽃을 피우기 시작했다. 꽃 색깔도 가지가지였다. 노란색, 파란색,

붉은색의 이름 모를 야생화들의 천국이었다.

사실 대부분의 사람은 노르웨이 로포텐 제도가 어디에 있는지도 모를 것이다. 작은 해변에 불과한 부네스 비치라는 곳은 더더욱 알지 못할 것이다. 왜냐하면 로포텐 제도는 우리가 사는 지구의 반대편에 있는 너무 먼 곳이기 때문이다. 노르웨이 수도 오슬로부터 거리를 측정해 봐도 1,600㎞ 이상 떨어져 있다. 그런데 우리 부부는 그 먼 곳을 노르웨이의 한 사진작가의 글만을 읽고 찾아서 간 것이었다. 정말 모험심과 용기가 없었더라면 갈 수 없는 곳이었다.

부네스 비치는 로포텐 제도의 레이네라고 하는 작은 피오르 마을에서 출발하는 페리선을 타고 들어갈 수 있다. 따라서 사람의 발길이 많이 닿지 않았던 곳 같다. 일부 등산객이나 트래킹을 하는 사람들에게만 알려져 있었던 곳이다.

부네스 비치로 가는 방법은 로포텐 제도의 레이네라는 곳에서 페리선을 타고 웅장한 화강암 봉우리로 둘러싸인 레이네 피오르를 가로질러서 빈스타드(Vindstad)라는 곳으로 가야 한다.

부네스 비치의 트래킹 길은 빈스타드에서 시작해서 왕복으로 약 5.6㎞ 정도의 짧은 트래킹 길이다.

우리 부부는 북유럽 여행 15일째인 6월 30일 아침 8시에 레이네에서 출발하는 첫 배를 타고 빈스타드로 갔다. 그곳에서 부네스 비치까지 약 5.6㎞를 걸었다.

빈스타드에서 부네스 비치로 가는 길가 주변은 온통 야생화 꽃밭으로 가득 차 있었다.

야생화로 가득한 초원 가운데 듬성듬성 떨어져 있는 집들도 한결같이 아름다웠다. 마치 한 폭의 그림 같은 풍경이었다. 집들은 너무 조용했다. 가끔 빨래가 걸려 있는 집도 보였다. 그렇지만 인기척은 전혀 느껴지지 않았다.

'아! 평화라는 것이 이런 것이구나!' 하는 생각이 절로 들었다.

그리고 작은 산을 넘어 부네스 비치라는 하얀 모래밭을 걸었다.

그 모래밭에는 작은 발자국들이 남겨졌다. 며칠이 지나면 그 발자국은 파도에 흔적도 없이 지워질 것이다. 그리고 아름다운 로포텐 제도도 2~3개월이 지나면 계절이 바뀐다. 겨울이 오면 온 세상이 아무 일이 없었던 듯 흰 눈으로 덮일 것이다.

인생도 비슷하다. 누구나 아름다웠던 시절이 있다. 그렇지만 그 시절은 순식간에 지나간다. 그리고 세월이 흐르면 잊혀져 버린다.

우리 부부는 부네스 비치까지의 트래킹을 마치면서 그때의 아름다운 추억을 오랫동안 가슴에 간직하자고 다짐했다. 글쓰기 문외한인 필자 부부가 이 책을 쓰게 된 것도 바로 그런 이유다.

사실 누구나 세월이 흐르고 나이가 들면 지나간 일들은 잊혀진다.

필자 부부도 지난 삶을 되돌아보면 후회되는 것이 많다. 그렇지만 아름다운 추억들이 많다면 행복하게 눈을 감을 수 있을 것이다.

이 책을 통해 세계 여행을 꿈꾸는 사람들에게 우리 부부의 작은 경험이 용기를 전해 주었으면 좋겠다. 그리고 그 먼 곳까지 찾아갈 수 있었던 용기와 아름다운 추억들이 흰 눈에 덮이지 않기를 기원해 본다.

저자 유창열, 김선진

CONTENTS

PROLOGUE   5

여행 준비

왜 북유럽이었을까?   14

6월 중순에 떠나기로 한 이유   18

Google 지도로 그려본 북유럽 여행 루트   23

항공권을 6개월 전에 구입한 사연   28

엑셀(Excel)로 만들어 본 북유럽 여행 일정표   34

초보 여행자들의 공통된 고민들   38

초보 여행자들의 길잡이, TripAdvisor   44

호텔 등 숙소 예약   47

철도 교통편 예약   52

버스 교통편 예약   55

여객선 등 배편 예약   61

여행 준비물   66

덴마크(Day 1~5)

코펜하겐행 핀에어(Finnair)를 타다　74

북유럽 여행의 관문 덴마크 코펜하겐　90

자전거를 정말 사랑하는 코펜하겐 사람들　96

스웨덴 말뫼(Malmö), 헬싱보리(Helsingborg) 당일치기 여행　109

힐레뢰드(Hillerød)의 프레데릭스보르성　121

많은 아쉬움이 남은 코펜하겐 여행　127

노르웨이(Day 6~20)

빙하와 피오르의 나라, 노르웨이　140

너무나 평화롭게 보인 항구 도시 오슬로　145

바이킹 역사와 문화를 엿볼 수 있는 비그도이반도　158

오슬로에서 스타방에르까지 8시간의 기차 여행　165

우중(雨中)에 올라간 프레케스톨렌(Preikestolen)　175

지금도 아쉬움이 남는 베르겐(Bergen) 여행　186

거대한 폭포와 설산을 만난 플롬 산악철도 여행　201

플롬에서 Leikanger까지 페리선 타고 여행한 송네 피오르　209

송달(Sogndal)에서 올레순(Ålesund) 가는 길　219

올레순에서 알게 된 엄마의 마음　234

피오르 크루즈선을 타고 여행한 게이랑게르 피오르　249

Geiranger-Trollstigen, 골든 루트 버스 여행　259

로포텐 제도(Lofoten Islands), 그 섬에 가다　270

레이네 피오르 위의 거대한 바위산 레이네브링겐 하이킹　289

아름다운 부네스 비치(Bunes Beach) 트래킹　298

로포텐 제도, 오(Å)에서의 짧은 휴식　306

후티루튼(Hurtigruten) 크루즈 여객선 기항지, 스탐순 가는 길　311

노르웨이 해안 크루즈 여객선 후티루튼을 타다　317

후티루튼 타고 여행한 노르웨이 해안 크루즈 여행　329

북극 여행의 관문, 트롬쇠(Tromsø)　336

트롬쇠 근교 에르스피오르(Ersfjord) 여행　346

항공편으로 스톡홀름으로 이동하게 된 사연　352

스웨덴(Day 20~22)

스톡홀름에서 다시 시작한 북유럽 대도시 여행　360

Hop-On Hop-Off 버스와 보트를 타고 여행한 스톡홀름　366

물 위의 도시 스톡홀름　373

라트비아(Day 23~24)

발트해를 건너 도착한 라트비아 리가(Riga)　384

중세도시의 모습을 간직한 라트비아의 수도 리가　389

리가 재래시장과 다운타운 여행　395

에스토니아(Day 25~26)

탈린(Tallin)으로 가는 4시간 동안의 버스 여행　410

발트해의 진주 에스토니아 탈린　417

탈린 올드 타운 워킹 투어(Walking Tour)　423

핀란드(Day 27~30)

핀란드 헬싱키행 페리선을 타다　432

트램을 타고 여행한 핀란드 헬싱키　438

투르쿠(Turku) 당일치기 기차 여행　447

헬싱키에서 30일간의 북유럽 여행을 마치다　454

여행 준비

왜 북유럽이었을까?

내가 북유럽 여행을 결심하게 된 것은 여행을 좋아하셨던 직장 선배의 영향 덕분이다. 바로 내가 초임 대리 시절에 상사로 모셨던 분의 이야기다.

지금부터 7~8년 전쯤의 이야기 같다. 그분께서 핀란드를 여행하신 후 노르웨이의 노르카프(Nordkapp, 영어로는 North Cape)를 여행하셨다는 소식을 들었다. 그리고 북극에 가까운 노르웨이 작은 항구 도시 호닝스버그(Honningsvåg)에서 후티루튼(Hurtigruten)이라는 노르웨이 연안 여객 크루즈선을 타고 스탐순(Stamsund)이라는 곳으로 가서 로포텐 제도(Lofoten Islands)를 여행하셨고, 스타방에르(Stavanger) 뤼세피오르(Lysefjord) 위에 우뚝 솟아있는 604m 높이의 프레이케스톨렌(Preikestolen)에도 오르셨다고 한다.

나는 그때까지 노르카프나 로포텐, 그리고 프레이케스톨렌이라는 곳에 대해서 전혀 들어본 적이 없었다. 어디에 위치하고 있는지도 몰랐다. 지도에서 노르카프, 로포텐이라는 곳을 찾아보니 우리가 사는 지구 반대편 북극에 가까운 노르웨이 땅에 있다는 것을 알게 되었다.

나는 그분이 '어떻게 그 먼 곳까지 어떻게 여행하셨을까? 그분의 용기가 정말 대단하시다'라고 생각했다. 그 후에도 그분은 덴마크를 거쳐서 독일, 에스토니아, 라트비아 등 내가 잘 알지 못하는 발트해 연안의 국가들까지도 여행하신 후 귀국하셨다는 소식을 들었다.

[노르웨이 로포텐 제도]

　나도 평소 등산과 여행을 좋아한다.

　내가 여행을 좋아하게 된 것은 30여 년 전 직장에서 해외 연수를 간 것이 계기가 되었다. 그 당시는 88 서울 올림픽 직후 우리나라에서 해외여행의 자유화가 이루어지던 때였다. 그때는 일반인들도 처음으로 여권을 자유롭게 가질 수 있게 된 시절이었다. 그때 나는 영국 런던에서 해외 연수를 마치고 장기 휴가를 내어 두서너 달 동안 유럽과 미국 등 지구 한 바퀴를 돌면서 여행했다. 물론 유럽과 미국 대도시를 혼자 여행하는 경우도 있었지만, 외국 여행사의 코치 투어도 몇 차례 이용했기 때문에 100% 완전한 배낭여행을 했다고 할 수는 없었다.

　사실 그때나 지금이나 나는 영어 회화를 썩 잘하지 못한다. 학창시절에 영어를 배웠지만, 요즘 젊은이들처럼 원어민으로부터 영어 회화를 배울 여건이 되지는 못했다. 그래서 지금도 영어 회화 실력은 초급이나 중급 수준에 불과하다. 그런 탓에 여행하면서 어려움도 많이 겪었다.

　그런 내가 혼자의 힘으로 하는 자유여행, 배낭여행이 어떠한 여행이라는 것을 미리 알았더라면 겁이 나서 해외 연수 종료 후 곧바로 귀국했을 것이다. 그렇지만 어렵게 얻은 해외여행 기회였기 때문에 세계 일주 항공권 한 장과 『세계를 간다』라는 여행 책자를 가지고 지구 한 바퀴를 돌 생각을 하게 되었다. 젊고 용기가 없었더라면 세계 일주 여행을 못 했을 것이다. 그때 많은 시행착오도 겪었지만 잊지 못할 추억도 많이 남았다. 지금도 그때를 회상하며 여행을 꿈꾸는 경우가 많다.

그 후의 장기 해외 장기 여행 경험은 직장 생활을 마친 이후였다.

나는 등산을 좋아하는 사람이기 때문에 산악회에서 주관하는 인도·네팔 배낭여행을 다녀왔다. 그리고 스페인 순례자의 길을 따라 약 800㎞ 정도의 거리를 34일 동안 걸은 경험도 있다. 그렇지만 인도·네팔 배낭여행은 가이드도 있는 단체 배낭여행 형식이었기 때문에 패키지여행과 크게 다를 바 없었다.

스페인 순례자의 길 도보 여행은 순례자의 길에서 만난 순례자들과 함께 여행한 경우가 많았기 때문에 크게 어렵지 않았다.

내가 배낭여행과 같이 장기 자유여행을 한 것은 2012년에 50여 일간 독일, 스위스, 이탈리아와 동부 유럽 국가들을 여행한 것과 2014년에 약 40여 일간의 스페인, 포르투갈을 여행했을 때다. 그렇지만 요즘 젊은이들처럼 노트북이나 스마트폰을 가지고 다니면서 호텔이나 비행기 표를 예약하거나 여행 정보를 해외 현지에서 검색하면서 여행하는 수준은 되지 못하였다. 단지 스마트폰이나 태블릿 PC에 여행 정보를 저장해서 참고하는 수준이었다.

그런데 내가 모셨던 그 직장 선배의 북유럽 여행 소식은 내게 약간 충격으로 다가왔다. 왜냐하면 나도 노르웨이가 스위스 못지않게 아름다운 자연경관을 가진 나라라는 것을 알고 있었지만 높은 물가 수준과 불편한 교통편 등으로 인해서 여행할 엄두를 내지 못하고 있었기 때문이다.

그분의 북유럽 여행 소식을 듣고 나도 그분처럼 북유럽 배낭여행을 해 보고 싶다는 생각이 솟구쳤다. 그렇지만 쉽게 북유럽 배낭여행을 결심하지는 못했다. 왜냐하면 노르카프라는 곳은 알고 보니 노르웨이 최북단의 북극에 가까운 곳이었다. 그곳을 가려면 호닝스버그라는 곳으로 가야 하는데 그곳은 사람들도 많이 살지 않는 곳 같았다. 아무리 모험심이 많다고 해도 사람도 별로 많지 않은 황량한 땅에서 아내를 데리고 여행한다는 것은 정말 무모한 짓 같았다. 그래서 용기가 나지 않았던 것이다.

그런데 4~5년 전에 그분이 돌아가셨다는 소식을 듣고 다시 한번 놀랐다. 나이로 따져보면 그분과 나의 나이는 10여 살밖에 차이가 나지 않는다. 나이도 많지 않으신 분이 갑자기 세상을 떠나시다니, 정말 놀랍기도 했지만 먼저 머릿속을 스쳐 가는 것은 '나도 늙었는가?', '나는 앞으로 얼마나 더 살 수 있을까?' 하는 것들이었다.

사실 내 마음은 아직 젊다. 하고 싶은 일도 많고, 가고 싶은 곳도 많다.

그런데 갑자기 돌아가신 그분을 생각하니 나도 이제 내 마음대로 할 수 있는 시간이 많지 않다는 것을 깨닫게 된 것이다. 좀 슬픈 생각도 들었지만, 한편에서는 하고 싶은 일들을 더 이상 뒤로 미루면 안 되겠다는 생각이 들었다. 오히려 더 늙기 전에 빨리 떠나야겠다는 조급한 마음이 들기 시작했다.

6월 중순에 떠나기로 한 이유

[노르웨이 게이랑게르, 트롤스티겐 간 골든 루트]

내가 직장 생활을 마친 지도 거의 10년이 되어 간다. 정말 세월이 너무 빨리 흘러간 것 같다. 이제는 조용히 살 나이가 된 것이다. 나는 그런 면에서 조금 행복한 사람에 속한다. 도시에 살고 있지만, 가끔 가까운 시골의 고향에 내려가서 농사를 짓는 흉내를 낸다. 그리고 잠시 시간을 내어 여행을 가고 싶다는 꿈을 꾸곤 한다.

그러던 중 아내의 환갑이 다가왔다. 아이들은 아내와 함께 환갑 기념 여행을 떠나기로 하고 오래전부터 여행 계획을 세웠다. 그런데 떠나기로 했던 2년 전 9월에 아이들에게 갑자기 불가피한 사정이 발생했다. 나도 한참 농사일이 바쁘던 철이라 어떻게 할 방법이 없었다. 그래서 그해 농사일을 마치고 좀 여유가 있는 다음 해 6월에 아내와 노르웨이로 여행을 떠날 것을 생각했다. 바로 내가 오랫동안 꿈꾸어 왔던 북유럽 여행이었다.

특히 노르웨이 로포텐 제도(Lofoten Islands)는 알면 알수록 매력적인 여행지로 보였다.

우선 등산을 좋아했던 나로선 로포텐 제도 레이네 마을에 있는 레이네브링겐(Reinebringen)이라는 산에 올라가고 싶었다. 또한, 노르웨이 어느 사진작가가 소개하는 부네스 비치(Bunes Beach)로 가는 트래킹 길도 흥미를 끌었다. 그곳은 로포텐 제도의 아름다운 피오르 마을 레이네에서 페리선을 타고 피오르를 건너가면 나오는 길로, 웅장한 화강암 봉우리로 둘러싸인 골짜기 아래의 빈스타드라는 곳에서 부네스 비치까지 왕복으로 약 5.6km에 달하는 길이었다.

내가 노르웨이에 대해서 자세히 알게 된 것은 인터넷 검색 엔진인 구글(Google) 덕분이라고 할 수 있다. 나는 지금도 알고 싶은 것이 있으면 인터넷 구글 검색창에서 검색한다.

그런데 여행 시기가 문제였다. 취미 생활이긴 하지만 4~5월의 바쁜 농사철과 호텔 비용이 많이 드는 7~8월 여름 휴가철은 피하고 싶었다.

특히 노르웨이는 높은 산이 많은 나라다. 노르웨이 북부로 올라갈수록 4~5월까지도 고산 지역의 산악 도로가 빙판을 이루기 때문에 교통이 통제되는 곳이 많다. 겨울도 일찍 찾아온다. 9월이 되면 서리가 내리고 높은 산길은 다시 빙판길로 변하는 경우가 많다고 한다. 따라서 버스를 타고 이동이 필요한 장거리 여행은 가능한 한 8월 말 이전에 마치는 것이 좋으리라 판단했다.

우리 부부는 노르웨이 게이랑게르 피오르(Geiranger Fjord) 여행을 마친 후 로포텐 제도를 여행하기로 계획을 세웠다. 게이랑게르에서 로포텐 제도로 이동하기 위해서는 게이랑게르에서 급경사 길로 유명한 트롤스티겐(Trollstigen)과 온달스네스(Åndalsnes) 사이를 잇는 골든 루트(Golden Route)라는 높은 산악 도로를 통과해야 하는데, 그 도로를 운행하는 버스는 2017년의 경우 6월 26일부터 운행을 시작하여 8월 20일까지 운행한다는 것이다(참조: visitandalsnes.com).

따라서 버스로 여행한다면 6월 말부터 8월 말까지 약 2개월의 기간이 노르웨이를 여행할 수 있는 최적기로 판단되었다. 우리 부부도 여행 일정표의 게이랑게르에서 온달스네스로 이동하는 시점을 6월 26일 이후로 조정해야 했다.

노르웨이 여행 최적기는 일반적으로 날씨가 따뜻한 6~8월이라고 한다. 왜냐하면 노르웨이는 바다와 인접해 있는 나라이고 북대서양 해류의 영향으로 같은 위도에 나라들에 비하면 비교적 온화하기 때문이다. 그렇지만 비가 오는 날이 많다고 하여 고어텍스 상의를 따로 준비하기로 했다.

[백야(白夜)]

Self-Travel Tip ➤ *Google 검색창에서 검색해 보자!*

Norway 여행하기 좋은 시기

1. '여행하기 좋은 시기(best time to travel in ○○나라, tourist season in ○○)' 등과 같은 keyword
   로 Google 검색창에서 검색해 본다.
   영어 문장이 맞는지 틀렸는지 문장 오류에 대해서 너무 걱정하지 말자. 검색하다 보면
   어떤 단어, 어떤 문장을 사용하는 것이 옳은지 자연히 배우게 된다.

2. 검색한 영어 문장은 'Google 번역'을 이용하면 쉽게 의미를 파악할 수 있다.

3. 일반적으로 Norway 여행하기 좋은 시기는 다음과 같이 구분할 수 있다.
   ① 여행 최적기(Top Tourist Season): 6~8월
   • 기온이 따뜻하고 한밤중까지 태양이 떠 있으며, 특히 노르웨이 북부에서는 24시간
     내내 햇빛을 볼 수 있는 백야가 지속되어 밤늦게까지 여행을 할 수 있다.
   ② high travel season을 피해서 저렴하게 여행하고 싶을 때: 5월/9월
   • 이 시기에는 고산 지역 산악도로의 자동차 운행이 통제되는 경우가 많다.

여행 준비

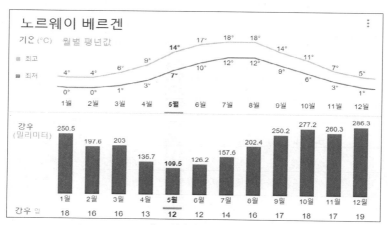

[노르웨이 베르겐 날씨]

Google 지도로 그려본
북유럽 여행 루트

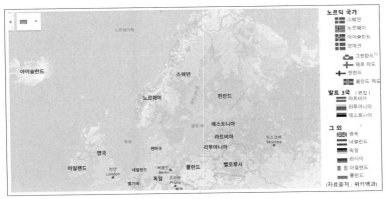

[북유럽]

보통 유럽이라고 하면 크게 동유럽과 서유럽으로 나누거나 중유럽·남유럽·북유럽으로도 구별한다. 명확한 기준이 정해진 것이 아니기 때문에 북유럽이라고 하면 말 그대로 유럽의 북부 지역을 가리키는 것인데, 지리적으로 좁게 보면 스칸디나비아반도와 그 주변을 말한다.

나라들로 구분하자면 북유럽은 일반적으로 노르웨이, 스웨덴, 핀란드, 덴마크, 아이슬란드 등 5개국을 가리킨다.

그런데 노르딕 국가들(Nordic Contries)로 불리기도 하는 이들 다섯 국가는 십자 형태의 국기를 가지고 있고, 언어도 아이슬란드, 노르웨이, 스웨덴, 덴마크는 북게르만어 계통에 속한 언어가 공용어로 지정되어

여행 준비

있다. 핀란드는 우랄어족에 속한 핀란드어가 공용어이지만, 스웨덴어도 공용어로 지정되어 있다.

또한, 역사적으로 보면 8세기 말~11세기 초 해상으로부터 유럽·러시아 등에 침입한 바이킹(Viking)이라고 불렸던 노르만족(북게르만족)들이 많이 살던 지역이기도 하다.

그런데 북유럽을 더 넓게 보면 독일 북부는 물론이고 영국에 러시아 인근 발트 3국인 라트비아, 리투아니아, 에스토니아까지 포함하는 경우도 있다. 이렇게 넓게 구분하는 이유는 고대 로마제국 시대에 로마제국의 지배력이 미쳤던 경계와 밀접한 관련이 있다. 독일 북부나 영국 북부, 그리고 발트 3국과 러시아는 고대 로마제국의 지배력에서 벗어나 북게르만족이 살던 지역이기 때문이다.

이렇게 북유럽은 지리적인 공통점과 역사적인 유사성으로 구분하고 있지만, 인종적으로도 키가 크고 금발 벽안인의 비율이 높은 지역이기도 하다. 또한 국민 소득이 세계 최상위를 차지하는 복지 국가들로서 상호 유사한 정치, 경제 체계를 가지고 있고 국가 간 교류와 협력도 활발히 이루어지는 지역으로 알려져 있다.

우리 부부는 6월 중순부터 한 달간 북유럽을 여행하기로 계획을 세웠다. 어느 나라, 어느 도시를 먼저 여행하고 그 다음은 어느 도시를 어떻게 이동해서 여행할지에 관한 고민이 많았다. 우선 여행 기간을 한 달 남짓한 기간으로 정했기 때문에 자연경관이 아름다운 노르웨이를 가능한 한 많은 기간 동안 여행하고 싶었다. 그래서 항공 이동이 필요한 아이슬란드는 제외할 수밖에 없었다.

한 달여 동안의 배낭여행 기간 중 약 15일 정도의 기간 동안 노르웨이를 여행하기로 마음먹었기 때문에 덴마크, 스웨덴, 핀란드와 발틱 국가인 라트비아와 에스토니아는 짧게는 2~3일에서 길게는 4~5일의 범위 내에서 그 나라의 수도나 근교 지역에 한정해서 여행하기로 계획을 세웠다. 또한 노르웨이 최북단까지는 여행할 생각이 없었기 때문에 북유럽 여행의 첫 출발지를 꼭 핀란드 헬싱키로 고집할 필요도 없었다. 그래서 30여 일간의 북유럽 여행의 첫 출발지를 덴마크 코펜하겐으로 하고 노르웨이를 여행한 다음 스웨덴의 스톡홀름과 발틱 국가 중 라트비아의 리가와 에스토니아 탈린을 여행한 후 핀란드 헬싱키에서 30여 일간의 북유럽 여행을 마치기로 했다.

나라별로 내가 여행하고 싶은 도시, 관광명소를 찾는 방법은 다음과 같았다.

첫 번째로 북유럽을 이미 여행했던 여행자들의 여행 루트, 그리고 국내외 여행사들의 여행 코스를 먼저 살펴봤다.

두 번째로 내가 여행하고 싶은 도시, 관광명소를 구글 등의 인터넷 검색창에서 키워드로 직접 검색해 보았다. 예컨대 노르웨이를 가면 꼭 가야 할 곳(place), 노르웨이에서 꼭 봐야 할 볼거리(to see, to go), 즐길 거리(to do), 관광명소(attractions, best place) 등과 같은 키워드로 구글 등의 인터넷 검색창에서 직접 검색해 보았다.

세 번째 방법은 해당 나라의 관광청이나 트립어드바이저(TripAdvisor) 등 여행 정보 사이트의 여행 정보를 이용하는 방법이다.

여행 준비

노르웨이 관광청 (Top10 places in Norway)	Tripadvisor (Top10 places in Norway)	lonelyplanet (Top17 experiences in Norway)
1.The Lofoten Islands	1.Oslo	1. Geirangerfjord
2.Bergen	2.Bergen	2. Lofoten Islands/
3.Tromsø	3.Trondheim	3. Hurtigruten coastal ferry
4.The Svalbard Islands	4.Tromsø	4. Northern lights
5.The Geirangerfjord	5.Stavanger	5. Bryggen, Bergen
6.Oslo	6.Kristiansand	6. Hiking the Jotunheimen
7.Flåm	7.Alesund	7. Svalbard
8.The Stavanger region	8.Fredrikstad	8. Kystriksveien (coastal route)
9.Trondheim	9.Drammen	9. Oslo-Bergen Railway
10.The Ålesund and Sunnmøre area	10.Bodo	10. Pulpit Rock
		14. Ålesund.
		16. Tromsø
		17. Oslo

[노르웨이의 주요 볼거리, 추천 여행지]

　　이상과 같은 방법을 통해서 내가 가고 싶은 여행지나 도시를 결정했다. 그런데 위 세 가지 방법을 사용해서 나라별로 가고 싶은 여행 도시나 관광명소를 찾는다고 해도 비슷한 결과를 얻게 되는 경우가 많다. 특히 트립어드바이저 사이트는 이미 여행했던 여행자들의 선호도를 기준으로 여행하고 싶은 도시의 순위를 표시하고 있어서 초보 여행자들이 어느 도시를 여행할 결정하는 데 도움을 주는 것 같다. 이렇게 얻은 여행 정보를 바탕으로 내가 가고 싶은 여행지를 구글(Google) 지도로 그렸다. 중요한 것은 이동 교통편이었다. 여행 목적지를 확정한 후 우선 그곳을 여행했던 다른 여행자들은 어떻게 이동했는지 다른 여행자들의 교통편을 벤치마킹했다. 또한, 구글(Google) 지도를 통해서 교통편을 직접 찾아보거나 구글(Google) 검색창에서 직접 조회해 보는 방법도 사용했다. 이렇게 구글 지도로 그린 여행 루트는 일차적으로 항공권 구입과 호텔 예약, 버스, 기차 등 교통편 예약 등을 위해서 활용했다. 그리고 세부 여행 계획을 세우면서 여행 루트를 여러 차례 수정했다.

Self-Travel Tip ➤ *Google 검색창에서 검색해 보자!*

Google 지도로 여행 루트 짜보기

1. 여행 국가별, 도시별로 내가 가고자 하는 관광명소(attractions), 볼거리(to see), 즐길 거리 (to do)를 검토 후 여행할 나라와 도시를 정한다.

   ① 여행 목적지 결정 방법은 다른 여행자나 여행사들의 여행지를 참고하거나 Google이 나 Google 지도 검색창에서 볼거리(to see), 즐길 거리(to do), 관광명소(attractions) 등 과 같은 키워드로 검색해 본다.

   ② 대부분의 여행 정보는 해당 국가나 도시의 tourist information center나 Tripadvisor(tripadvisor.co.kr) 등과 같은 곳에서 얻게 되는 경우가 많다.

2. 우리나라에서 여행 예정 도시와 연결되는 항공편이 있는지 항공사를 살펴본 후 도착 공 항과 귀국 공항을 결정한다.

3. 여행 시작 도착 공항에서 가까운 여행지나 교통이 편한 도시 순서로 Google 지도로 '길 찾기' 방법으로 여행 루트를 짜 본다.

4. 여행 루트 짤 때 중요한 문제는 '이동 교통편'이 있는지 없는지 교통편 유무이다.

   도시 간 교통편 확인 방법은 'Google 지도'에서 대중교통 또는 항공편 등의 방법으로 ' 길 찾기'를 해보든가 'Google 검색창'에서 이동 방법(how to get to), 교통편(transport), 버 스(bus), 또는 항공편(flight) 등과 같은 키워드로 검색해본다.

[구글 지도로 그려본 북유럽 여행 경로]

여행 준비

항공권을 6개월 전에 구입한 사연

[핀란드 핀에어(Finnair) 항공]

　장기 여행자에게 여행 경비는 매우 중요한 문제다. 그리고 그중에서도 큰 비중을 차지하는 것이 항공료다.

　항공권 요금은 항공권 구입 시기, 여행 성수기, 비수기 여부, 그리고 환승 여부에 따라서 그 가격 차이가 크다.

　필자 개인의 견해이지만 미래에 공급될 서비스 상품에 대한 가격은 수요자보다 일차적으로 공급자 제시 가격이 더 큰 영향을 받을 것으로 생각한다. 왜냐하면 구입자 입장에서 보면 당장 내일 탈 비행기도 아닌데 높은 가격을 지불하면서 항공권을 구입할 필요도 없는 것이고 항공사 입장에서도 처음부터 높은 가격을 제시하면 항공권이 팔리지 않게 될지도 모르기 때문이다.

따라서 항공사들은 처음 일정 기간(lead time) 동안은 항공권 가격을 낮춰서 제시하다가 항공권 판매 수량의 증가 추이를 보고 남은 항공권의 가격을 점차 올릴 것인지 아니면 내릴 것인지 결정할 것이다. 이 같은 항공권 가격의 변동은 항공권 구매자들이 인터넷으로 항공권을 구입할 경우 항공권의 좌석 상태(1~9로 표시됨)에 따라서 항공권을 언제 구입하는 것이 적정 구입 시기인지를 어느 정도 예측할 수 있다고 생각된다. 예컨대 항공권 좌석 상태가 9에서 1로 변경되고 있다면 서둘러서 항공권을 구매해야 한다는 것 등으로 설명할 수 있다.

우리 부부의 북유럽 여행을 위한 항공편 출발 스케줄은 6월 15일에 인천공항을 출발해서 핀란드 헬싱키 공항에서 환승 후 덴마크 코펜하겐 공항으로 가는 것이었다. 귀국은 핀란드 헬싱키에서 여행을 마치고 7월 14일에 핀란드 헬싱키 반타공항(Helsinki Vantaa Airport)에서 인천공항으로 귀국하는 것이었다. 따라서 도착 공항과 귀국 공항이 다른 항공권, 즉 '출입국이 다른 항공권'을 구입해야 했다. 게다가 핀란드 헬싱키 공항에서 환승 대기 시간은 가능한 한 짧은 시간 범위 내에서 환승하는 항공권을 구입하고 싶었다.

필자는 코펜하겐행 항공권을 사기 위해서 여행 출발 약 7~8개월 전인 전년도 10월 말부터 항공권 판매 여행사의 웹사이트에서 항공권 가격을 살펴봤다. 그렇게 일찍부터 관심을 둔 이유는 가능한 한 저렴하게 항공권을 구입하고 싶었기 때문이었고, 또한 내가 타게 될 코펜하겐행 항공권의 탑승 시기가 여행 성수기인 7월을 앞둔 시점이었기 때문이었다.

여행 출발 7~8개월 전인 10월 말경 코펜하겐행 항공권의 가격은 약 82만 원 수준이었다. 그런데 비행기를 타려면 앞으로도 6개월 이상 남아 있었기 때문에 항공권 구입을 차일피일 미루게 되었다.

북유럽 여행 출발 6개월을 앞둔 12월에는 항공권을 구입하겠다고 생각하고 필자가 자주 이용하는 T 여행사(www.tourexpress.com/) 웹사이트에서 항공권의 가격을 확인했다. 그런데 놀랍게도 82만 원 수준의 항공권은 이미 매진되고 '대기' 상태였다. 서둘러 H 여행사(www.hanatour.com/) 웹사이트에서도 항공권 가격을 살펴봤지만 82만 원대 항공권은 이미 매진 상태였다. 결국 필자는 불가피하게 H 여행사에서 10여만 원 이상의 추가 비용을 더 지불하고 그 항공권을 구입할 수밖에 없었다.

항공권은 항공사 사이트에서도 구입할 수 있다. 예를 들면 덴마크 코펜하겐행 핀에어(Finnair) 항공권을 구입하고 싶다면 핀에어 항공사 사이트에 들어가서 회원 가입 후 항공권을 구입하면 된다. 그러나 항공사별로 항공권 가격을 비교하고 저렴한 항공권을 구입하고자 한다면 항공권별로 가격 비교가 가능한 항공권 판매 여행사의 웹사이트에서 인터넷으로 구입하는 것이 바람직하다.

항공권을 인터넷으로 구입하면 이티켓(E-Ticket)이라고 하는 전자 항공권이 발급된다.

이 전자 항공권을 출력해서 출발하는 날 공항의 항공사 탑승수속 창구에 제시하면 된다.

그런데 만일 노르웨이 트롬쇠(Tromsø)에서 스웨덴 스톡홀름(Stockholm)으로 갈 경우에는 어느 곳에서 어떻게 항공권을 구입할 수 있을까?

필자는 모르는 것이 있을 때는 일차적으로 구글(Google) 등 인터넷 포털 사이트의 검색창에서 키워드로 검색해 보는 경우가 많다. 예컨대 항공편은 영어로 'Flight'이므로 'Flight Tromso to Stockholm' 등과 같은 키워드로 검색해 보는 것이다. 물론 검색해도 알 수 없는 경우도 있다.

두 번째로 해외 항공편을 알 수 있는 방법은 구글(Google) 지도에서 출발지를 노르웨이 트롬쇠, 목적지를 스웨덴 스톡홀름으로 설정하고 항공 이동 방법으로 검색하는 방법이다.

세 번째 방법은 위치버짓(wichbudget, www.whichbudget.com/)이나 스카이스캐너(skyscanner, https://www.skyscanner.co.kr/)와 같은 국제 항공권 가격 비교 사이트를 통해서 항공편의 유무와 가격을 확인하는 방법이다.

항공권 구입 시 항공권 가격 못지않게 고려해야 할 사항들이 추가로 있다. 비행시간, 환승 여부 등 여러 가지 사항이 그것인데, 그중에서도 목적지 공항 도착 시각은 특히 중요하다. 왜냐하면 깜깜한 한밤중에 공항에 도착해서 호텔을 찾아가는 것은 초보 여행자에게는 큰 부담이 아닐 수 없기 때문이다. 특히 영어를 잘할 줄 모르는 50~60대 배낭여행 초보자가 밤중에 지하철이나 시내버스를 타고 호텔을 찾아가는 것은 위험하다. 필자도 6~7년 전에 파리 공항에 늦은 밤에 도착해서 밤중에 호텔을 찾아가면서 무서워했던 기억을 지금도 잊지 못한다. 혹시 불가피하게 한밤중에 공항에 도착했다면 택시를 타거나 픽업 서비스(pick-up)를 받는 것이 좋다.

Self-Travel Tip ➤ *Google 검색창에서 검색해 보자!*

항공권을 저렴하게 구입하는 방법

1. 항공권은 항공사 홈페이지에서도 구입할 수 있지만, 가격 비교를 할 수 있는 항공권 판매 여행사 또는 항공권 판매 대리점 홈페이지에서 인터넷으로 구입하는 것이 좋다. 예시) 투어익스프레스(www.tourexpress.com/), 인터파크투어(air.interpark.com/), 하나투어 (www.hanatour.com/) 등.
2. 항공권 가격은 구입 시기, 성수기와 비수기 여부, 직항/환승 여부, 결제 조건에 따라서 가격이 크게 차이가 난다. 항공권 가격은 일반적으로 일찍 구입할수록 저렴하고, 출발 일이 다가올수록 비싸진다.
3. 따라서 저렴한 항공권을 구입하려면 최소 6개월 전부터 항공권 판매 여행사 사이트에서 항공권 가격 동향을 살펴보는 것이 바람직하다.
4. 적당한 항공사의 항공권을 사겠다고 결정할 경우 좌석 여유 상태(1~9로 표시됨)가 9에서 그 이하로 떨어지기 시작할 경우(9→1) 해당 가격의 항공권이 곧 매진되고, 가격이 오를 수 있다는 의미이므로 신속히 구입 여부를 결정해야 한다.

[항공권 가격 조회]

5. 국제항공권 가격 비교 사이트로는 다음과 같은 것이 있다.

　예시) wichbudget(http://www.whichbudget.com/), skyscanner(https://www.skyscanner.net/).

6. 국제항공권 가격 비교 사이트를 통해서 항공편을 찾을 수 없는 경우 'Flight ○○ to ○○', 'cheapest air tickets from ○○ to ○○' 등과 같은 키워드로 google 검색창에서 검색해 본다.

　☞ 주의) 항공편 가격을 여행사나 항공사 웹사이트에서 반복적으로 검색하면 항공권 가격이 올라가는 경우가 많다. 따라서 해외 항공사에서 항공편 가격을 조회할 경우 시크릿 모드 또는 비공개 브라우징 모드로 항공편을 검색하는 것이 바람직하다. (ref: How to Book the Cheapest Flight Possible to Anywhere by Jen Avery)

엑셀(Excel)로 만들어 본
북유럽 여행 일정표

항공권을 구입하고 나자 마음은 당장 내일 떠나는 것처럼 바빠졌다.

그도 그럴 것이 북유럽 배낭여행을 출발하려면 앞으로도 6개월 정도 남았는데 며칠 사이 항공권 가격이 10여만 원 이상 오른 것이다. 따라서 모든 것을 서둘러야겠다는 생각이 들었다. 사실 6~7월은 여행 성수기에 가까운 시기가 아닌가?

내가 서두른 이유는 호텔이나 항공권은 일찍 예약할수록 여행 비용을 절약할 수 있기 때문이다.

그렇지만 또 다른 이유도 있었다. 나는 20~30대 젊은이들처럼 해외 현지에서 스마트폰으로 호텔이나 항공편, 교통편을 자유롭게 예약하지 못한다. 왜냐하면 나처럼 50~60대 사람들이나 배낭여행 초보자들은 해외에서 인터넷 연결을 쉽게 할 수 없는 사람들이 대부분이기 때문이다. 사실 나는 몇 년 전까지도 와이파이(Wi-Fi)가 무엇인지, 어떻게 스마트폰의 와이파이를 연결하는 것인지도 잘 몰랐다. 따라서 나처럼 해외에서 스마트폰이나 컴퓨터로 인터넷을 잘 연결하지 못하는 사람이나 배낭여행 초보자들이 배낭여행을 쉽게 할 수 있는 방법은 인터넷 연결이 쉽게 가능한 국내에서 호텔이나 항공편, 교통편을 예약하는 것이라고 판단한 것이다.

여행 방식도 예약된 여행 일정표에 따라서 여행하는 것이 편하다고 판단했다. 따라서 엑셀(Excel)로 여행 일정표를 작성해서 날짜별로 여행할 국가, 도시를 적어 넣으면서 30여 일간의 세부 여행 계획을 상세하게 세우고자 했다.

세부 여행 계획 중 중요한 것은 여행할 나라와 도시를 확정하고 숙소를 예약하는 일이었다.

두 번째로 중요한 것은 여행할 곳에서 도시 간 이동이 필요할 경우 어떻게 이동할지에 관한 교통수단을 결정하고 예약하는 일이었다. 그리고 '무엇을 보고(to see), 즐기면서(to do) 여행할 것인가'와 '가고 싶은 여행지나 관광명소를 결정하고 그곳을 어떻게 찾아갈 것인가' 하는 것이었다.

사실 제일 중요한 것은 교통편을 확인하고 예약이 필요한 경우는 예약하는 것이었다. 대도시의 대중교통편 이용과 관련하여 나는 싱글 티켓(Single Ticket)보다는 버스나 전철, 트램(노면전차) 등의 각종 대중교통수단을 자유롭게 이용할 수 있는 데이 티켓(Day Ticket), 혹은 대중교통편과 박물관이나 미술관 등 관광명소를 자유롭게 입장할 수 있는 코펜하겐 카드(Copenhagen Card), 오슬로 패스(Oslo Pass)와 같은 여행자용 관광 패스를 구입해서 사용키로 하고 국내에서 이를 미리 예약했다.

이렇게 엑셀로 여행 일정표를 작성하면서 나라별로 여행 도시를 확정하고 호텔과 교통편을 예약했던 것이다. 또한 여행 도시별로는 무엇을 보고, 즐기고, 어떤 호텔에서 머무를 것인지를 결정하고 예약이 필요한 것은 예약 후 엑셀로 만든 여행 일정표에 표시했다.

따라서 엑셀로 30여 일간의 북유럽 여행 계획이 세워지자 소요 여행경비도 항공권(2인, 1,852,800원), 호텔비(2,812,700원), 교통비(4,687,300원) 등으로 구분하여 산출할 수 있었다.

또한 식사비, 교통비 등 여행 중 소요되는 소소한 여행 경비는 1일당

80유로를 기준으로 환전(3,183,800원)할 계획이었으므로 30일간의 북유럽 여행 총 경비 추정액(12,536,000원)도 자동으로 산출되었다.

여행 경비 측면에서 보면 북유럽의 경우 물가 수준이 매우 높은 나라들이다. 그러나 관광객들이 많이 몰리는 여름 휴가철 여행 성수기를 피하고, 호텔, 항공권을 5~6개월 전부터 조기 예약할 경우 여행 경비를 큰 폭으로 줄일 수 있다는 것을 알게 됐다.

일자	내용	지급	통화	외화금액	미지급	예약여부	hotel	교통비	식사,잡비	비자
6.15(목)	INC인천 10,20~(finnair)-16:15 Copenhagen									
	1)항공권: Finnair 926,400*2인	1,852,800				예약필		1,852,800		리파
	2)스킨pass5일 EUR401*1290	509,270				예약필			509,270	골루기
	3)호텔:Cabinn Scandinavia 113eur+조식 *4d*1290		DKK	2,520	583,080	예약필	583,080			
	4)코펜하겐카드 3d*629dkk*2*171=215,118		DKK	629	215,118	예약필		215,118		
	5)공항→시내:metro 34dkk*2*171=11,628		DKK	68	11,628	현지		11,628		
6.16(금)	Copenhagen 시내관광									
	8:00 Hotel→Radhus→canal tour(Christiansborg Palace)→Nyhavn→Frederiks Kirke→Rosenborg Castle→Kastellet→(전망)→hotel									
6.17(토)	Copenhagen 7:56→8:53 malmo→Helsingborg→Helsingør→Copenhagen									겸은물
	1)왕복철도 요금 (222+111+216=549dkk)*142=93,870					eurail-pass				
	2)ferry 요금 50 SEK*2명=13,500		SEK	50	13,500	현지		13,500		
	Malmo Station→Turning Torso→Ribersborgs Kallbadhus→Malmö Castle→Kungsparken→Lilla torg→Malmö Town Hall→Stortorget, Malmö									
6.18(일)	Copenhagen-Hillerød→Frederiksborg Castle									
	1)왕복철도 :코펜하겐카드 사용					코펜카드				
6.19(월)	Copenhagen16:30→(DFDS야간)→9:30Oslo									
	1) DFDS예약 212.9eur*1290=274,641	274,641				예약필		274,641		
	-terminal 주소:Dampfærgevej 30, 2100 København Ø, Danmark									

EXCEL로 만든 북유럽여행 일정표 (6.15-7.15)

[엑셀로 만들어 본 북유럽 여행 일정표]

 Self-Travel Tip ➤ *Google 검색창에서 검색해 보자!*

필자 부부의 여행 경비 절감 방법

1. 'travel cost saving in ○○' 등과 같은 keyword로 Google 검색창에서 검색해 본다.
2. 항공권, 호텔 숙박비는 휴가철 등 여행 성수기에는 매우 높다. 따라서 배낭여행 출발 시기는 가능한 관광객들이 몰리는 7월 여름 휴가철 성수기는 피한다.
3. 여행 경비 중 크게 절감할 수 있는 부분은 호텔비, 항공권 요금이고 교통비들 중에서는

철도 교통비이다. 호텔비, 항공권 요금, 철도 승차권 요금을 절감할 수 있는 핵심 포인트는 조기 예약하는 방법인 것 같다.

4. 항공권, 호텔비 등 서비스 요금은 일정한 기간을 두고(lead time) 미리 예약할 경우 가격 할인율이 50%가 넘는 경우가 많다. 따라서 호텔, 항공권 예약은 여행 출발 5~6개월 전부터 항공권 가격, 호텔 숙박비를 살펴보고 인터넷으로 미리 예약한다.

5. 특히 객실 보유 규모가 큰 대형 호텔이나 비즈니스호텔, 체인 호텔의 경우 여행 비수기에 조기 예약할 경우 50% 이상 저렴한 가격으로 판촉 행사를 벌이는 경우가 있다. 따라서 수시로 호텔 예약 사이트를 방문하여 호텔 가격을 살펴본다.

6. 철도 승차권은 일반적으로 약 90일이 되는 날부터 발매한다. 노르웨이 철도청(NSB)은 열차 티켓 발매 개시일(출발 90일 전) 초기에 미니 프리스(minipris)라고 하는 정상 가격의 50% 이하의 저렴한 열차 티켓을 판매하기도 한다. 따라서 개별 구간권을 구입하는 경우 가능한 승차권 발매 시점인 90일이 되는 날부터 조기 예약하는 것이 좋다.

7. 대도시에서 대중교통 이용 시 승차요금도 높지만, 승차 후 현금으로 승차권을 구입 시 할증요금(노르웨이의 경우 20NOK, 원화 약 2,800원)을 추가로 부담해야 한다. 따라서 현금 승차 시 승차권 가격이 매우 높다. 따라서 개별 승차권보다 가능한 Day Ticket이나 Copenhagen card, Oslo Pass와 같은 Tourist Pass를 구입하여 사용하는 것이 바람직하다.

8. 북유럽의 경우 레스토랑에서의 식사비가 매우 높다. 노르웨이의 경우 McDonald와 Burger King 세트메뉴 가격은 100~125NOK(약 14,000~17,600원)이지만 앉아서 식사하는 웬만한 레스토랑의 식사비는 1인당 280NOK(40,000원) 이상을 지불해야 한다. 반면 호텔비에 포함된 아침 뷔페 식사비는 약 10유로(13,000원) 수준이다. 따라서 호텔에서 아침 식사를 충분히 잘할 수 있도록 '조식 제공' 호텔을 예약하는 것이 좋다.

9. 생수 등을 편의점에서 살 경우 대형 슈퍼마켓의 가격보다 2~3배 높은 경우도 많다. 따라서 편의점 보다 슈퍼마켓을 많이 이용할 수 있도록 호텔 주변의 슈퍼마켓 위치 지도를 Google 지도로 조회 후 스마트폰에 저장해 둔다.

10. 여행 준비물로 여행자용 소형 커피포트와 인스턴트커피를 준비한다.

여행 준비

초보 여행자들의
공통된 고민들

★ 서투른 외국어 소통 능력 극복 문제

필자도 영어 실력이 시원찮다. 그렇지만 큰 어려움 없이 해외 배낭여행, 자유여행을 하는 것은 나름대로 노하우가 있기 때문이다. 그중에서도 중요한 것은 첫째로 외국인과 의사소통 과정상의 문제가 발생하지 않도록 국내에서 호텔이나 항공권, 그리고 교통편을 미리 예약한다는 것이다. 예컨대 국내에서 미리 인터넷으로 항공권을 구입 후 전자항공권(E-Ticket)을 소지하면 공항의 탑승 창구 직원들과 항공기에 탑승하는 데 지장이 있을 정도로 심각한 대화를 나눌 필요가 없다. 설사 탑승 창구에 있는 외국인 직원들과 대화를 나눈다고 해도 비행기 좌석의 위치나 휴대 가방의 무게와 같이 사소한 내용의 대화가 주를 이룰 것이다.

해외 호텔에서 숙박할 경우에도 마찬가지다. 국내에서 인터넷으로 미리 호텔을 예약하고 호텔 예약 확인서(booking confirmation)를 소지하면 호텔 프런트에 있는 직원들과 호텔 숙박 여부 문제로 심각하게 외국어로 대화를 나눌 내용이 많지 않다.

해외 현지에 도착해서 여행하는 경우에도 외국인들과 의사소통상 문제가 발생하지 않도록 국내에서 미리 여행 계획을 세우면 된다. 예를 들면 코펜하겐, 오슬로 등 대도시를 여행할 경우에는 가능한 한 코펜하겐 카드, 오슬로 패스 등과 같은 관광 패스를 국내에서 인터넷으로 미리 예약 후 도착 공항에서 찾아서 사용한다. 그러면 외국어에 익숙하지 못해도 버스나 지하철 타는 것이 별로 어렵지 않고 박물관이나 미술관 입장권을 사기 위해서 많은 시간을 소비할 필요도 없다.

특히 유럽 대도시에서 현지인들은 버스와 지하철, 트램과 같은 대중교통을 탈 경우 스마트폰 앱(application)으로 구입한 모바일 티켓을 많이 사용하기 때문에 승차권 자동판매기를 찾기도 쉽지 않고 사용 방법도 영어로 표시되어 있기 때문에 승차권을 구입하기도 쉽지 않다. 따라서 비용 측면에서 좀 불리하다고 할지라도 데이 티켓이나 코펜하겐 카드, 오슬로 패스와 같은 여행자용 관광 패스를 구입하는 것이 초보 여행자들에게는 외국인들과의 의사소통상의 애로점을 피하면서 짧은 여행 시간을 효율적으로 사용할 수 있는 방법이다.

물론 불가피하게 외국인들과 의사소통이 필요한 경우도 있다. 그럴 경우에는 외국인들과 의사소통이 좀 더 쉽고 수월하게 이루어질 수 있도록 지도나 시간표 등의 참고 자료를 스마트폰에 저장해 두고 필요시에 활용하면 좋다.

식사는 레스토랑보다 호텔 뷔페를 주로 이용하고 시내 관광을 할 경우에는 패스트푸드점을 이용하게 되는 경우가 많다.

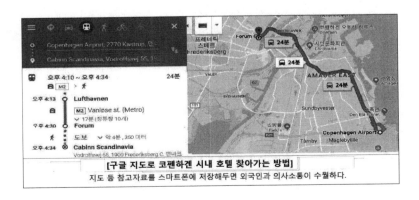

[구글 지도로 코펜하겐 시내 호텔 찾아가는 방법]
지도 등 참고자료를 스마트폰에 저장해두면 외국인과 의사소통이 수월하다.

여행 준비

★ 해외여행 정보는 어떻게 수집할까?

　해외여행을 떠날 때마다 고민되는 것들 가운데서도 중요한 것은 '여행지에 도착하면 무엇을 볼 것인지?', '그곳은 어떻게 찾아갈 것인지?' 등과 같은 여행 정보와 관련된 문제들이다. 나는 그럴 때면 옛날에는 주로 해외여행 책자를 참고했다. 그러나 여행 책자는 무겁기 때문에 요즘은 잘 휴대하지 않는다. 그대신 스마트폰으로 구글(Google)이나 구글(Google) 지도 등을 통해 인터넷에서 검색해 여행 정보를 얻는 경우가 많다. 예컨대 노르웨이 여행을 한다면 '노르웨이 여행', '노르웨이 주요 관광명소'라고 검색하거나 'place to go in norway(노르웨이에서 가고 싶은 곳)', 'place to must see in norway(노르웨이에서 꼭 봐야 할 곳)', 'Top attractions in norway(노르웨이 주요 관광명소)' 등과 같은 영어 키워드로 검색해 보는 것이다.

　또한 오슬로에서 즐길 거리(to do), 먹을 곳(to eat)을 찾고 싶다면 'Thing to do in Oslo', 'Best place to eat in Oslo' 등과 같은 키워드로 검색해 보면 된다. 물론 해당 나라인 노르웨이 관광청(www.visitnorway.com/)이나 여행 도시인 오슬로 관광청(www.visitoslo.com/)에서 추천하는 관광명소를 살펴보는 방법도 있으며, TripAdvisor(www.tripadvisor.co.kr)와 같은 여행 정보 사이트를 통해서 여행 정보를 얻는 방법도 있다. 그리고 중요한 여행 정보는 컴퓨터에 탑재된 '그림판'이라는 프로그램에 간단하게 복사해서 jpg 사진 파일로 만들어 스마트폰에 저장해 두고 필요시에 참고하면 좋다.

★ 해외에서 길 찾기 문제, 교통편 찾기 문제

필자는 해외에서 호텔이나 관광명소를 찾아갈 경우 구글(Google) 지도를 많이 사용한다. 길 찾기 방법은 다음과 같다. 구글 지도상의 출발지(또는 현재의 내 위치)와 목적지를 검색하면 출발지에서 목적지까지 찾아가는 경로가 자동으로 표시된다. 물론 목적지까지 거리와 소요 시간도 알 수 있다. 또한 대중교통편으로 간다면 버스나 전철의 노선 번호, 출발 시각, 정류장 이름도 확인할 수 있다. 만약 스마트폰이 인터넷에 연결된 상태라면 자동차 내비게이션처럼 길도 안내해 준다. 자동차 내비게이션과 비슷하고 사용법도 쉽다. 그런데 해외에서 스마트폰의 인터넷 연결이 쉽지 않은 경우도 있다. 특히 나이 든 배낭여행 초보자들은 스마트폰 사용법을 잘 모르는 경우도 많다. 따라서 나는 국내에 있을 때 인터넷이 연결된 컴퓨터로 호텔이나 관광명소를 찾아가는 방법을 구글 지도의 길 찾기 방법으로 미리 조회한 후 이를 컴퓨터에 내장된 '그림판'이라는 프로그램에서 복사, 붙여넣기, 자르기 방식으로 간단하게 편집 후 사진 파일(jpg)로 만들어 스마트폰에 저장해 둔다.

해외에서 길 찾기나 교통편을 찾는 또 다른 방법은 구글(Google) 등 인터넷 포털 사이트의 검색창에서 직접 검색하는 방법이다. 예컨대 노르웨이 오슬로에서 로포텐 제도로 가는 방법을 알고 싶다면 구글 등 인터넷 검색창에서 이동 방법(How to get to), 항공편(flight) 등과 같은 키워드로 검색해 보는 것이다.

 Self-Travel Tip ➤ *Google 검색창에서 검색해 보자!*

Google 지도로 교통편 길 찾기 방법

Copenhagen Airport에서 코펜하겐 시내 Cabinn Scandinavia 호텔을 찾아간다고 가정하자.

1. Google 지도에서 '길 찾기' 아이콘을 클릭한다.
2. 출발지는 Copenhagen Airport, 목적지는 Cabinn Scandinavia 호텔 입력 후 검색한다.
3. 길 찾기 아이콘을 대중교통 아이콘으로 바꿔 본다.
4. 다음 Google 지도상의 '오후 7:50~오후 8:58' 지하철 M2를 타고 간다고 가정하고 클릭한다.

5. '정류장 10개'를 클릭하면 상세한 정류장 정보를 얻을 수 있다.

6. '티켓 및 정보'를 클릭할 경우 교통 요금도 조회할 수 있다.
7. 해외에서 인터넷을 연결 후 조회 시 자동차 내비게이션처럼 Cabinn Scandinavia까지 길을 안내한다.
8. 중요한 내용은 컴퓨터에 탑재된 '그림판'이라는 프로그램에 간단하게 복사해서 jpg 사진 파일로 스마트폰에 저장해 두고 여행 시에 참고한다.

여행 준비

초보 여행자들의 길잡이,
TripAdvisor

어느 나라나 도시를 여행할 경우 가고 싶은 관광명소(attraction)나 볼거리(to see), 즐길 거리(to do), 또는 먹을거리(to eat)에 관해 1위, 2위, 3위 등과 같이 순위를 매겨 평가한 자료가 있다면 여행자들에게 큰 도움이 된다.

그런데 트립어드바이저(TripAdvisor)라는 여행 정보 사이트는 여행자들의 리뷰나 여행 만족도 평가를 바탕으로 한 도시에 있는 관광명소나 볼거리, 즐길 거리, 음식점들에 대해서 이를 순위로 평가한 여행 정보를 제공하고 있다.

물론 트립어드바이저는 민간 기업에 의해 상업적으로 운용되고 있다. 따라서 이 자료를 100% 그대로 신뢰할 수는 없다. 그러나 가고 싶은 여행지나 호텔, 음식점을 선택할 경우 유용한 참고 자료가 될 수 있다. 특히 트립어드바이저는 관광명소를 랜드마크, 박물관, 자연 공원, 투어, 야외 활동 등 유형별로 구분하여 정보를 제공한다. 또한, 음식점의 경우에도 음식의 종류와 가격 수준, 그리고 유럽 요리, 아시아 요리 등 지역을 기준으로 분류한 정보를 제공하기도 한다. 따라서 여행자들은 자신의 선호도에 따라서 여행지나 호텔, 음식점을 선택할 수 있다.

[트립어드바이저]

또한, 트립어드바이저는 여행자들이 주요 관광명소나 호텔, 음식점을 찾아갈 경우나 연락하고 싶을 때 매우 유용하다. 왜냐하면 트립어드바이저에는 대부분의 관광명소와 호텔, 음식점에 관한 정보가 수록되어 있고 상세 정보에는 웹사이트의 주소, 위치, 전화번호, 이메일 주소도 수록되어 있기 때문이다. 따라서 여행자들이 오픈 시간(opening hours), 입장 요금 등도 쉽게 알 수 있고, 지도 정보나 연락처 정보를 클릭하면 곧바로 구글 지도상에서 목적지까지의 경로가 표시되기 때문에 찾아가기 쉽고, 전화나 이메일로도 곧바로 연락할 수 있다. 따라서 우리 부부는 스마트폰에 트립어드바이저 앱(Application)을 설치하기로 했다. 물론 해외 현지에서 트립어드바이저에 수록된 관광지나 호텔, 음식점의 주소 정보, 위치나 지도 정보를 이용하려면 스마트폰의 데이터 로밍(data roaming)을 통해서 스마트폰이 인터넷에 연결된 상태여야 한다.

Self-Travel Tip ➤ *Google 검색창에서 검색해 보자!*

Tripadviser를 이용하여 맛집 찾아보기

저녁 식사를 하기 위해서 Copenhagen Frederiksberg 지역에 위치한 '저렴한 덴마크 전통 음식' 레스토랑을 찾는다고 가정하자.

1. Tripadviser 웹사이트(www.tripadvisor.co.kr/)에서 '음식점' 찾기를 클릭 후 검색창에서 Copenhagen의 음식점들을 검색한다.
2. 선택 조건을 음식점은 덴마크 요리, 식사 시간은 저녁 식사, 가격은 저렴한 음식, 지역은 Frederiksberg으로 설정하고 검색한다.

[트립어드바이저 검색 결과]

3. 검색된 레스토랑 중 'Madglad'라는 레스토랑에 관심이 있다면 Madglad를 클릭 후 방문자들의 만족도 평가 정보, 리뷰, 위치 등을 자세히 살펴보고 식사 여부를 결정한다.
4. Madglad에서 식사하기로 결정했다면, 주소를 클릭하면 Madglad가 Google 지도상에 목적지로 자동적으로 설정된다.

당신이 꿈꾸던 30일간의
북유럽 여행

호텔 등 숙소 예약

★ 호텔 예약은 5~6개월 전부터

숙소는 호텔, 호스텔, 에어비앤비(Airbnb), 한국인 민박집 등 여러 가지가 있다. 숙소 예약에 있어 중요한 점은 저렴하면서도 시설이 좋고, 교통이 편리하고, 관광명소들이 몰려 있는 곳에 숙소를 예약하는 것이 좋다는 것이다.

숙박 비용만을 고려한다면 저렴한 호스텔이나 민박집을 이용하는 것이 바람직하다. 그렇지만 우리 부부는 가능한 한 호텔이나 노르웨이 시골 지역에서는 유스호스텔의 프라이빗 룸(private room)에 묵기로 했다. 그 이유는 아내와 함께 여행하는 나는 연령적으로도 젊은이들과 어울려야 하는 도미토리 룸(dormitory room)은 부담스러웠기 때문이다.

그리고 호텔을 고집했던 또 다른 이유는 식사 문제 때문이었다. 왜냐하면 하루 중 많은 시간을 걸으면서 여행하려면 체력이 많이 소모되는데, 온종일 여행을 잘하려면 호텔에서 식사를 충분히 하는 것이 중요했기 때문이다.

그래서 장기 여행자 입장에서는 저렴한 호텔을 예약하는 것이 무엇보다 중요한 문제다. 그렇지만 북유럽은 물가 수준도 높고 호텔비도 정말 비싼 편이다. 북유럽 국가들의 하룻밤 호텔 숙박비를 살펴보면(3성급 기준) 100유로 이하의 비용으로 호텔 객실을 구하기가 정말 쉽지 않다. 따라서 어떻게 하면 호텔비를 절약할 수 있을까 고민하지 않을 수 없었다.

내가 택한 호텔비 절감의 첫 번째 방법은 여행 출발 5~6개월 전부터 호텔을 예약하는 것이었다. 왜냐하면 일정한 기간(lead time)을 두고 호텔을 예약할 경우 호텔비를 30~40%, 선불 조건의 취소 불가 조건으로 예약할 경우에는 최고 50~60%까지 절약할 수 있기 때문이었다. 물론 그렇다고 해서 무턱대고 저렴한 호텔만을 찾을 수는 없었다. 그 이유는 규모가 작고 저렴한 호텔은 주로 대도시 중심가에서 떨어진 골목길에 주로 위치한 경우가 많았기 때문이다. 이런 호텔은 신변 안전 측면에서도 위험해 보였다. 따라서 나는 가능한 한 시내 중심가에 위치하고 객실 규모가 큰 호텔을 찾았다. 그리고 그중에서도 조식을 제공하는 체인 호텔, 비즈니스호텔 중에서 저렴한 호텔을 찾았다. 그런 호텔을 저렴한 가격으로 예약하려면 5~6개월 전부터 호텔을 조기 예약하는 것이 가장 효과적인 방법으로 판단한 것이다.

만약 여행 일정이 변경될 가능성이 전혀 없이 확정된 경우라면 선불 조건의 '환불 불가', '취소 불가' 조건으로 예약했다.

나는 여행 출발 약 6개월 전인 1월 5일에 핀란드 헬싱키에 있는 스칸딕 마스키(Scandic Marski) 호텔에 7월 11일부터 14일까지 3박 4일 동안 머무는 숙박 계획을 세웠다. 조회 당시 3박 4일 동안 스칸딕 마스키 호텔의 숙박료 공시 가격은 769유로였다. 하룻밤 숙박료가 우리 돈으로 약 30만 원이 넘는 금액이었다. 그렇지만 약 6개월 전인 1월 6일에 스탠다드 트윈룸을 예약하면 호텔 객실료는 약 44% 할인된 411유로였다. 더욱이 선불 조건의 취소 불가 조건으로 예약하면 약 63% 할인된 288유로에 불과했고 원화로 환산해도 하루에 12만 원 남짓한 금액이었다. 객실 수가 300개가 넘는 스칸딕 체인의 호텔이고 조식도 제공하는 4성급 시내 중심가 호텔을 63%나 할인된 가격으로 예약할 수 있다는 것은 나에게는 정말 매력적인 조건이었다. 한 끼에 10유로 이상 하는 조식을 무료로 먹을 수 있는 것을 감안한다면 70~80유로(2명 기준) 수준의 호스텔이나 한국인 민박집과 비교해도 유리한 조건이 아닐 수 없었다.

스톡홀름, 트롬쇠, 트론헤임의 경우에도 호텔비를 절약하기 위해서 숙박 5~6개월 전에 선불 조건의 '취소 불가 조건'으로 예약했다. 그러나 덴마크 코펜하겐, 노르웨이 오슬로의 경우는 5~6개월 전부터 호텔을 예약하려고 했지만 저렴하게 예약할 수 없었다.

따라서 필자가 호텔비 절감을 위해 택한 두 번째 방법은 호텔 숙박료가 비교적 저렴한 비즈니스호텔, 객실 수가 많은 체인 호텔을 예약하는 것이었다. 비즈니스호텔은 식당 등 부대시설을 최소화하고 객실 위주로 운영되는 호텔로서 주로 출장을 온 젊은 직장인들이 많이 이용하는 호텔이다. 그런 만큼 호텔 숙박료도 보통의 일반 호텔보다 객실료가 약 20~30% 저렴하다.

<유럽 도시별 3성급 호텔 평균가>

유럽		북유럽 발틱국가	
이탈리아 로마	€ 61	덴마크 코펜하겐	€ 98
스페인 마드리드	€ 85	노르웨이 오슬로	€ 137
바르셀로나	€ 70	베르겐	€ 98
프랑스 파리	€ 113	트롬쇠	€ 180
영국 런던	€ 90	스웨덴 스톡홀름	€ 102
독일 프랑크푸르트	€ 81	핀란드 헬싱키	€ 84
		라트비아 리가	€ 30
		에스토니아 탈린	€ 47
		리투아니아 빌뉴스	€ 36

(자료 출처: Google 도시 정보)

여행 준비

따라서 덴마크 코펜하겐, 노르웨이 오슬로의 경우에는 1박을 기준으로 113유로와 120유로 비용 수준의 비즈니스호텔을 예약했다. 물론 좋은 호텔을 찾게 되면 호텔 예약을 변경할 생각으로 '취소 가능 조건'으로 예약했다.

　호텔 예약을 마친 후에는 반드시 호텔 예약 확인서(booking confirmation)를 출력해서 해외여행 시 이를 휴대하거나 이메일로 확인할 수 있어야 한다. 나는 항공권 사본, 호텔 예약 확인서 등 중요한 서류는 분실 위험에 대비하고 필요시 수시로 참고하고자 사진 파일(jpg)로 만들어 스마트폰에 찾기 쉽도록 여행 일자별로 저장해 두었다. 그러면 휴대하기 번거롭지 않다.

★ 호텔 예약은 국내에서 인터넷으로

　호텔 예약은 호텔의 가격 비교가 가능한 여행사나 호텔 예약 사이트에서 인터넷으로 직접 예약하는 것이 바람직하다. 그 이유는 해외에서는 컴퓨터나 스마트폰으로 호텔을 예약하기가 현실적으로 쉽지 않기 때문이다. 해외에서는 컴퓨터 자판이 보통 자국어로 설정되어 있기 때문에 이를 한글 자판으로 변경하기가 쉽지 않고, 스마트폰으로 해외에서 예약하는 경우 인터넷 연결도 쉽지 않기 때문이다. 따라서 나는 호텔 예약은 인터넷이 연결된 국내에서 컴퓨터로 미리 예약하는 것이 안전하다고 보았다. 만일 불가피하게 해외에서 호텔을 예약할 경우에는 국내에 있는 가족에게 카카오톡 등으로 호텔 예약을 부탁하고, 이메일이나 카카오톡으로 호텔 예약 확인서를 송부받는 방식을 활용하기로 했다.

Self-Travel Tip ➤ *Google 검색창에서 검색해 보자!*

저렴하게 호텔을 예약하는 방법

1. 호텔 예약은 호텔 가격 비교가 가능한 호텔 예약 사이트나 및 여행사에서 인터넷으로 예약한다.

   예) booking.com(www.booking.com), 호텔스닷컴(kr.hotels.com), 익스피디아(www.expe-dia.co.kr), 하나투어(www.hanatour.com) 등.

2. 호텔 가격은 구입 시기별, 성수기와 비수기 여부, 취소 가능/취소 불능 등 예약 조건에 따라서 크게 차이가 난다. 숙박 일정이 확정되었을 경우 선불 조건의 취소 불능 조건으로 예약하는 것도 호텔비를 절감하는 한 가지 방법이다.

3. 저렴한 호텔을 예약하려면 항공권 발매 직후 또는 최소 6개월 전부터 호텔을 예약하는 것이 바람직하다. 특히 객실 보유 규모가 큰 호텔은 조기 예약 시 가격 할인율이 50~60%까지 되는 경우가 있다.

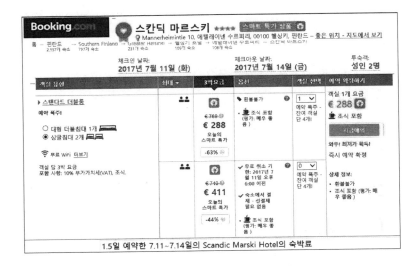

1.5일 예약한 7.11~7.14일의 Scandic Marski Hotel의 숙박료

4. Google & Google 지도 검색창에서 'cheapest hotel in ○○' 등과 같은 키워드로 저렴한 호텔을 찾아본다.

여행 준비

철도 교통편 예약

 교통편을 결정할 경우 중요한 것은 이동 시간과 교통 비용, 이동의 편리성일 것이다.

 교통편을 찾는 방법은 먼저 다른 여행자들의 이동 방법을 벤치마킹하거나 구글(Google), 구글(Google) 지도 검색창에서 교통편을 검색해 보는 것이다. 특히 'rome2rio.com'과 같이 버스, 기차, 항공기 등 각종 교통수단의 가격 비교 사이트를 참고하면 교통편 결정이 수월해진다. 또한 철도 여행의 경우 먼저 각 나라의 열차가 어느 곳을 운행하는지 철도 운행 노선도(railway route map)를 개략적으로 살펴보는 것이 중요하다.

★ 유레일 패스 vs 개별 승차권?

 30여 일간의 북유럽 여행 계획 수립 초기에 우리 부부가 열차로 이동하고자 한 곳은 덴마크 1회, 코펜하겐-오슬로, 오슬로-스타방에르, 베르겐-뮈르달, 온달스네스-보되, 나르비크-스톡홀름 등 총 5개 구간이었다. 주로 장거리 이동 시에 열차로 이동할 계획을 세웠기 때문에 유레일 스칸디나비아 패스를 구입하기로 했다. 필자가 구입한 유레일 패스는 덴마크, 노르웨이, 스웨덴 및 핀란드의 4개국 철도를 1개월 이내에서 5일 동안 사용 가능한 유레일 스칸디나비아 패스였다. 가격은 총액 1인당 211유로였지만 10% 할인 프로모션 기간에 구입했기 때문에 수

수료를 포함해서 200.5유로에 구입할 수 있었다.

철도 승차권은 보통 승차 90일 전이 되는 날부터 발매되기 시작한다. 특히 열차표 발매 초기에는 정상가격의 1/2 이하의 아주 저렴한 가격으로 승차권이 발매되기도 한다. 따라서 철도 승차권을 저렴하게 구입하고자 한다면 발매 시점에서 90일이 되는 날부터 구입하는 것이 좋다. 또한 비용 측면에서 보면 유레일 패스가 항상 유리하다고 할 수 없다.

따라서 비용 측면을 고려해서 승차권을 구입한다면 구간권의 가격과 유레일 패스 가격을 비교한 후 승차권을 구입하는 것이 바람직하다. 일반적으로 장거리를 이동할 경우 유레일 패스가 유리하다.

 Self-Travel Tip ➤ *Google 검색창에서 검색해 보자!*

철도 승차권 인터넷 구입 방법

1. 철도 승차권은 각 나라의 철도청 웹사이트에서 회원가입 후 log-in 한 상태에서 구입이 가능하다. 여행사와 Raileurope(http://www.raileurope.co.kr/)을 통해서도 구입할 수 있다.
   예) 덴마크(https://www.dsb.dk), 노르웨이(https://www.nsb.no), 스웨덴(https://www.sj.se), 핀란드(https://www.vr.fi).
2. 철도 승차권은 보통 90일 전부터 발매되기 시작한다. 발매 초기에는 일부 한정 수량에 대하여 아주 저렴하게 열차표를 판매하는 경우가 많다. 따라서 철도 승차권은 가능한 90일이 되는 날부터 조기에 구입하는 것이 바람직하다.

여행 준비

3. Eurail Pass는 Eurail 웹사이트(https://www.eurail.com)를 통해서 인터넷으로 구입할 수 있다. 또한 우리나라 각 여행사 등 Eurail Pass 판매대행 기관을 통해서도 구입할 수 있다.

4. 철도 승차권을 구입할 경우 유레일패스가 유리한지, 개별 구간권 구입이 유리한 것인지 가격을 비교 후 구입하는 것이 바람직하다.

당신이 꿈꾸던 30일간의
북유럽 여행

버스 교통편 예약

북유럽은 물가 수준이 매우 높은 나라다. 그중에서도 버스, 전철, 트램 등 대중교통 요금은 우리나라의 약 2~3배 수준으로 추정된다. 우리 부부의 여행비 중에서도 제일 큰 비중을 차지하는 것이 교통비였다. 우리 부부의 경우 북유럽 여행 경비 중 항공료를 제외하고 교통비가 차지하는 비중이 약 35%에 달했다. 호텔 숙박비 규모의 2배에 달하는 비용이었다.

덴마크 코펜하겐의 대중교통 요금을 살펴보면 2zone 싱글 티켓값이 24DKK(약 4,100원), 3zone은 36DKK(약 6,100원)에 달한다. 버스나 전철 한 번 타려면 대략 5,000원 정도 드는 것 같았다.

노르웨이 오슬로의 경우는 더 비쌌다. 승차권 자동판매기로 구입한 싱글 티켓은 36NOK(약 5,100원)지만, 버스에 타고 운전사에게서 구입하면 무려 55NOK(약 7,700원)를 지불해야 한다. 그렇지만 처음부터 북유럽 여행을 비관적으로 볼 필요는 없다. 교통비 절감 방법을 잘 찾으면 소모되는 비용을 큰 폭으로 줄일 수 있다.

★ 대도시에서 버스, 트램, 전철 등 대중교통 이용

북유럽 대도시들의 경우에도 주요 관광명소들이 시내 중심부에 몰려 있는 경우가 많다. 도보 여행도 가능하지만, 우리 부부는 연령적으로도 도보로 여행하는 것은 무리라고 판단했다. 따라서 버스, 전철. 트램 등 대중교통수단을 적극적으로 이용하기로 했는데 개별 승차권을 구입하는 것보다는 가능한 한 여행자용 관광 패스를 구입하기로 했다. 예컨대 코펜하겐에 가면 코펜하겐 카드(Copenhagen Card), 오슬로 가면 오슬로 패스(Oslo Pass)를 구입해서 가능한 한 자유롭게 버스나 전철도 타고 박물관이나 미술관 등도 자유롭게 입장하기로 한 것이다.

그 이유는 승차권은 버스나 트램에 승차한 후 승차권을 운전기사에게 현금으로 주고 구입할 수 있지만 그럴 경우 최고 50%의 할증 요금을 지불해야 했기 때문이다. 따라서 승차권은 승차권 자동판매기를 통해서 구입해야 하는데 현지인들은 모바일 티켓 앱(mobile ticket app)으로 구입한 모바일 티켓(mobile ticket)을 많이 사용하기 때문에 현지에서 승차권 자동판매기를 찾기가 쉽지 않다. 또한 승차권 자동판매기 사용 방법에도 익숙하지 못하다. 따라서 여행자 입장에서는 버스표, 지하철 표를 사는 데에 많은 시간을 낭비하는 것보다 관광 패스를 미리 구입하여 여행 시간을 효율적으로 활용하는 것이 효과적인 여행 방법이라고 판단한 것이다.

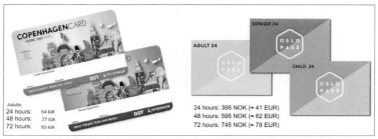

Copenhagen Card, Oslo Pass 등 관광패스를 구입하면 외국인과 의사소통 부담을 줄일 수 있고, 여행시간을 관광할 수 있는 시간에 더 효과적으로 사용할 수 있다.

★ 장거리 버스·시외버스 이용

우리 부부는 노르웨이를 여행하면서 서너 차례 장거리 버스를 이용
했다.

중요한 문제는 버스 등 교통편을 찾고 버스 운행 시간을 파악하는
일이었다. 왜냐하면 노르웨이 시골 지방에서는 버스 운행 횟수가 하루
에 몇 편밖에 되지 않았기 때문이다. 버스 교통편을 찾는 방법은 구글
지도로 대중교통편 길 찾기도 있지만, 노르웨이 오지의 경우에는 구글
지도로도 교통편을 찾을 수 없는 경우가 많다. 따라서 구글 등 인터넷
검색창에서 직접 교통편을 검색해서 찾게 되는데 교통편 운행 시간과
요금을 알려주는 트래블 플래너(Travel Planner)나 버스 회사의 웹사이트
주소를 찾게 되면 버스 운행 시간을 쉽게 조회할 수 있다.

버스 승차권은 스타방에르(Stavanger)에서 베르겐(Bergen)까지와 같이
장거리 구간은 버스 회사 웹사이트(https://www.nor-way.no/)에서 인터넷
으로 구입했다. 인터넷으로 버스 승차권을 구입할 수밖에 없었던 이유
는 현지 버스 터미널의 승차권 판매 창구는 오래전에 사라진 것으로
보였기 때문이다. 현지인들도 주로 인터넷으로 구입한 모바일 티켓을
사용하는 것 같았다.

그렇지만 노르웨이 지방 소도시를 이동할 경우에는 우리나라 시외
버스와 같은 버스를 탔다. 물론 버스표도 인터넷으로 예약할 필요는
없었다. 버스 승차 후 버스 운전기사로부터 구입하면 되었다. 장거리를
이동하는 버스의 경우에는 사전에 국내에서 인터넷으로 버스표를 미
리 구입한 후 승차하는 것이 바람직했다. 왜냐하면 버스 운행 횟수가
하루에 몇 편 되지 않기 때문에 사전에 버스 운행 여부를 확인하는 방

법으로 버스 승차권 판매 여부가 중요했기 때문이다.

특히 노르웨이를 여행할 경우에는 버스 운행 시간표를 잘 파악하는 것이 무엇보다 중요하다. 버스 등 대중교통편의 운행 시간표를 확인하는 방법은 노르웨이의 각 지방 자치단체나 버스 회사에서 지역 주민들이나 여행자들의 교통편의를 위해서 구축한 트래블 플래너(Travel Pianner) 사이트를 찾는 것이다. 이곳에서는 비교적 쉽게 버스 운행 시간표를 조회할 수 있다.

예컨대 노르웨이 베르겐이나 플롬(Flåm), 송달(Sogndal) 같은 지역을 여행할 경우에는 'Kringom(www.Kringom.no)'이라고 하는 트래블 플래너 사이트를, 그리고 로포텐 제도, 나르비크, 트롬쇠 등 노르웨이 북서부의 지역은 '177nordland(www.177nordland.no)'이라고 하는 트래블 플래너 사이트를 이용하면 그 지역의 버스 운행 시간표를 쉽게 조회할 수 있다.

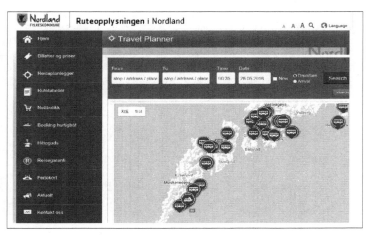

[트래블 플래너]

한편 우리 부부는 라트비아 리가(Riga)에서 에스토니아 탈린(Tallinn)으로 가는 교통편도 장거리 버스를 이용했다. 라트비아 리가에서 에스토니아 탈린을 운행하는 버스는 유로 라인(Euro line) 등 여러 회사의 버스가 있다. 필자 부부는 럭스 익스프레스(Lux Express, https://luxExpress.eu/)라는 버스 회사의 버스 승차권을 국내에서 인터넷으로 구입했다.

국내에서 버스 승차권을 인터넷으로 구입할 경우 버스 승차권을 컴퓨터에서 출력하여 여행 시 휴대해야 한다. 필자 부부는 버스 승차권 분실을 대비해서 이를 스마트폰에 사진 파일로 별도로 저장해서 보관했다.

 Self-Travel Tip ➤ *Google 검색창에서 검색해 보자!*

BUS 등 대중교통편 운행 시간 확인 방법(예: Oslo)

1. Google 검색창에서 'public transportation in oslo'와 같은 keyword로 검색해서 Oslo의 전반적인 대중교통 제도를 살펴본다.
2. 구체적으로 대중교통편의 노선번호, 운행 시간, 요금을 확인하는 방법을 알고 싶다면 1차적으로 Google 지도로 '대중교통'으로 길 찾기를 해 보는 것이다. 예를 들어 'Oslo Scandic Grensen hotel'에서 뷔그도이(Bygdøy) Viking Ship Museum을 간다고 가정하자.
   ① Google 지도에서 출발지를 Oslo Scandic Grensen 호텔, 목적지를 Viking Ship Museum을 입력 후 '대중교통'으로 길 찾기를 한다.

② '오후 8:27 ~ 오후 8:51(24분) 버스 30'을 타고 간다면 '버스 30'을 클릭한다.

　그러면 30번 버스의 출발지 정류장은 Jernbanetorge, 도착지 정류장은 Viking-skipene 이라는 정류장 이름을 확인할 수 있다.

3. 교통 요금을 알고 싶다면 '티켓 및 정보' 표시 아래 RuterBuss를 클릭 후 ruter라는 사이트(https://ruter.no/)로 들어가면 확인할 수 있다.

① 우선 ruter라는 사이트 상단에서 사용 언어를 'In English'로 변환 후 출발지를 Jern-banetorget, 도착지를 Vikingskipene을 입력하여 버스 운행 시간을 조회한다.

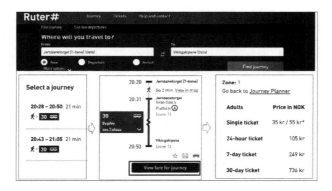

② 승차하고자 하는 '오후 8:28~오후 8:50'의 30번 버스를 다시 클릭한다.

③ 상세하게 조회된 버스 운행 시간표 아래에 있는 'View fare for journey'를 클릭한다.

☞ 성인의 경우 Single ticket: 35kr/55kr, * 24-hour ticket: 105kr 등 자세한 요금 정보를 얻을 수 있다.

4. 현지인처럼 스마트폰에 'RuterBillett mobile ticket app'을 설치하면 스마트폰으로 언제 어디서나 티켓을 구입할 수 있고, 버스 운행 시간도 손쉽게 조회 가능하다.

Download RuterBillett app
For iPhone or Android:

여객선 등 배편 예약

★ DFDS Seaways, Tallink Silja Line 등 여객선 예약

필자 부부가 30여 일간의 북유럽 여행 기간 중 페리선이나 크루즈 여객선에 승선한 경우는 6~7차례였다. 그중 순수 이동의 목적으로 국내에서 인터넷으로 예약한 경우는 덴마크 코펜하겐에서 노르웨이 오슬로 구간까지 운행하는 DFDS Seaways 크루즈 여객선, 그리고 스웨덴 스톡홀름(Stockholm)에서 라트비아 리가 구간과 에스토니아 탈린에서 핀란드 헬싱키 구간을 운행하는 탈링크 실자라인(Tallink Silja Line) 등 세 차례였다.

승선권은 DFDS 시웨이즈의 국내 대리점(www.uts.kr/dfdsseaways)과 탈링크 실자라인의 국내 대리점(www.siljaline.co.kr/tallinksiljas)에서 인터넷으로 직접 구입했다.

크루즈 여객선의 요금은 선실의 위치에 따라 가격 차이가 크다. 우리 부부는 승선 요금이 비교적 저렴한 안쪽 선실(Inside cabin)을 주로 예약했다.

덴마크 코펜하겐에서 노르웨이 오슬로까지 운항하는 DFDS 크루즈 여객선은 매일 오후 16시 30분에 코펜하겐을 출항하여 다음 날 오전 9시 30분 오슬로 항구에 도착한다.

스웨덴 스톡홀름에서 라트비아 리가에 이르는 구간을 운항하는 탈링크 실자라인도 오후 17시에 스톡홀름항에서 출항하여 다음 날 오전

여행 준비

11시에 라트비아 리가에 도착한다. 따라서 선내 선실(cabin)에서 1박을 하여야 하므로 아침, 저녁 식사 비용이 옵션 요금으로 추가되었다.

한편 에스토니아 탈린에서 핀란드 헬싱키에 이르는 구간을 운항하는 탈링크 실자라인의 운항 시간은 약 2시간 30분에 불과했다. 승선요금도 데크 시트(Deck Seat)를 기준으로 했을 때 1인당 약 38유로 수준으로 저렴했다.

 Self-Travel Tip ➤ *Google 검색창에서 검색해 보자!*

여객선 승선권 구입 방법

1. 승선권은 선박회사 또는 국내 대리점 웹사이트에서 인터넷으로 직접 구입한다.
   - DFDS: https://www.dfdsseaways.com/kr
   - Tallink Silja Ltd: http://www.siljaline.co.kr
2. 승선요금은 cabin의 종류, 식사 선택 여부 등에 따라 달라진다.
3. 예약 후 e-mail 등으로 전송받은 예약 확인서를 인쇄하여 승선 시 check-in 창구에서 제시하여 boarding 카드를 발급받아 승선한다.
4. boarding 카드는 cabin의 출입 카드로 사용되니 승선 기간 동안 잘 휴대해야 한다.

★ 노르웨이 해안 관광을 즐길 수 있는 후티루튼(Hurtigruten) 크루즈 여객선

세계에서 가장 큰 여행 안내서 출판사인 론리 플래닛(Lonely Planet)은 지구상에 존재하는 아름다운 해안 나라인 노르웨이를 여행하는 방법 중 세 번째 순위로 후티루튼 크루즈 여행을 소개하고 있다.

후티루튼은 1893년 이래로 교통이 불편한 노르웨이 북서부 해안에 거주하는 사람들을 위한 교통수단으로도 일부 이용되지만 대부분 크루즈 여행을 즐기는 관광객들이 이용하는 크루즈선이다.

후티루튼의 거대한 크루즈선 15척은 함대를 이루어 노르웨이 베르겐(Bergen)과 키르케네스(Kirkenes) 사이를 매일 오가며 육로로 접근할 수 없는 노르웨이의 아름다운 해안 피오르를 여행할 수 있게 해 주고 있다.

특히 베르겐에서 매일 출항하는 후티루튼의 크루즈선들은 노르웨이 최북단 키르케네스까지 약 7일에 걸쳐서 약 35개 항구를 방문하며 그곳에서 다시 약 6일에 걸쳐서 베르겐으로 돌아오는 여정의 크루즈선들이다. 크루즈 여행 상품은 선박의 크기, 여행 기간, 정박하는 항구, 액티비티(activities)에 따라서 60여 개가 넘는다.

우리 부부는 노르웨이 로포텐 제도의 스탐순(Stamsund)이라는 곳에서 트롬쇠(Tromsø)라는 곳까지 1박 2일의 짧은 기간 동안 후티루튼 크루즈 여객선을 타게 되었다. 정말 환상적인 크루즈 여행을 즐겼다. 특히 후티루튼의 트롤피오르(Trollfjord)호를 타고 같은 이름의 트롤피오르를 여행한 것은 정말 환상적인 경험이었다.

또한 백야가 지속되는 거대한 크루즈선 선상에서 아름답고 장엄한 자연의 노르웨이 해안을 여행한 경험은 지금도 잊을 수 없다. 10월에서 3월까지 겨울철에는 북극 하늘을 가로질러 북극광이 춤을 추는 오로라를 크루즈 선상에서 볼 수 있다고 하는데 이를 볼 수 없는 계절에 후티루튼 크루즈선을 승선한 것이 몹시 아쉽다.

후티루튼의 크루즈 여행 상품은 후티루튼(www.hurtigruten.com)의 웹사이트에서 인터넷으로 직접 예약할 수도 있지만 'port-to-port 티켓'은 후티루튼의 영업 정책 변경으로 인해 후티루튼의 영문 웹사이트에서 온라인 구매가 불가능하고, 후티루튼의 노르웨이어 사이트(www.hurtigruten.no)를 통해서 구입하거나 전화 또는 이메일로만 구입이 가능하다.

★ 노르웨이 피오르 크루즈(Fjordcruise) 페리선 예약

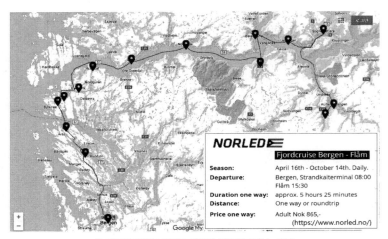

[놀레드의 피오르 크루즈 베르겐-플롬 간 운항 노선도]

내가 노르웨이 피오르 관광 목적으로 국내에서 피오르 크루즈 페리선을 예약한 경우는 두 가지였다.

첫 번째 경우는 송네피오르(Sognefjord)를 관광하면서 송달(Sogndal)이라는 곳으로 이동하기 위해서 플롬(Flåm)에서 레이캉에르(Leikanger)라는 곳까지 '놀레드(Norled, www.norled.no)'라는 회사가 운영하는 피오르 크루즈선을 타는 경우였다.

놀레드의 송네피오르를 운항하는 피오르 크루즈선은 베르겐까지 운항하는 페리선으로, 플롬 레일웨이(Flåm Railway) 산악철도 여행을 마친 후 송네피오르를 관광하면서 베르겐으로 돌아가는 외국인 여행객들이 많이 이용한다. 그 페리선은 200~300여 명이 승선할 수 있는 고속 페리선으로 베르겐까지 소요 시간은 약 5시간 30분이고, 4월 중순부터 10월 중순까지 관광 철에만 운행된다.

두 번째로 예약한 피오르 크루즈 페리선은 게이랑게르 피오르를 관광하기 위한 페리선으로 우리나라 관광객들도 많이 이용하는 페리선이었다.

게이랑게르 피오르를 운항하는 페리선을 타면 헬레쉴트(Hellesylt)라는 곳에서 게이랑게르(Geiranger)까지 약 한 시간 정도 아름다운 게이랑게르 피오르를 여행하면서 세븐 시스터즈, 브라이들 베일, 수터(구혼자) 등과 같은 웅장한 폭포들이 수심 300m인 게이랑게르 피오르로 떨어지는 장관을 볼 수 있다.

운항 기간은 4월 1일에서 10월 31일까지이며, 하루 3차례에서 여행 성수기(5. 20~9. 10)에는 8차례 왕복 운행된다. 예약은 'visitflam.com'에서 할 수 있다.

여행 준비

여행 준비물

북유럽 여행을 출발하는 6월이 되자 아내는 여행을 떠난다고 5kg도 되지 않는 작은 배낭 하나를 꾸려 아파트 현관 앞에 내다 놓았다. 아내는 간단한 화장품 몇 가지와 예비로 준비한 옷가지 한 벌, 그리고 간식으로 혹시 먹을까 해서 맛밤 몇 봉지를 넣었다고 했다. 그러나 나는 그때까지도 이런 일, 저런 일로 마음의 준비가 되지 않은 상태였다. 그렇지만 나도 떠날 준비를 해야 했다. 내가 준비한 것은 다음과 같은 것들이었다.

내가 첫 번째로 준비한 것은 호텔이나 항공권 등 중요한 여행 서류를 출력해 놓은 것이다. 그리고 예비로 스캔을 통해 이를 사진 파일(jpg)로 만들어 스마트폰에 저장해 두었다. 또한 호텔을 찾아가는 방법이나 지도, 중요한 버스 시간표, 기차 시간표 등 여행에 꼭 필요한 자료들도 스마트폰에 사진 파일로 저장해 두었다. 스마트폰에 저장할 때 중요한 문제는 필요한 자료를 쉽게 찾아볼 수 있도록 여행 날짜별로 폴더를 만들고, 그 폴더에 여행 일정대로 일련번호를 붙여 저장하는 것이었다.

★ 중요한 여행 정보는 사진 파일로 스마트폰에 저장 및 휴대하기

내가 준비해야 할 것들 중 두 번째로 중요한 것은 소지품이나 현금, 여권, 카드 등의 분실과 도난을 방지하기 위해서 준비하는 것이었다. 구체적으로는 상의 가슴 쪽 부분에 포켓이 달린 셔츠를 구입하는 것과

하의 허리춤 부분에 복대와 같은 역할을 하는 포켓을 만드는 것이었다.

상의 포켓은 수시로 사용하는 소액의 돈과 신용카드를 보관하는 용도로, 하의 허리춤 부분에 복대와 같은 역할을 하는 포켓에는 여권과 큰돈, 그리고 별도의 신용카드 한 장을 넣어 두어 중요한 소지품을 분산하여 휴대하고자 했다.

하의 허리춤 부분에 복대와 같은 역할을 하는 포켓은 사실 20~30년 전에 샀던 양복바지에는 달려 있었다. 그렇지만 요즘 바지에는 그런 포켓이 없다. 세탁소 아저씨의 눈총을 받으면서도 내가 하의 허리춤 부분에 복대와 같은 역할을 하는 포켓을 만들려 한 이유는 복대를 차는 것이 내겐 너무 불편했기 때문이다.

중요한 소지품은 누가 훔쳐 갈 수도 있고, 나도 항상 몸으로 확인하고 싶은 생각에서 만들고자 했던 것이다. 또한, 혹시 상의 포켓에 있는 지갑을 소매치기 당해도 계속 여행할 수 있도록 대비하는 차원에서 만들고자 했다. 현금 등 중요한 소지품은 포켓에 나누어 보관했지만, 절반가량은 아내에게 소지하도록 했다.

★ 세탁소 수선 아저씨의 눈총을 받으면서 만든 포켓 이야기

사실 창피한 이야기이지만 나는 3~4년 전에 포르투갈 리스본을 여행하면서 하루에 두 번씩이나 소매치기를 당한 적이 있다. 한 번은 리스본 시내에서 트램을 타고 가다가 상의 셔츠 주머니에 넣어 두었던 지갑을 눈뜨고 소매치기당한 적이 있다. 사람들로 붐비는 트램 속이었다. 상의 포켓에 넣어둔 지갑 속에는 약간의 돈도 있었다. 그때 나는 왜 그렇게 사람이 정신이 없느냐고 아내로부터 한바탕 잔소리를 들어야 했다. 나도 내 눈에서 불과 30㎝도 떨어지지 않은 상의 셔츠 위 주머니 속에 넣어둔 둔 지갑을 소매치기당해서 잠깐 얼이 빠졌고, 그래서 곧바로 호텔로 돌아온 적이 있었다. 그때 아내는 자신이 별도로 가지고 있던 현금을 내 주머니 속에 넣어 주면서 나를 위로해 주었는데, 그 기억이 지금도 생생하다.

그런데 그날 저녁 다시 리스본 시내 중심가로 나가서 똑같은 트램을 타고 가다가 이번에는 점퍼 주머니 속에 넣어 두었던 스마트폰을 소매치기당했다. 그것도 스페인, 포르투갈 배낭여행을 떠나기 직전에 아들이 사 준 최신형 스마트폰이었다. 스마트폰도 스마트폰이지만 스마트폰 속에 프랑스부터 스페인, 포르투갈을 여행하면서 40여 일 동안 찍었던 사진들이 있었는데 그것도 몽땅 도둑맞은 것이다.

나는 리스본에서 하루에 두 번이나 소매치기를 당하고 리스본이 얼마나 무서워졌는지 모른다. 그러고도 스페인 바르셀로나의 붐비는 지하철 속에서는 점퍼 주머니 속에 넣어둔 안경도 도둑맞았다. 물론 내 안경을 훔친 도둑은 지갑인 줄 알고 훔쳐 갔을 것이다. 그때도 내가 여권이라든지 현금 등 중요한 소지품은 허리춤 안쪽에 별도로 만든 포켓 속에 넣어두었던 것을 얼마나 다행으로 생각했는지 모른다.

소매치기를 당하거나 분실한 경험은 그 밖에도 여러 차례 더 있다. 그렇지만 내가 여행을 계속할 수 있었던 것은 휴대품의 분실이나 도난, 소매치기를 대비해서 내가 특별히 유념하고 있는 휴대품 보관 방법 덕분이라고 생각한다. 즉, 나는 여권이나 큰돈, 그리고 신용카드 한 장 등 중요한 소지품은 항상 소지 여부를 몸으로 확인할 수 있는 바지 안쪽 허리춤에 위치한 복대처럼 별도로 만든 주머니 속에 넣어 휴대하였다. 그리고 여행지에서 수시로 사용할 소액의 현금과 신용카드 한 장은 상의 주머니 속에 넣고 다니는 것을 원칙으로 했다. 돈과 신용카드를 분산해서 휴대하는 것이다. 왜냐하면 설사 한쪽 주머니 속에 넣어둔 것을 잃어버려도 다른 주머니 속에 분산해서 넣어둔 돈으로 계속 여행할 수 있도록 분산해서 휴대하는 것이다.

휴대폰 데이터 로밍 서비스는 딸에게 가입을 부탁했다. 사실 나는 지금도 와이파이가 무엇인지 잘 모른다. 대략적으로만 알 뿐이다.

2~3년 전에는 스마트폰 와이파이를 어떻게 연결하는지도 잘 몰랐다. 그래서 이번에도 데이터 로밍 서비스에 어떻게 가입해야 할지 잘 몰라서 딸에게 가입을 부탁했다

딸의 추천으로 가입한 데이터 로밍 서비스는 kt 통신사의 '데이터 로밍 기가팩 유럽/북미(2GB, 44,000원, 28일)'였다. 30일 북유럽 여행 기간 중 데이터 서비스 용량이 약간 부족해서 나중에 딸에게 부탁하여 kt '데이터 로밍 기가 팩 유럽/북미(2GB, 44,000원, 28일)'를 추가로 가입하여 사용했다.

해외에서 호텔비 등을 여행 경비로 지급할 경우는 가능한 한 신용카드를 사용하기로 하고 해외 ATM기에서 현금 인출이 가능한 신용카드 2장을 휴대하기로 했다. 따라서 환전 금액은 해외 현지에서 주로 식사 비용이나 현금으로 지급해야 하는 버스 교통비 등에 한정해서 하루 약 80유로를 기준으로 환전하기로 하고 부족한 금액은 신용카드를 사용하기로 했다. 물론 장기 여행자 입장에서는 넉넉하게 현금을 사용할 여유도 많지 않았지만, 패스트푸드점 한 끼 식사비가 1인당 약 10유로, 레스토랑 식사비를 최소한 20~30유로로 추산했던 터라 그렇게 결정했다.

한편 환전 통화는 다음과 같이 진행했다. 덴마크는 DKK라는 통화

여행 준비

를, 노르웨이는 NOK, 스웨덴은 SEK를 사용하고 있고, 라트비아, 에스토니아, 핀란드는 유로화라는 화폐를 사용하기 때문에 나라별로 사용하는 통화를 기준으로 하루 80유로를 나라별 사용 통화로 환전키로 했다. 환전 금액은 덴마크 크로네로 1,500DKK, 노르웨이 12,000NOK를, 스웨덴 1,500SEK, 유로화를 사용하는 라트비아, 에스토니아, 핀란드 여행을 위해서는 800유로를 환전했는데 원화로는 총 약 318만 원 정도로 추산되었다.

기타 준비물로는 여행자용 소형 전기 포트와 인스턴트커피를 준비했다. 왜냐하면 북유럽의 높은 물가를 생각하면 커피라도 호텔에서 마실 수 있도록 하는 것이 중요했기 때문이다.

한편 배낭의 무게는 10kg을 넘지 않도록 휴대품의 무게를 조정했다.

 Self-Travel Tip ➤ *Google 검색창에서 검색해 보자!*

북유럽 여행 시 Wi-Fi 사용 방법

1. Wi-Fi는 무선으로 인터넷을 연결하는 시스템이라 할 수 있다. 여행 시 Wi-Fi는 전화를 걸거나 인터넷으로 여행 정보를 얻기 위해서 인터넷 검색을 할 경우 사용되지만, Google 지도를 사용할 경우에도 많이 사용된다.
2. 요즘 북유럽 대부분의 호텔의 경우 무료로 호텔에서 스마트폰의 데이터나 전화를 할 수 있도록 Wi-Fi 주소를 알려준다. 따라서 호텔 내에서 Wi-Fi 사용은 큰 어려움이 없다.
3. 여행 시 Wi-Fi가 필요한 경우는 시내 관광을 하면서 Google 지도로 길을 찾거나 여행 정보를 검색하고자 할 경우이다.
4. 해외여행 시 스마트폰의 데이터나 Wi-Fi 사용 방법은 4가지로 대별해 볼 수 있다.
   ① 스마트폰 데이터 로밍
      정해진 요금만 내면 해외 도착 즉시 핸드폰을 사용할 수 있다.
      가입 통신사에 인터넷으로 신청하면 된다.

② 포켓 와이파이 대여

포켓 와이파이를 휴대하면 언제, 어디서나 인터넷 연결이 가능하다. 포켓 와이파이는 인천공항에서 대여가 가능하다.

③ 유심칩 사용

필요하거나 원하는 데이터양에 따라서 현지에서 저렴한 가격으로 유심칩을 구매하여 사용하는 방법이다. 장기적으로 해외여행 가는 경우 데이터 로밍이나 유심칩보다 유리하다.

④ 무료 와이파이 어플을 다운로드하는 방법

무료 와이파이 어플을 다운로드하면 와이파이가 연결된다.

일본으로 여행 갈 경우 travel japan wi fi이나 japan connected free wi fi와 같은 어플을 다운로드하면 좋다.

5. 필자는 30일 동안 북유럽 여행 시 가입한 통신사의 데이터 로밍을 신청했다.

필자가 가입한 것은 kt 데이터로밍 기가 팩 유럽/북미(2GB)-44,000원(28일)이었다. 30일 북유럽 여행 기간 중 데이터 서비스 용량이 약간 부족해서 딸에게 부탁하여 kt 데이터로밍 기가 팩 유럽/북미(2GB)-44,000원(28일)을 추가로 가입하여 사용했다.

여행 준비

NORTH
SEA

AALBORG

K

ARHUS

DENMARK

ODENSE

GERMANY

덴마크

Day 1~5

코펜하겐행
핀에어(Finnair)를 타다

북유럽 여행의 첫날이다. 설레기도 하고 불안하기도 했다.

아침 식사도 먹는 둥 마는 둥 마쳤다. 오전 10시 25분에 인천공항에서 헬싱키로 가는 핀에어(Finnair)를 탈 예정이다. 헬싱키에서 도착하면 다시 다른 비행기로 갈아타고 코펜하겐으로 가야 한다.

아직 7시도 되지 않았는데 내가 배낭을 메고 서두르니까 작은딸이 공항버스를 타는 곳까지 자동차로 데려다주겠다고 했다. 보통 때 같으면 아내가 "왜 이렇게 서두르냐?"라고 말했을 텐데 이날은 왠지 말이 없었다. 우리 부부는 작은딸의 배웅을 받고 아침 7시쯤 공항버스를 탔다.

버스는 죽전을 지나면서부터 출근길 교통체증으로 가다 서기를 반복했다. 교통체증에 걸린 도로 모습 못지않게 내 머릿속은 복잡했다. 우선 '코펜하겐 공항에 도착하면 어떻게 호텔을 찾아갈 수 있을까?', '전철을 타고 가면 되는 것인지?' 그리고 '전철표는 공항 어디에서 사야 하는 것인지?' 등 앞으로 한 달간의 복잡한 여행 일정에 관한 생각이 머릿속을 가득 채웠다. 차창 밖을 내다보자 버스는 어느덧 인천 영종도 다리를 건너고 있었다. 그리고 10여 분 정도를 더 달리자 8시가 조금 넘은 시각에 인천공항에 도착했다.

내가 타는 비행기는 10시 20분에 코펜하겐으로 출발하는 핀에어 소속의 비행기였다.

헬싱키에서 다른 비행기로 환승 후 코펜하겐 공항에는 오후 4시 15분쯤 도착한다.

버스가 인천공항 3층 탑승동에 도착하자 우리 부부는 항공기 출발 안내 전광판(Departure)에서 핀에어 탑승수속을 확인하고 핀에어 탑승수속(Check-in) 창구를 찾아갔다. 핀에어 탑승수속 창구의 입구에는 셀프 체크인(Self Check-in) 기계가 있었지만, 우리 부부는 전날 밤에 인터넷으로 핀에어 홈페이지에서 온라인으로 체크인(Online Check-in)했기 때문에 탑승수속 창구에서 항공기 탑승권을 받고 짐만 부치면 됐다.

핀에어 탑승수속 창구에서 탑승수속을 간단히 마치고 검색 보안대를 통과하고, 출국심사(Immigration)를 마치고 면세점들이 있는 곳으로 들어갔다. 그곳은 수많은 사람으로 붐비고 있었다. 헬싱키로 가는 핀에어 비행기는 10시 25분 정시에 출발했다.

비행기 좌석은 전날 밤에 내가 인터넷으로 온라인 체크인을 할 때 아내의 좌석은 창가 옆으로, 내 좌석은 바로 그 옆으로 정해 놓았다. 그런데 탑승 후에 내가 놀랐던 점이 있다. 핀란드 비행기인데도 불구하고 핀란드 사람들이 별로 보이지 않았다는 점이었다. 탑승객들은 대부분 우리나라 사람들 같았다. 물론 그중에는 일본이나 동남아 사람들도 있었겠지만, 내 눈에는 탑승객 중 90%가 넘는 사람들이 한국 사람 같았다. 안내 방송도 먼저 한국어가 나왔다. 그러나 승무원은 대부분 핀란드 사람이었다. 덩치 큰 40대 남자도 있었고, 대략 50대가 넘어 보이는 여자 승무원도 있었다.

두 번째로 놀란 것은 승객이 대부분 우리나라 사람들 같은데 비행기 안이 너무 조용했다는 점이다. 사실 좀 오래된 이야기이지만 우리나라

국적기를 탈 때는 단체 관광객들의 왁자지껄한 소리를 들을 때가 있어 눈살이 찌푸려진 것이 한두 번이 아니었는데 이번에는 너무 조용했다.

두어 시간쯤 지나자 기내식이 나왔다. 기내식은 거의 한국식이라고 할 정도였다. 고추장도 나왔다. 승객들 대부분이 우리나라 사람들이니까 당연히 우리나라 사람들의 취향에 맞추어 서비스하는 것 같다는 생각이 들었다. 보통 기내식으로 식사를 마치고 시간이 좀 지나면 입국 신고서 양식을 주는데 이번에는 그런 것도 없었다.

잠시 시간이 흐르자 창가의 창문들이 닫히면서 기내는 점점 어두워지기 시작했다. 가끔 화장실로 가는 사람들 외에는 모두 눈을 감고 있는 듯했다.

나는 좀처럼 눈을 붙일 수 없었다. 앞으로 닥쳐올 일들을 생각하니 잠이 좀처럼 오지 않았다. 오늘 비행기가 헬싱키 공항에 도착하면 내가 제일 먼저 해야 할 일은 덴마크행 환승 비행기를 타는 게이트를 찾아가는 일이었다. 코펜하겐행 환승 비행기의 탑승 절차(check-in)는 인천공항에서 마쳤다. 그렇지만 환승 비행기 탑승권에는 탑승 게이트가 미정 상태로 있었다. 환승할 수 있는 여유 시간도 1시간 30여 분밖에 되지 않았다. 따라서 시간적으로 코펜하겐행 환승 게이트를 찾는 것이 중요했다. 다행한 것은 내가 탄 헬싱키행 비행기도 헬싱키 공항 2터미널(Terminal 2)에 도착하고 코펜하겐행 환승 비행기 탑승도 2터미널에서 한다는 것이었다. '그런데 혹시 비행기가 20~30분이라도 늦으면 어떻게 하지?' 하면서 이것저것 쓸데없는 걱정까지 하게 되니 머리가 점점 복잡해졌다. 그리고 비행기 내 좁은 공간 한가운데에 앉아 있으니 화장실에 가기도 힘들었다. 탑승한 지도 대여섯 시간이 지나니 다리도 점점 저렸다. 탑승한 지 8시간쯤 지나자 두 번째 기내식이 나왔다.

비행기는 인천공항을 출발한 지 9시간 30여 분 만에 헬싱키(Helsinki) 반타(Vantaa) 공항 2터미널에 도착했다.

나는 코펜하겐행 환승 비행기의 게이트 번호를 알기 위해서 우선 'Transfer'라는 환승 표시를 찾는 것이 중요했다.

 Self-Travel Tip ➤ *Google 검색창에서 검색해 보자!*

항공기 탑승수속(check-in) 마감 시간

1. 탑승수속(check-in)은 고객의 관점에서 볼 때 항공기에 보관할 수하물을 맡기고, 탑승권을 받고, 좌석을 배정받기 위해서 이루어지는 절차라고 할 수 있다.
2. 항공사 입장에서는 탑승수속(check-in)은 해당 항공편에 대한 고객의 탑승 여부를 확인하는 수단이라고 할 수 있다.
   항공사는 탑승수속(check-in)을 통해서 정확한 탑승 예정 인원을 파악해 연료, 식사, 음료 등이 얼마나 필요할지 예상할 수 있다. 모든 탑승객이 탑승수속을 미리 완료하면 해당 항공편의 정시 이륙이 가능한 것이다. 따라서 항공사는 항공기가 이륙 준비를 하고, 고객들도 항공기를 탑승하기 위해서 보안검사와 출국 절차를 마치기 위해서는 일정한 시간이 필요하다. 이에 따라 항공사들은 고객들이 일정한 시간까지 공항에 도착을 요구하는 탑승수속 마감 시간(deadlines)을 정하고 있다.
3. 고객들은 비행기를 탑승하기 위해서는 최소한 그 탑승수속 마감 시간 전까지 공항에 도착해야 하며, 고객이 그 탑승수속 마감 시간 전까지 도착하지 않을 경우 항공사는 고객의 탑승을 거절할 수 있다.
4. Finnair의 경우 탑승수속 마감 시간(deadlines)는 아시아, 북미, 중동 지역은 출발 1시간 전, 유럽 지역은 출발 45분 전이다.
5. 탑승수속 마감 시간은 해당 항공사 홈페이지 또는 Google 등 인터넷 검색창에서 'check-in oo 항공사' 등과 같은 keyword로 검색해서 탑승수속 마감 시간을 확인하는 것이 좋다.

★ 헬싱키 공항에서 입국심사?

　헬싱키 반타 공항은 예상보다 크고 복잡했다. 비행기에서 나오는 출구는 탑승구도 겸하는 것 같았다. 그래서 그런지 주변에는 탑승을 기다리는 많은 사람이 운집해 있었다.

　우리 부부는 'Transfer' 표시를 따라서 약 50여 m 앞으로 걸어갔다. 그러자 1층으로 내려가는 통로 옆에 'Transfer'라는 전광판이 나타났다. 우리가 타는 코펜하겐행 핀에어 탑승구는 24번 게이트였다. 그런데 함께 타고 온 한국 사람들이 다 어디 갔는지 눈에 띄지 않았다. 약간 불안한 마음이 들기 시작했다. 우리나라 여행사의 단체 관광객을 인솔하는 가이드라도 옆에 있다면 그들을 따라서 가면 좋을 텐데 주변을 살펴봐도 우리나라 사람들은 잘 보이지 않았다.

　Transfer 표지판을 보고 내려간 1층에는 출입국 심사대 같은 것이 정면에 서너 개, 그 왼편에 대여섯 개가 있었다. 왼편 심사대 유리 박스 내 두 곳에는 공무원 같은 사람이 있었고, 그 앞에 10여 명의 사람이 줄을 서서 기다리고 있었다. 나는 그곳이 환승 비행기를 타기 전에 다시 한번 보안검색(security control)을 받는 곳으로 생각했다. 우리 부부도 그곳에 줄을 섰다. 줄을 선 사람들은 대부분 외국 사람들이었다.

　내 앞에는 일본인 단체 관광객인 듯한 10여 명의 사람이 줄을 서 있었다. 한 명씩 지하철 개폐기 같은 곳에 여권을 대고 있다가 초록 불빛이 나면 들어가서 잠시 서 있다가 초록 불빛 신호에 따라서 밖으로 나가는 구조였다. 그런데 정면의 심사대 왼쪽에는 줄을 선 사람들에 가려져서 잘 보지 못했던 표지판이 있었다. 그곳에는 일본의 일장기와 우리나라 태극기가 그려져 있고, 유럽 연합 표시와 영어 문자로 '미국,

캐나다 only'라고 쓰여 있는 것이 보였다. '우리나라 여권이 전자 여권이기 때문에 그런가?'라는 생각이 문득 떠올랐다. 그러면서 인천공항에서 출국 신고를 할 때 출국 심사대 앞에서 무심코 카메라를 보고 섰던 기억이 떠올랐다. 줄은 좀처럼 줄어들지 않았다. 한참 지나서 내 차례가 가까이 왔는데 내 앞에 선 나이 든 일본인 할머니가 지하철 개폐기 같은 곳에 여권을 댔는데 계속 빨간 불이 들어왔다. 그러더니 그곳 앞에서 꼼짝하지 않고 서 있는 것이었다. 내가 가서 비키라고 할 수도 없고, 가슴만 타들어 갔다. 결국 한참이 지나서야 나타난 공항 직원은 그 일본인 할머니의 여권을 반대 방향으로 기계에 갖다 대 주었다. 그때야 파란불이 들어왔다.

내 차례가 되어 나도 여권을 지하철 개폐기 같은 곳에 대고 들어갔다. 그리고 카메라 앞에 섰다. 혹시 잘못될까 걱정했지만 초록 불이 켜졌다. 그곳에서 나와서 바로 앞의 다른 부스에 있는 직원에게 여권을 건네니 여권 뒷면에 스탬프를 찍어 주었다. 나는 그때 이곳에서 유럽연합 국가들에 대한 입국 신고를 마친 것을 알아차렸다. 앞으로 90일 동안은 유럽연합의 여러 나라를 자유롭게 여행할 수 있게 된 것이다.

 Self-Travel Tip ➤ *Google 검색창에서 검색해 보자!*

유럽 장기여행 시 꼭 알아야 할 솅겐 조약과 체류 기간

1. 유럽을 90일 이상 장기로 여행하고자 한다면 비자 없이 체류할 수 있는 체류 기간에 대하여 관심을 가져야 한다. 왜냐하면 솅겐 조약(Schengen agreement) 가입 국가 26개국 중 어느 한 나라에 입국할지라도 '최종 출국일로부터 거꾸로 역산해서 180일 중 90일 동안만 다른 26개국에도 무비자로 체류가 가능'하기 때문이다.

덴마크(Day 1~5)

2. 셍겐 조약은 유럽연합의 회원국들을 중심으로 공통의 출입국 관리 시스템을 사용하여 국경 출입국 절차를 최소화하는 것을 목적으로 하는 국경 개방조약을 말하는데 현재 가입국은 총 26개국이다.

- ■ 셍겐 협약 가입국(총 26개국): 그리스, 네덜란드, 노르웨이, 덴마크, 독일, 라트비아, 룩셈부르크, 리투아니아, 리히텐슈타인, 몰타, 벨기에, 스위스, 스웨덴, 스페인, 슬로바키아, 슬로베니아, 아이슬란드, 에스토니아, 오스트리아, 이탈리아, 체코, 포르투갈, 폴란드, 프랑스, 핀란드, 헝가리.
- ■ 셍겐 협약 비가입국: 영국, 아일랜드, 루마니아, 불가리아, 크로아티아, 키프로스.

★ 코펜하겐 공항에서 찾은 코펜하겐 카드 이야기

헬싱키 반타 공항에서 이륙한 비행기는 코펜하겐 공항을 향해서 날아갔다.

창가 아래로 스쳐 가는 모습은 너무 평화로웠다. 처음에는 잔잔한 바다 위를 나는 것 같더니 곧 육지가 나타났다. 그러더니 다시 바다가 나타났다. 우리가 탄 비행기는 해안가를 나는 것 같았다. 조금 시간이 지나자 바다 저 멀리에 긴 다리가 나타났다. 스웨덴 말뫼와 덴마크 코펜하겐을 연결하는 올레순 다리 같았다.

우리가 탄 비행기는 헬싱키 공항에서 이륙한 후 1시간 30여 분의 비행 끝에 오후 4시쯤 덴마크 코펜하겐 공항에 도착했다.

6월 중순 코펜하겐의 일몰 시각은 밤 10시쯤 되는 것 같았다.

아직 오후 4시이니 해가 중천에 떠 있는 시각이었다. 나는 코펜하겐 공항 도착 시간이 깜깜한 밤중이 아니라 해가 떠 있는 때에 도착해서 호텔을 찾아가게 된 것을 얼마나 다행으로 생각했는지 모른다. 왜냐하면 지금으로부터 30여 년 전 깜깜한 밤중에 LA 공항에서 파사데나에 있는 호텔까지 찾아갈 때 무서웠던 기억을 아직까지도 잊지 못했기 때문이었다. 5~6년 전에 파리 공항에서 밤중에 숙소를 찾아갈 때도 사실 나는 마음이 조마조마했었다. 그래서 나는 항공권을 예약할 때면 가능한 한 해가 떠 있는 낮에 호텔을 찾아갈 수 있도록 목적지 공항 도착 시간을 관심 있게 살펴본다.

코펜하겐 공항은 우리나라 인천공항에 비하면 작았다. 배낭을 찾기 위해서 'baggage claim'을 찾았다. 그런데 이곳은 짐 찾는 곳에 'baggage belt'라고 표시되어 있었다. 배낭을 찾아 입국장으로 들어서자 많은 사람이 기다리고 있었다.

코펜하겐 시내의 호텔로 가기 전에 공항에서 코펜하겐 카드를 찾아야 했다. 국내에서 인터넷으로 코펜하겐 카드를 구입했는데 수령처를 코펜하겐 공항 3터미널(Termainal 3)에 있는 코펜하겐 공항 서비스 인포메이션 센터(Copenhagen Airport Service Information center)로 정했기 때문이다. 나는 국내에서 인터넷으로 구입하고 이메일로 송부받은 코펜하겐 카드 구입 증명 서류인 바우처(Vocher)를 제시하고 코펜하겐 카드를 수령했다.

사실 나는 코펜하겐 카드를 살까 말까 여러 차례 고민했었다. 왜냐하면 코펜하겐 카드를 구입하면 코펜하겐 지역의 버스, 기차, 지하철 등 공공 교통수단을 무제한으로 이용할 수 있고 79개의 박물관 및 관광 명소에 무료로 입장할 수 있지만, 그만큼 가격도 만만치 않기 때문이었다. 그래도 미루고 미루었던 코펜하겐 카드를 72시간짜리(659DKK)로 사기로 한 것은 외국어도 서투른 사람에게 이런 문제는 꼭 가격으로만 따질 문제가 아니라고 생각했기 때문이었다.

버스나 지하철을 탈 경우 전철역이나 기차역에 있는 승차권 자동판매기에서 승차권을 구입해야 하는데 현지인들은 모바일 티켓 앱으로 구입한 모바일 티켓을 많이 사용한다. 따라서 승차권 자동판매기를 찾기도 쉽지 않고, 승차권 자동판매기 사용법도 익숙하지 않다. 따라서 비용 측면에서 약간 불리하다고 하더라도 코펜하겐 카드 등과 같은 관광 패스를 구입하여 최대한 유용하게 사용하면서 여행 시간을 절약하는 것이 바람직하다고 여겨졌다.

두 번째 이유는 코펜하겐 여행의 3일째 되는 날에는 코펜하겐에서 약 40㎞ 떨어진 프레데릭스보르성(Frederiksborg Castle)을 관광하기로 했는데 그곳은 코펜하겐 지역(Copenhagen Region)에 속해서 코펜하겐 카드를 소지할 경우 기차를 타고 무료로 다녀올 수 있고, 힐레뢰드(Hillerød)까지의 왕복 기차 요금 184DKK와 프레데릭스보르성 입장료인 75DKK를 절약할 수 있기 때문이었다. 따라서 비용 측면에서도 코펜하겐 카드를 구입하는 것이 나에겐 유리하다고 판단했다.

Self-Travel Tip ➤ *Google 검색창에서 검색해 보자!*

Copenhagen Card 구입 방법

1. Google 검색창에서 'copenhagen card'라는 keyword로 검색해보면 인터넷 구입 웹사이트 주소를 알 수 있다(http://www.copenhagencard.com/).
2. copenhagen card 가격은 다음과 같다. (성인 기준)

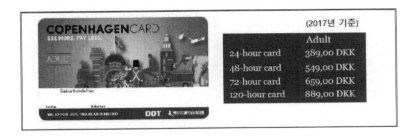

	(2017년 기준)
	Adult
24-hour card	389,00 DKK
48-hour card	549,00 DKK
72-hour card	659,00 DKK
120-hour card	889,00 DKK

3. 인터넷으로 'copenhagen card'를 구입 후 E-mail로 전송받은 바우처(Vocher)를 프린트하여 바우처(Vocher)에 명기된 카드 수령처(copenhagen visitors centre, copenhagen airport service information 등)에 제시하여 실물 카드를 수령한다.
4. 다음의 Sales points에서도 copenhagen card를 직접 구입할 수 있다.
   Copenhagen Info-København H, Copenhagen Central Station, København Turis-tinformation, Copenhagen Visitors Centre, Københavns Lufthavne A/S-Servicein-formationen, CPH Airport Service Center 등(참조: http://www.copenhagencard.com/sales-points).

★ Google 지도로 찾아간 코펜하겐 시내 호텔

내가 예약한 코펜하겐 호텔은 캐빈 스칸디나비아(Cabinn Scandinavia) 호텔이었다.

구글 지도로 미리 알아둔 캐빈 스칸디나비아 호텔을 찾아가는 방법은 코펜하겐 공항 내에 있는 루프트하븐(Lufthavnen)역에서 포럼(Forum) 역까지 전철을 타고 가는 것이었다. 그런데 나는 공항에 있으면서도 공항에 있는 루프트하븐역을 찾지 못하고 헤매고 있었다. 그럴 때는 딸아이가 가리켜 준 구글 지도를 사용하면 루프트하븐역을 쉽게 찾았을 것이지만 스마트폰에 있는 구글 지도를 사용할 생각을 하지 못했다.

한동안 이곳저곳을 헤매다가 공항 직원처럼 제복을 입은 사람을 만났다. 그는 전철역이 건너편 2층에 있다고 손짓하면서 전철표를 사는 곳도 알려 주었다. 나는 그의 도움으로 싱글 티켓 2장을 살 수 있었다. 전철표 한 장의 가격은 34DKK(약 5,800원)였다. 그리고 그가 가르쳐 준 2층으로 올라가서 전철을 탔다.

내가 탄 전철은 네 칸이 연결된 것이었다. 운전사도 없었다. 마치 무인으로 운행되는 인천공항 내 무인 전철 같았다.

전철은 우리 부부가 타자마자 곧 달렸다. 전철 선로는 신기하게도 반지하의 선로를 달리는 부분도 있었다. 창밖을 내다보니 방금 전 소나기가 쏟아졌는데 지금은 흰 구름 사이로 푸른 하늘도 보였다. 시간은 오후 다섯 시가 넘었지만 해는 아직 중천에 떠 있었다. 햇빛이 무척 강해 보였다. 시내로 갈수록 철로변 건물 벽에는 많은 낙서가 보였다.

우리 부부는 정차하는 역이 어딘지 전광판을 뚫어지게 쳐다보면서 갔다. 전철을 탄 지 10분이 지나자 사람들이 우르르 내렸다. 뇌뢰포트

(Norreport)역이었다.

우리 부부는 뇌뢰포트역의 다음 역인 포럼역에서 내렸다.

내가 예약한 캐빈 스칸디나비아 호텔은 포럼역에서 시내 방향으로 200여 m를 직진한 후 우회전해서 100여 m 정도 가면 있다고 했다. 그런데 어느 쪽이 호텔 방향인지 지도를 봐도 분간할 수가 없었다.

마침 3~4년 전 스페인 산탄데르라는 곳에서 처음으로 스마트폰의 구글 지도의 '길 찾기' 방법으로 호텔을 찾아갔던 기억이 문득 떠올랐다. 스마트폰 구글 지도로 호텔을 찾아가려면 우선 스마트폰의 인터넷이 연결되어야 하는데 스마트폰의 데이터 로밍을 시도하니 다행히 인터넷도 쉽게 연결됐다. 스마트폰의 구글 지도상의 내 위치에서 캐빈 스칸디나비아 호텔을 검색했더니 불과 300여 m 떨어진 곳에 있었다. 구글 지도에 표시된 경로를 보면서 걸어갔다. 그러자 구글 지도상에서 내 위치를 표시하는 파란색 원도 함께 움직였다. 그러면서 "100m 직진.", "30m 앞에서 우회전."이라고 마치 자동차 내비게이션처럼 길을 안내해 주는 것이 아닌가?

내 위치를 표시해 주는 파란색 동그라미를 보면서 점선을 따라서 100여 m쯤 걸어가다가 우회전을 하자 커다란 호텔 건물이 보였다. 새벽부터 일어나 열서너 시간 넘게 비행기를 타고 오면서 조마조마했던 마음이 한순간에 안도의 한숨으로 변했다.

'정말 걱정했는데…'

아내도 큰 걱정을 덜었다면서 이젠 잠잘 곳이 있으니 얼마나 행복한지 모르겠다고 말한다. 나도 아내와 똑같은 심정이었다.

호텔 예약 확인서를 프런트 직원에게 주고 체크인했다. 5층에 있는 호텔 객실의 문을 열고 들어가 보니 2층 침대가 놓은 작은 방이라서 약간 놀랐다. 마치 대형 크루즈선의 선실 같은 객실이었다. 아내에게 큰 방으로 바꿀까 물어봤지만, 아내는 하룻밤을 편하게 잘 곳이 있다는 것만 해도 얼마나 행복한 것인지 모르냐고 하면서 내게 핀잔을 준다. 사실 나도 아내와 똑같은 심정이었다.

그런데 나는 코펜하겐의 호텔을 예약할 때 오랫동안 고민했다. 왜냐하면 코펜하겐의 높은 호텔비 때문이었다. 나는 가능한 한 저렴한 호텔을 예약하려고 여행 출발 6개월 전부터 코펜하겐에서 묵을 호텔을 찾았다. 그렇지만 시내 중심가 호텔은 숙박 비용이 약 150유로(한화 약 200,000원)를 상회했다. 그래서 호스텔에서 묵는 방법도 생각했지만, 아내와 같이 여행하는 데다가 연령적으로도 젊은 사람들과 어울리는 것이 부담스러워 망설였다. 그러던 중 여행 출발 약 3개월 전에 캐빈 스칸디나비아 호텔을 찾게 된 것이었다. 우선 매력적이었던 점은 스탠다드룸의 하룻밤 숙박료가 113유로로 비교적 저렴하다는 점이었다. 그리고 200개의 객실을 보유한 체인 호텔이라는 점과 위치도 지하철을 타고 두 정거장, 혹은 걸어서 15분 정도면 시내 중심가까지 갈 수 있었기 때문이었다. 또한 언제든지 호텔 예약을 무료 취소도 가능하다고 했기 때문에 '우선 숙소라도 정해 놓자!' 하는 심정으로 예약한 것이었다.

우리가 나흘 동안 묵게 된 캐빈 스칸디나비아 호텔은 젊은 직장인들이 출장을 왔을 때 주로 이용하는 비즈니스호텔 같았다. 방의 크기는 2층 침대가 있는 작은 방이었지만 시설은 깔끔했다. 작지만 전용 욕실도 있고 TV, 커피 메이커도 있었다. 다만 불편한 점은 방의 크기가 작다는 것이었다. 호텔비가 저렴한 이유가 바로 그런 이유 때문인 것 같았다.

나는 이 호텔에서 나흘 동안 숙박하기로 하고 예약했다. 한 곳에서 4일이나 묵는 이유는 이곳을 거점으로 덴마크의 힐레뢰드(Hillerød), 헬싱외르(Helsingør), 그리고 스웨덴 말뫼(Malmö)와 헬싱보리(Helsingborg)를 여행할 계획을 세웠기 때문이었다. 사실 덴마크 코펜하겐을 여행하고 그다음 여행지가 스웨덴 말뫼와 헬싱보리라면 그곳에 숙소를 정하면 다시 덴마크 코펜하겐으로 돌아올 필요가 없다. 그러나 스웨덴 말뫼와 헬싱보리에서 숙박한다면 그곳에 새로운 숙소도 예약하고 그곳을 또 찾아가야 하는데 그런 수고도 만만치 않다고 생각했다. 호텔 객실에 들어오자 아내는 체크인할 때 얻는 와이파이 주소로 스마트폰의 모바일 네트워크를 연결하더니 집에 있는 아이들과 카카오톡으로 잘 도착했다면서 통화를 했다.

캐빈 스칸디나비아 ★★

체크인	체크아웃
15	**18**
6월 2017 목요일	6월 2017 일요일
15:00 부터	11:00 까지

€ 338 DKK 2,520

필자 평가 : ★★★☆☆

코펜하겐 공항에서 시내 호텔 찾아가는 방법

1. Google 지도 '길 찾기'로 교통편을 조회해 보는 방법
   ① Google 지도에서 '길 찾기' 아이콘을 누른다.
   ② 출발지는 Copenhagen Airport, 도착지는 Cabinn Scandinavia Hotel을 입력 후 검색을 누른 다음 대중교통 아이콘을 누르면 Google 지도에 다음과 같은 경로가 시작된다.

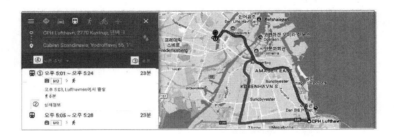

   ③ 위 지도상 ①번을 보면 오후 5:01분에 출발하는 전철 M2를 타면 오후 5:24분에 Cabinn Scandinavia Hotel에 도착할 수 있다는 것을 알 수 있다.
   ④ 위 지도상 ②번 '상세정보'를 클릭하면 코펜하겐 공항에서 전철 출발역은 Lufthavnen 역, 그곳까지 도보 거리 약 2분, 170m, 도착역인 Forum역까지는 17분, 정류장은 10개, Forum역에서 Hotel Cabinn Scandinavia까지는 도보로 약 4분, 350m라는 것을 알 수 있다.
   ⑤ 위 지도에서 '티켓 및 정보'를 클릭하면 코펜하겐 Metro 웹사이트(http://intl.m.dk/)에 접속하면 티켓 가격과 Metro map 등 여러 가지 교통정보를 얻을 수 있다.

⑥ 위 지도에서 도착지를 확대해 보면 전철역 Forum역에서 Hotel Cabinn Scandinavia 까지 걸어서 가는 도보 경로가 점선으로 표시되어 있다. 따라서 점선만 따라가면 Hotel Cabinn Scandinavia에 도착할 수 있다.

2. Google 검색창에서 '교통(Transport)', '이동 방법(how to get to)' 등과 같은 키워드로 조회 해 보는 방법(예: Transport Copenhagen Airport to Copenhagen city center) 등이 있다.
   ☞ 코펜하겐 관광청(http://www.visitcopenhagen.com), 코펜하겐 Metro(http://intl.m.dk/) 등 과 같은 곳으로부터 다음과 같은 교통정보를 얻을 수 있다.
   ① Metro: 터미널 3에 위치, 4~6분 간격 운행, 야간에는 15~20분 간격으로 운행. 공항 에서 Nørreport역까지 13분 소요. 티켓은 메트로역과 터미널 3의 DSB 티켓 카운터 에서 구입 가능. 티켓 자동판매기는 동전과 신용카드만 사용 가능.
   3-Zone single ticket 36DKK(약 6,100원).
   ② Bus: 5A 버스가 코펜하겐 중앙역, 시청광장과 연결됨. 약 30~35분 소요. 10분 간격 운행. 티켓은 터미널 3의 티켓 자동판매 기계 또는 버스 운전기사로부터 구입 가능. 버스 운전기사는 동전만 받음.

북유럽 여행의 관문
덴마크 코펜하겐

　덴마크는 유럽 북부 북해 연안의 유틀란트 반도 및 그 동쪽 해상의 섬들로 구성된 입헌군주국이다. 면적은 약 4만 3,000㎢이며, 인구는 558만 명(2015년 기준), 수도는 코펜하겐(Copenhagen)이다. 그린란드(Greenland)와 페로(Faroe) 제도는 덴마크의 자치령이다.

　덴마크는 노르웨이, 스웨덴 핀란드 등 스칸디나비아 3개국과 함께 북유럽 4개국으로 불린다. 국기도 북유럽 국가 공통의 국기인 스칸디나비아 십자기를 쓴다. 바이킹 계통의 데인인(Daner)이 세운 국가로서 노르웨이, 스웨덴과는 서로가 정통 바이킹 후손이라고 주장하는 사이기도 하다.

　역사적으로 보면 덴마크는 초기 바이킹 시대라고 할 수 있는 9세기경 독립 국가를 이루어 13~14세기에는 북유럽의 전역을 지배하는 대국이었다. 그러나 1523년에 스웨덴이 독립해서 나가고, 1814년에 나폴레옹 전쟁에서의 패전으로 노르웨이를 잃으면서 세력이 크게 약화되었다.

　덴마크는 유럽 연합에 속하지만, 유로(Euro)를 채택하지 않고 덴마크 크로네라는 화폐를 사용한다.

우리는 흔히 덴마크를 세계 모든 어린이에게 아름다운 동화를 선물해 준 안데르센이 태어난 나라로 알고 있다. 그러나 이것만이 전부가 아니다. 덴마크는 대표적인 복지 선진국, 농업 선진국으로 꼽히고 정치적 투명도에 있어서도 세계 1~2위를 다투는 국가로도 유명하다.

덴마크인의 평균 신장은 남자 1m 80㎝ 이상, 여자 1m 67㎝라고 할 정도로 키가 큰 사람들이 많다. 또한 덴마크 국민들은 종종 '세계에서 가장 행복한 사람들'로 선정된다. 그만큼 덴마크인의 삶의 만족도가 높다는 이야기다. 그들은 비록 높은 세금을 내지만 무료로 의료 및 교육 혜택을 누리고, 자전거 문화가 오래전부터 정착된 덕분에 깨끗한 공기를 향유하며 살아간다.

덴마크 수도 코펜하겐(Copenhagen)의 인구는 50만 명을 조금 넘는 수준이나 주변의 위성도시를 모두 합치면 200만 명 가까이 된다고 한다. 셸란섬의 북동쪽에 위치해 있는 무역항으로 코펜하겐과 스웨덴의 말뫼 사이에는 2000년에 덴마크와 스웨덴의 바다를 잇는 외레순 다리(Oresund Bridge)가 개통되었다. 그래서 육로로도 연결됨으로써 북유럽 스칸디나비아 국가들과 더욱 가까워지게 되었다.

[구글 지도로 검색해 본 코펜하겐 관광명소]

북유럽 여행의 관문 도시라고 할 수 있는 덴마크 코펜하겐은 매력이 넘치는 항구다. 동쪽으로는 발트해로 이어지는 외레순 해협과 면하고 있고, 서쪽으로 나가면 북해가 나온다. 시내는 크고 작은 운하들이 핏줄처럼 도시 곳곳에 이어져 있고, 유람선들이 유유히 떠다니는 멋진 모습을 볼 수 있다.

그러나 코펜하겐은 큰 도시가 아니다. 코펜하겐 중앙역에서 가장 멀리 떨어진 인어공주 동상까지의 거리는 약 3.5㎞에 불과하다. 주요 볼거리들은 대부분의 유럽 도시들과 비슷하게 시내 중심부에 몰려 있다. 따라서 걸어서 가도 한 시간이면 충분히 갈 수 있다. 젊은이들 같으면 걸어서 여행하거나 자전거로 여행해도 좋은 도시다. 실제로 코펜하겐은 자전거의 도시로 유명하다. 도심은 물론이고 교외로 뻗어 나가는 대부분의 길 한 쪽에는 잘 계획된 자전거 도로가 이어져 있고 사람들도 자전거를 애용한다고 한다.

코펜하겐을 여행하는 가장 좋은 시기는 6월에서 8월까지라고 한다. 연간 기온을 보면 겨울에는 드물지만 -8℃ 이하, 여름에는 26℃ 이상 오르는 경우도 가끔 있다고 한다. 그렇지만 월평균 기온은 -2℃에서 21℃ 사이로 비교적 온화한 편이다.

우리 부부는 코펜하겐 공항에서 시내 호텔에 도착한 후 잠시 휴식을 취했다.

시간은 이미 저녁 8시가 넘었지만, 아직도 대낮같이 밖이 밝았다. 코펜하겐 시내를 걸으면서 코펜하겐 시내를 잠시 둘러보기로 했다. 지도를 보니 호텔에서 코펜하겐 시청이 있는 시내 중심가까지의 거리는 1.3 ㎞라고 나왔다. 20분이면 걸어서 갈 수 있는 거리가 아닌가? 시내 방향의 대로로 나오자 자전거를 타고 빠르게 달리는 사람들이 보였다.

다리를 건너 신호등이 있는 곳에 이르렀다. 자전거를 타고 빠르게 달리던 사람들도 신호등이 빨간색으로 바뀌자 일제히 멈춰 섰다. 그리고 우리 부부가 교통 신호등도 없는 작은 길의 건널목 앞에 이르자 차들이 멈춰 섰다. 건물들이 많아진 시내 중심가에 이르자 건물 사이마다 골목길에서 담배를 피우며 이야기를 하는 젊은 남녀의 모습이 눈에 들어왔다. 코펜하겐 시청을 거쳐서 크리스티안보르 궁전(Christiansborg Palace) 앞으로 갔다. 벌써 시간은 저녁 7시 30분이 넘은 시각이었다. 캐널 투어(Canal Tour)를 하는 배가 보였다. 저녁 7시 30분이 넘은 시각이라 마지막 배 같았다.

우리 부부도 코펜하겐 카드를 이용해서 캐널 투어를 하기로 했다. 배에 탄 승객은 20~30여 명에 불과했다. 기온은 15도를 넘지 않는 듯해서 약간 춥게 느껴졌다. 늦은 저녁 시간이라 운하 주변에는 관광객들도 별로 보이지 않았다. 춥고 쓸쓸하다는 생각마저 들었다.

캐널 투어를 마치고 시내의 맥도널드 햄버거집에서 간단히 저녁 식사를 했다. 가격은 95DKK였다. 우리나라 돈으로 환산하면 약 16,000원이다. 햄버거 가게 근처에 있는 편의점에서 생수도 한 병 샀다. 1.5L 생수 한 병값이 32DKK였다. 우리나라 돈으로 환산하면 약 5,500원이나 됐다.

'왜 이렇게 비싸지?'

아내는 눈이 휘둥그레졌다. 아무리 선진국이고 국민소득이 높은 나라라고 하더라도 물가가 높다면 서민들의 생활이 힘들 것 같다는 생각이 피부에 와닿았다. 물가가 비싼 나라들을 한 달 동안이나 여행한다고 생각하니 약간 걱정되었다.

호텔로 돌아올 때는 지하철을 탔다.

지하철을 타면 혹시 소매치기를 당하지 않을까 걱정이 앞선다. 주변을 조심스럽게 살피면서 포럼(Forum)역으로 돌아왔다.

시각은 이미 저녁 9시가 넘어 있었다. 포럼역 근처에 커다란 마트가 보여서 들어갔다. 마트는 폐점 시간이 다가왔는지 직원 한 사람이 채소와 과일들을 냉장창고로 옮기고 있었다. 진열대에는 생수도 보였다. 그런데 가격은 시내 편의점 가격의 1/2 수준이었다. 앞으로는 마트를 잘 이용해야겠다는 생각이 번쩍 들었다.

 Self-Travel Tip ➤ *Google 검색창에서 검색해 보자!*

스마트폰 Google 지도로 길 찾기 방법

1. 스마트폰 Google 지도로 '길 찾기'를 하려면 인터넷이 연결된 상태에서 가능하다. 인터넷을 연결 후 Google 지도상에 있는 GPS 아이콘을 누른다.
   ☞ 지도상에 내 위치 표시 파란색 동그라미가 나타난다. 내가 이동하면 동그라미도 함께 이동한다.
2. 내 위치가 Forum역이고 가고자 하는 목적지가 Copenhagen City Hall이라면 스마트폰의 Google 지도상에서 '내 위치'를 표시하는 'GPS 아이콘'을 클릭 후 길 찾기 아이콘을 클릭하고, 목적지 Copenhagen City Hall을 검색한다.
3. 그러면 스마트폰 Google 지도상의 내 위치인 Forum역에서 목적지인 Copenhagen City Hall까지 경로가 점선으로 표시되면서 자동차 내비게이션처럼 길을 안내한다.

4. 현재의 내 위치는 스마트폰 Google 지도상에 파란색 '동그라미'로 표시된다. 경로를 이
탈했을 경우 걷는 경로를 수정해서 점선을 따라서 목적지를 찾아간다.

자전거를 정말 사랑하는
코펜하겐 사람들

　날이 밝아 일어나 스마트폰의 시계를 보니 새벽 3시였다.

　어제는 온종일 비행기를 타고 오면서 육체적으로도 무척 피곤했다. 그렇지만 하룻밤을 푹 자고 일어나니 피곤함이 싹 없어졌다. 긴장되었던 마음도 이젠 다 풀린 것 같았다.

　7시쯤 호텔 식당으로 내려가 아침 식사를 했다. 빵과 소시지, 햄 그리고 시리얼, 과일, 음료수 등 보통 서양인들이 먹는 아침 메뉴였다. 입맛에 맞는 메뉴는 아니었지만, 식사 전부터 '호텔에서 든든히 먹고 나가야 한다'고 다짐했다. 왜냐하면 많이 걸어야 하는데 아침에는 어디 가서 밥을 사 먹기도 힘들기 때문이었다. 내가 아내의 눈총을 받으면서도 꼭 조식 제공 호텔을 예약했던 이유도 바로 이런 이유 때문이었다.

　아침 식사 후 8시쯤에 호텔을 나섰다.

　하늘에는 흰 뭉게구름이 떠 있었다. 서늘한 바람이 불었다. 무척 상쾌했다.

　코펜하겐은 무엇보다도 공기가 맑은 도시 같았다.

　'혹시 비가 와서 그럴까?', '아니면 코펜하겐 사람들은 자동차보다 매연이 나지 않는 자전거를 많이 이용해서 그런 것일까?' 궁금했다.

당신이 꿈꾸던 30일간의
북유럽 여행

아침 기온도 20℃를 넘지 않는 듯했다. 우리나라의 가을 날씨와 같았다.

우리 부부는 먼저 코펜하겐 중앙역으로 가기로 했다. 왜냐하면 코펜하겐 시내를 관광하기에는 너무 이른 시간이라고 생각되었기 때문이다. 우선 내일 코펜하겐에서 기차를 타고 스웨텐 말뫼와 헬싱보리를 여행할 계획이었기 때문에 호텔에서 중앙역까지 가는 길도 사전에 알아 두고, 열차 좌석 예약이 필요하면 열차 좌석도 예약할 셈이었다. 스마트폰의 인터넷을 연결했더니 인터넷도 쉽게 연결되었다. 스마트폰 구글 지도상에는 내 위치에서 중앙역까지의 경로도 표시됐다. 코펜하겐 중앙역까지의 거리는 불과 약 1.5㎞였다. 도보로 걸어서 간다고 해도 20분이 넘지 않을 것 같았다. 그래서 코펜하겐 시내 구경도 하면서 천천히 걸어서 가기로 했다. 우리 부부는 스마트폰에 표시된 경로를 따라서 큰 대로로 걸어갔다. 대로에는 자전거를 타고 코펜하겐 시내 중심가 방향으로 달리는 수많은 사람의 행렬이 이어지고 있었다. 자전거를 타는 사람은 남자뿐이 아니었다. 건장한 체구의 젊은 여자들이 헬멧을 쓰고 달리는 모습이 너무 인상적이었다. 자전거를 타는 사람들을 자세히 보면 남자나 여자나 모두 키도 크고 체격도 건장했다. 자전거를 많이 타서 덴마크 사람들이 이렇게 건장한 것인지? 아니면 인종적으로 우수한 민족이라서 그런지? 정말 궁금했다.

호수를 지나 사거리 건널목 앞에서 신호등이 바뀌자 자전거들이 일제히 멈춰 섰다. 그리고 다시 신호가 바뀌자 자전거들이 일제히 달리기 시작했다. 호숫가를 지나자 큰 건물들이 나오고 작은 도로가 나타났다. 교통 신호등은 없었지만, 우리 부부는 잠시 멈춰 서서 지나가는 차들이 있는지를 살폈다.

그런데 우리 앞까지 다가온 차는 3~4m 앞에서 멈춰 선다. 나는 그 차를 보고 먼저 지나가라고 손짓했다. 그런데 그 차는 꼼짝도 하지 않았다. 다시 한번 먼저 지나가라고 손짓했지만 움직이지 않았다. 아내는 우리를 보고 먼저 가라고 하는 것 같으니 길을 건너자고 했다.

나는 그 차를 보면서 길을 건넜다. 40~50m 정도를 걷자 다시 작은 도로와 건널목이 나타났다. 우리 부부는 그 건널목 앞에서 다시 멈춰 서서 좌우를 두리번거렸다. 그때 다가온 차도 내 앞에 멈춰 섰다.

'아, 우리 보고 먼저 가라고 하는 것 같네.'

아내는 우리가 먼저 건너자고 했다. 우리가 먼저 건널목을 건너가지 않으면 그 차는 계속 우리가 건너가길 기다릴 것 같아서 서둘러서 건널목을 건너갔다.

코펜하겐역 앞의 자전거 주차장에는 수많은 자전거가 세워져 있었다. 2층으로 된 자전거 주차장도 있었다. 아내는 대단하다면서 사진을 한 장 찍자고 했다.

코펜하겐에서 스웨덴 말뫼(Malmö)와 헬싱보리(Helsingborg)로 가는 열차는 로컬 열차가 운행되고 있었다. 따라서 특별히 열차 좌석을 예약할 필요가 없었다. 열차도 20여 분 간격으로 운행되고 있으므로 걱정할 필요가 없었다.

Cpenhagen의 관광명소, 볼거리, 즐길 거리 찾는 방법

1. 코펜하겐의 관광명소(attraction), 볼거리(to see, must see), 즐길 거리(to do)를 알고 싶다면 1차적으로 Google 검색창에서 keyword로 검색해 본다.
   예) top attraction in copenhagen, place to visit in copenhagen, thing to see in copenhagen, thing to do in copenhagen 등.

2. 많은 여행 정보가 해당 국가, 도시의 관광청이나 TripAdvisor, Lonely Planet 등과 같은 여행 정보 사이트로부터 나온다는 것을 알 수 있다. 따라서 쉽고 빠르게 여행 정보를 수집하는 방법은 먼저 해당 국가나 도시의 관광청에서 추천하는 여행 명소나 볼거리, 즐길 거리를 참고하는 방법이다.
   예) 덴마크 관광청(http://intl.m.dk/), 코펜하겐 관광청(http://www.visitcopenhagen.com).

3. 두 번째 방법은 여행 정보 사이트 TripAdvisor(www.tripadvisor.co.kr/), Lonely Planet(www.lonelyplanet.com/)에서 추천하는 관광명소나 볼거리, 즐길 거리 정보를 참고하는 것이다.

4. 특히 TripAdvisor는 관광명소를 유형별로 구분하여 여행자들의 리뷰나 여행 만족도 평가를 바탕으로 인기도 랭킹 순위로 평가한 여행 정보도 제공하고 있다. 또한 상세 정보를 클릭하면 opening hours, 입장 요금 정보도 제공하기 때문에 여행자들에게 유용하다.
5. 또한 TripAdvisor는 주소나 지도 정보를 클릭하면 스마트폰 Google 지도상에서 곧바로 목적지까지 경로가 Google 지도상에 표시된다. 따라서 초보 여행자들이 길 찾기에 유용하다.

★ 도보로 시작한 코펜하겐 워킹 투어

[코펜하겐 시청사 앞 광장]

코펜하겐 중앙역에서 나와 시청사 광장으로 향했다. 지금 이 순간부터 30여 일간의 북유럽 여행이 시작된다고 생각하니 마음이 설레었다. 오늘은 우선 시청사 광장에서 인어공주(The Little Mermaid) 동상이 있는 곳까지 걸어가면서 크리스티안스보르 궁전(Christiansborg Palace), 뉘하운(Nyhavn), 아말리엔보르 궁전(Amalienborg), 프레데릭스 교회(Frederiks Kirke), 카스텔레 요새(Kastellet), 게피온 분수(Gefionspringvande)를 둘러

보기로 했다. 그다음 시내 중심가를 거쳐 티볼리 공원(Tivoli Gardens)으로 돌아오면서 로젠보르크성(Rosenborg Castle), 스트뢰에(Stroeget)를 걸어서 관광하기로 했다. 내가 도보로 걸어서 코펜하겐을 여행할 생각을 하게 된 것은 코펜하겐을 비교적 작은 도시로 판단했기 때문이다. 왜냐하면 구글 지도로 조회해 보니 코펜하겐 중앙역에서 인어공주 동상까지의 거리는 약 3.5㎞, 도보로는 1시간에 불과한 거리였다. 파피뢰엔(Papiroen) 등 나머지 관광명소들은 시간상으로 여유가 있는 날에 방문하기로 했다.

코펜하겐역을 나와 시청사로 가는 대로를 걸으면서 보니 대로변 도로에 자전거를 타고 출근하는 사람들의 긴 행렬이 이어지는 것을 볼 수 있었다. 코펜하겐 시청사 앞 광장에 도착하자 곧바로 중국인 단체 관광객들이 몰려오더니 곧 소란스러워지기 시작했다.

'코펜하겐 시청사'는 코펜하겐의 랜드마크(landmark)라고 할 수 있는 곳이다. 1892년에 공사를 시작해서 1905년에 완공된 건축물이라고 한다. 검붉은 벽돌의 고풍스러운 외관이 인상적이었다. '코펜하겐 시청사'의 시계탑 높이는 105.6m로 코펜하겐에서 가장 높다고 한다. 따라서 최고의 전망을 감상할 수 있다고 한다. 청사 내부는 모두 공개되어 있지만, 가이드 투어를 이용해야 한다.

시청사 건물 안으로 들어가면 '예스 올센'의 천문시계와 정교한 조각들도 만나볼 수 있다. 시청사 내부 관람 시간은 10시부터라고 해서 오후에 이곳을 다시 들리기로 하고 먼저 크리스티안스보르 궁전으로 갔다.

[크리스티안보르 궁전 첨탑 전망대에서 본 코펜하겐 시내의 모습]

크리스티안스보르 궁전의 겉모습은 다른 나라의 화려한 궁전들에 비해서는 상대적으로 소박해 보였다. 크리스티안스보르 궁전은 1167년에 지어져 18세기 말까지는 왕실의 거처로 사용되었다고 한다. 그러나 1794년의 화재로 궁전이 불타버려 아말리엔보르 궁전으로 왕실이 옮겨 갔으며, 1828년에 새로운 궁전이 지어졌지만 프레드릭 6세는 이곳으로 들어오지 않고 이곳을 별장처럼 사용했다고 한다. 그 후 1884년에 다시 화재가 발생하여 2차 크리스티안보르 궁전도 불타 사라졌으며, 현재의 궁전은 1907년에 건축이 시작되어 1928년에 완공된 것이라고 한다.

오래된 왕실의 역사를 느낄 수 있는 크리스티안스보르 궁전 앞 광장에는 절대 왕권이었던 덴마크 정치를 공화정으로 이끌어낸 프레데릭 7세(Fredeick Ⅶ of Denmark)의 기마상이 있다. 그 기마상 밑에는 "국민의 사랑은 곧 나의 힘"이라고 쓰여 있다.

궁전 내부의 관람은 유료이지만 전망대는 무료다. 우리 부부는 크리스티안스보르 궁전 안에 늘어선 사람들을 따라서 엘리베이터를 타고 전

[뉘하운]

망대로 올라갔다. 전망대에서는 코펜하겐의 시내를 조망할 수 있었다.

크리스티안보르 궁전을 나오면 오른편에 있는 무척 특이한 건물이 눈에 들어온다. 크리스티안 4세에 의해 건축되었다는 이 건물은 세계에서 가장 오래된 증권거래소로, 지금은 상공회의소로 사용 중이라는데 코펜하겐에서 가장 아름다운 건물 중 하나로 알려져 있다. 건물의 길이가 무려 127m로 건물의 지붕과 벽면이 붉은 벽돌과 구릿빛 지붕으로 아름답게 장식되어 있다. 건물의 형태도 독특했지만 가장 눈에 띄는 것은 높이 솟은 탑이다. 둘둘 말아 올린 것 같은 모습이 마치 4마리의 용이 꼬리를 틀어 올린 것 같았다.

크리스티안스보르 궁전의 광장 앞길 건너편 운하 선착장에는 캐널 투어 유람선 선착장이 있다.

우리는 작은 골목길을 걸어서 뉘하운으로 갔다.

뉘하운은 '새로운 항구'라는 의미의 운하로 1673년에 개통되었다고 한다. 운하가 개통되자 주변에 새로운 건물들이 들어서고 코펜하겐 항구에 닻을 내린 선원들이 먹고 마시는 술집 거리가 되었다고 한다. 그러나 이제 운하에는 지붕 없는 유람선들이 많은 관광객을 태운 채 아름다운 운하를 운항하고 있었다. 또 주변에는 18세기의 고풍스러운 건물들이 즐비하고, 네모난 창이 많이 달린 파스텔 색조의 건물들이 화려하게 이어져 있었다.

뉘하운에서 인어공주 동상이 있는 방향으로 10여 분 정도 걷자 현재 덴마크 왕실의 주거지인 아말리엔보르 궁전(Amalienborg)과 웅장하고 돔 지붕이 인상적인 프레데릭스 교회(Frederiks Kirke)가 나타났다.

로코코풍 건물로 이루어져 있는 아말리엔보르 궁전은 1794년 이래로 덴마크 왕실의 주거지로 현재 마르그레테 2세 여왕과 그 가족이 살고 있다고 한다. 궁전의 내부는 일반에 공개되지 않으며, 광장에서는 매일 정오에 위병 교대식을 볼 수 있다고 한다.

궁전 서쪽에 위치한 바로크풍의 프레데릭스 교회는 1894년에 완성된 것으로 토요일 오전 11시에만 개방하는 중앙 돔에 올라가면 아말리엔보르 궁전의 전경을 감상할 수 있다.

맑았던 하늘에 검은 구름이 나타나더니 갑자기 빗방울이 쏟아졌다.

프레데릭스 교회에서 발길을 돌려 10여 분 정도 걷자 카스텔레 요새가 나타났다. 빗방울이 쏟아지던 하늘에서 흰 구름 사이로 햇빛이 나타났다. 약간 변덕스러운 날씨였다.

아말리엔보르 궁전에서 약 1km도 채 되지 않는 거리에 위치한 카스텔레 요새는 항구를 지키기 위해 건설된 것이라고 한다. 별 모양의 성과 해자를 만든 것이 특이했다. 입구에는 총을 들고 고개를 숙인 병사의 동상이 인상적이었다. 현재는 요새가 공원으로 바뀌어 코펜하겐 시민들의 휴식처가 된 것 같았다.

카스텔레 요새 오른편의 작은 인어공주 동상으로 가는 길목에는 여신이 황소 4마리를 몰고 나오는 역동적인 모습의 게피온 분수(Gefion-springvandet)가 있다. 이 분수는 북유럽 신화에 등장하는 여신이 황소 4마리를 몰고 가는 모습을 그린 것이라고 하는데 제1차 세계대전 당시 사망한 덴마크의 선원들을 추모하기 위해 만들어졌다고 한다.

게피온 분수에서 해변 길을 따라 작은 인어공주 동상이 있는 곳으로 가자 수많은 관광객이 작은 인어공주 동상 앞에서 기념사진을 찍기에 분주한 모습을 볼 수 있었다. 사실 인어공주 동상은 코펜하겐을 상징하는 것 같지만 실제로 와서 보면 80cm의 작은 동상에 불과하다. 그렇지만 코펜하겐을 찾는 모든 관광객이 꼭 방문하는 랜드마크가 되었다. 발길을 돌려 로젠바르크성으로 천천히 걸어갔다.

오후가 되자 아내의 발걸음이 느려지기 시작했다. 사실 코펜하겐 중앙역에서 이곳 작은 인어공주 동상까지는 직선거리로 약 3.5km, 도보로는 1시간 거리이지만, 아내의 스마트폰으로 확인해 보니 2만 보 이상 걸었다는 것을 알 수 있었다. 2만 보라면 적어도 10km 이상 걸었다

[작은 인어공주 동상]

는 것이 아닌가?

로젠바르크성은 커다란 공원에 위치한 아름다운 르네상스 건축 양식의 건물이다. 공원은 '왕의 정원(Kongens Have)'이라고 하는데 우리는 네모난 상자처럼 다듬어진 가로수 길을 통해서 걸어 들어갔다.

로젠바르크성은 한때 왕실의 궁전으로 사용되었다고 하는데 궁전에는 덴마크의 귀족들과 왕족들이 소유했던 화려한 유물들이 전시되어 있다. 로젠바르크성의 화려한 유물들을 보면서 아내에게 우스갯소리를 건넸다.

"당신이 저런 왕비가 되었으면 얼마나 행복했겠어?"
"나는 화려한 궁전에 갇혀 사는 것보다 지금이 좋아! 지금처럼 자유롭게."

아내는 대답은 좀 의외였다.

그렇지만 사실 나도 그렇다. 나도 왕이 되는 것보다 내 맘대로 자유롭게 사는 것이 좋다.

오후가 되니 점점 걷는 것이 피곤해졌다. 버스를 타고 싶었다.

프레데릭스 교회 예배당 뒤편 정류장에 갔더니 1A 버스가 왔다. 1A번 버스니까 시내 중심가로 갈 것으로 생각하고 버스를 탔다. 그리고 스마트폰을 꺼내서 데이터 로밍을 통해서 인터넷을 연결하고 구글 지도에서 내 위치를 눌렀다. 그러자 구글 지도의 내 위치를 나타내는 파란색 동그라미가 시내 중심가 방향으로 움직였다. 낯선 곳에서 내 위치를 파악하기 위해서 곧잘 사용하는 방법이다.

우리 부부가 탄 버스는 몇 분 지나지 않아서 오전에 들렀던 크리스티안보르 궁전을 지나갔다. 우리는 근처 정류장에서 내렸다. 그런데 갑자기 화장실에 가고 싶다는 생각이 들었다. 크리스티안보르 궁전으로 들어가서 이리저리 둘러봤지만, 화장실은 보이지 않았다. 급한 마음에 근처 햄버거 가게에 들어가서 화장실을 찾으려고 밖으로 나왔다. 마침 크리스티안보르 궁전을 나가서 캐널 투어를 타는 곳으로 건너가자 운하 근처 사거리 도로변에 있는 간이 화장실을 찾을 수 있었다.

사실 유럽 여행 중 제일 불편한 것이 화장실을 이용하는 것이었다. 그래서 나는 여행 중에 패스트푸드점에 갈 때는 꼭 화장실을 들렀다 나온다.

우리 부부는 오전에 들렀던 크리스티안보르 궁전과 코펜하겐 시청사 광장을 거쳐서 티볼리 공원(Tivoli Gardens)으로 갔다.

티볼리 공원은 4월 1일부터 9월 20일까지의 하절기와 11월 15일부터 12월 말까지 크리스마스 시즌에 운영되는 도심 속에 있는 놀이공원이다. 주로 어린아이들과 같이 온 가족 단위 관광객들이 많다. 기쁨으로 넘치는 아이들의 목소리, 호기심이 넘치는 아이들의 눈빛만 봐도 덩달아 즐거워지는 곳이다.

우리 부부는 코펜하겐 카드 소지자라 입장료는 무료였지만, 놀이기구를 탈 때마다 별도의 요금을 내야 해서 좀 아쉬웠다. 노천카페에서 마신 생맥주 한 잔 값도 65DKK였다. 우리나라 돈으로 환산하면 만 원이 넘었다. 더 마시고 싶었지만, 화장실을 찾을 걱정에 참을 수밖에 없었다.

밤이 되자 기온이 뚝 떨어져 쌀쌀해졌다. 낮에 빗방울이 떨어져서 더 쌀쌀해진 것 같았다. 10시쯤에 불꽃놀이, 오케스트라 공연도 있다고 했지만 쌀쌀해진 날씨 탓에 티볼리 공원 근처에 있는 코펜하겐 중앙역에서 2A 버스를 타고 호텔로 돌아왔다.

아내의 말로는 오는 동안 걸은 걸음 수가 3만 보가 넘었다고 했다. 아내는 호텔에 도착하지 너무 피곤했는지 일찍 잠들었다. 내일 아내가 어떻게 여행할 수 있을지 걱정됐다.

스웨덴 말뫼(Malmö), 헬싱보리(Helsingborg)
당일치기 여행

날이 훤히 밝아서 일어나 보니 아직도 새벽 3시였다. 호텔 창문 밖을 내다보니 나뭇잎들이 많이 흔들리고 있었다. 바람이 많이 부는 것 같았다. 다시 눈을 붙이려 했지만 잠이 잘 오지 않았다.

아침 6시쯤, 아내와 호텔 주변을 산책했다. 아침 공기가 너무 상쾌했다.

코펜하겐은 맑은 공기가 무엇보다 부러웠다. 그런데 호텔 근처에는 아파트들이 밀집해 있어서 주거 지역 같아 보였는데도 사람들이 좀처럼 보이지 않았다. 모두 주말이라고 늦잠을 즐기고 있는 것 같았다.

아침 일찍 호텔 1층에서 아침 식사를 마치고 5층 객실로 올라왔다.

호텔 객실에 올라오면 먼저 꼭 화장실에 들어가야 한다는 생각이 앞선다. 점점 덴마크 화장실 문화에 적응하는 것 같았다. 사실 대낮에 시내 관광을 할 경우 화장실을 찾으려면 돈을 주고 들어가야 하는 카페나 레스토랑에 들어가지 않고서는 화장실을 찾기가 쉽지 않았다. 따라서 호텔을 나서기 전에는 항상 화장실을 다녀와서 나가야 한다는 강박감이 들었다.

호텔 근처의 포럼(Forum)역 근처에 있는 버스 정류장에서 2A 버스를 타고 코펜하겐 중앙역으로 갔다. 코펜하겐 중앙역으로 간 이유는 기차를 타고 외레순 다리(Øresund Bridge)를 건너서 스웨덴 말뫼(Malmö), 헬싱보리(Helsingborg)를 여행하기 위해서였다. 스웨덴 말뫼와 헬싱보리 여행을 마치면 헬싱보리에서 다시 페리선을 타고 외레순 해협을 건너 덴마크 헬싱외르(Helsingor) 라는 곳으로 갈 예정이다. 그곳에서 크론보르성(Kronborg Castle)을 여행한 후에 밤늦게 코펜하겐으로 돌아올 계획이다.

내가 이렇게 하루에 덴마크와 스웨덴 3곳을 돌면서 강행군하려고 하는 이유는 여행 일정을 변경했기 때문이었다. 처음에는 덴마크 코펜하겐 여행 후 코펜하겐에서 오슬로로 기차를 타고 가면서 말뫼에서 하룻밤을 자고 말뫼를 여행할 계획이었다. 그런데 코펜하겐에서 오슬로로 이동하는 방법을 기차 대신에 DFDS 크루즈선으로 변경했다. 그래서 놓치고 싶지 않았던 스웨덴 말뫼와 헬싱보리를 여행하기 위해서 이렇게 무리하게 여행 일정을 잡은 것이었다.

특히 덴마크 코펜하겐은 6월 중순이 되면 일출 시각이 새벽 4시 30분, 일몰 시각이 밤 10시가 넘는다. 따라서 낮 시간이 매우 길다. 교통편만 괜찮다면 덴마크 코펜하겐에서 스웨덴 말뫼와 헬싱보리를 여행한 후에 다시 덴마크로 건너와 헬싱외르를 여행한 후에 코펜하겐으로 돌아오는 것도 가능해 보였다. 더군다나 우리 부부는 유레일 패스 소지자였다. 그래서 여행 도중에 무리라고 생각된다면 중간에 다시 기차를 타고 코펜하겐으로 돌아오기로 했다.

[말뫼, 헬싱보리, 헬싱외르 당일치기 여행 지도]

코펜하겐 중앙역에서 7시 56분에 출발해서 말뫼에 8시 53분에 도착하는 기차를 탔다. 덴마크 코펜하겐에서 스웨덴 말뫼로 가는 기차 보통 20분 간격으로 운행되고 있고, 기차는 덴마크 코펜하겐과 스웨덴 말뫼를 잇는 외레순 다리를 건넌다. 외레순 다리는 길이가 무려 7,845m나 되는 대교라고 한다.

기차를 타고 국경을 넘는데 차장이 열차표와 여권을 확인하는 것 이외에는 특별한 검사도 없는 듯했다. 우리 부부는 유레일 패스를 사용하기로 했다.

유레일 패스를 사용할 때는 'Journey Details'란에 승차 일시와 출발역과 도착역을 기재하면 된다. 그런데 바로 내 앞에 앉아 있는 여인에 대한 열차표 검사가 웬일인지 길어졌다. 승무원은 그 북아프리카인 같은 여인을 데리고 다른 열차 칸으로 갔다. 한참 후에 돌아온 그 여인은 웬일인지 머리를 푹 숙이고 있었다.

다행히 우리 부부는 유레일 패스와 여권을 내밀자 보는 척, 마는 척하고 바로 내게 돌려주었다. 사실 요즘 우리나라 여권은 세계 어느 나

스웨덴 말뫼((Malmö)

라를 가도 잘 통용되는 것 같았다. 어딜 가나 비자를 받을 필요가 없어서 좋았다.

코펜하겐에서 출발한 지 약 한 시간이 지난 8시 53분쯤 말뫼역에 도착했다.

말뫼(Malmö)는 스웨덴 서남쪽 끝의 외레순 해협에 면하는 항구 도시다. 바로 덴마크 코펜하겐의 건너편에 있다. 시의 역사는 13세기에 시작되었다고 하는데, 한자동맹(Hanseatic League) 시대에는 어업 기지로 크게 번영을 누렸다고 한다. 처음에는 덴마크에 속해서 코펜하겐에 다음가는 도시로 발전했는데 그 후 스웨덴과 덴마크 사이의 전쟁으로 1685년에 스웨덴 땅이 되었다고 한다.

현재는 인구 약 28만여 명으로 스톡홀름과 예테보리 다음가는 스웨덴 제3의 도시로 발전했다. 20세기 후반에 조선소가 폐쇄되어 다소 침체되기도 하였으나 2000년에 코펜하겐과 연결되는 외레순 다리가 개통되는 등 교통이 편리해지면서 다시 활기를 찾고 있다고 한다.

도시로 발전한 역사가 700년 이상 됐기 때문에 시내 중심가에는 올드 타운도 있고, 외레순 다리와 독특함으로 세계적인 관심을 모으고 있는 놀라운 건물인 터닝 토르소(Turning Torso)와 같은 현대적인 북유럽 항구 도시의 모습도 볼 수 있다.

내가 말뫼를 찾은 이유는 말뫼역 근처인 'Drottningtorget(영어로는 Queen Square)'라는 곳에서 매주 토요일 오전에 말뫼 파머스 마켓(Malmö farmer's market)이라고 하는 장이 선다고 해서 찾아온 것이었다. 물론 말뫼 파머스 마켓은 무슨 대단한 파머스 마켓은 아니었다. 40여 명의 농민이 역 앞에서 좌판을 벌이며 말뫼 주변 농가에서 생산된 농산물을 파는 반짝 시장인 듯했다.

그렇지만 나는 파머스 마켓에 대한 잊을 수 없는 추억을 하나 가지고 있다. 지금은 없어진 것 같지만 나는 20~30년 전에 수인선 협궤 기차를 타고 가다가 인천 송도역 앞에 반짝 시장이 선 것을 본 적이 있다. 그때 그 장터 모습이 나에겐 너무 신기했다. 수인선 협궤 기차를 타고 온 아주머니들이 송도 기차역 주변 길거리에 좌판을 이루면서 주변 농촌에서 재배한 채소, 과일은 물론 바다에서 잡은 생선, 조개 등 이런저런 상품들을 가져와서 파셨던 기억이 생생하다. 물론 지금은 나이가 들었지만, 내 호기심은 아직도 어린애들 못지않다. 그래서 말뫼역 앞에 토요일마다 선다는 장터에서는 무엇을 팔고 있는지 궁금해서 Drottningtorget으로 찾아간 것이다. 그런데 이상했다. 스마트폰의 구글 지도로 길 찾기를 하면서 어렵게 Drottningtorget을 찾아갔지만, 이상하게도 광장이 텅 비어 있었다. 나중에 알고 보니 말뫼 파머스 마켓은 8월 중순부터 10월 중순까지만 열리는 시장인데 내가 일 년 내내 매주 토요일마다 열리는 것으로 착각했던 것이다.

사실 시골 장터에 가서 크게 살 물건도 많지 않았다. 그저 사람을 구경하러 가는 것이다. 어쨌든 힘들게 찾아갔는데 시장 구경을 하지 못하게 됐으니 아쉬웠다. 발걸음을 돌려 올드 타운이 있는 말뫼 도심에 이르자 릴라 토그(Lilla torg)라는 작은 광장이 나타났다. 광장 주변에는 노란색, 붉은색의 고풍스러운 건물이 있었고, 수많은 카페와 레스토랑이 즐비했다. 나도 그곳에서 음악을 들으면서 커피 한 잔을 마시고 싶어졌다. 정말 릴라 토그라는 작은 광장은 말뫼의 오랜 역사의 흔적도 볼 수 있지만 그림 같은 카페와 레스토랑에서 쉬기 좋은 장소 같았다.

조금 더 시내로 걷자 상가 같은 건물 안으로 여러 사람이 들어가는 모습이 보였다. 나는 그곳에 커다란 슈퍼마켓이 있을 것이라고 짐작했다. 정말 그곳 지하로 내려가자 커다란 슈퍼마켓이 있었다. 슈퍼마켓이 보이자 아내는 무척 신이 난 것 같았다. 슈퍼마켓 이곳저곳을 돌면서 "이것은 우리나라에서 파는 것이다.", "저것은 우리나라보다 비싸다."면서 중얼거렸다. 옆에 있는 사람도 아내가 살림살이하는 여자라는 것을 눈치챌 정도였다.

우리 부부는 슈퍼마켓에서 나와서 높은 첨탑이 있는 성당으로 들어갔다.

1319년에 건축되었다는 성 페트리 성당(St. Petri, St. Peter's Church)이었다. 고딕 양식의 높은 첨탑이 무척 아름답게 보였다. 아내는 성당 안으로 들어가더니 신자도 아니면서 촛불 앞에서 기도를 한다. 집에 혼자 남아 있는 딸들이 생각나서였을 것이다. 우리는 다시 헬싱보리로 가기 위해서 말뫼역을 향해서 걸었다.

커다란 도로에 이르자 젊은 스웨덴인으로 보이는 여자가 흑인 남자와 함께 대여섯 살쯤 되어 보이는 혼혈 남자아이의 손을 잡고 역을 향해서 걷고 있었다. 흑인 남자가 남편인 듯했다. 거꾸로 모자를 쓴 아이는 그들의 아이 같았다. 무척 다정해 보였다. 그렇지만 그런 모습이 왜 내 눈길을 끄는지는 모를 일이었다.

12시쯤 말뫼에서 헬싱보리(Helsingborg)로 가는 기차를 탔다. 헬싱보리까지는 기차로 약 40분 거리였다. 기차는 우리나라 완행열차 같았다. 기차가 달리는 주변에는 산들이 좀처럼 보이지 않았다. 해안가를 달리는 것 같았다.

기차의 승객들은 토요일이라 그런지 나들이를 하러 가는 가족들이 많이 보였다. 맞은편 의자에 앉은 스웨덴인 부부가 유모차에 태우고 가는 아이는 내가 보기에도 너무 불편해 보였다. 아이의 몸이 너무 의자 깊숙이 처박혀 있었다. 불편한 아이가 칭얼거렸지만, 여자는 무심한 듯 창밖만 쳐다보고 있었다. 아이가 칭얼거리자 미안한 듯 남편으로 보이는 남자가 아이를 안고 열차 끝의 출입구가 있는 곳으로 갔다.

한편으로, 내 옆에 서 있는 인도인 아이의 모습은 너무 귀여웠다. 태어난 지 두서너 달도 되어 보이지 않지만 내가 눈길을 보내면 아이는 미소를 지었다. 인도인 여자는 나를 쳐다보며 무척 행복한 듯 미소를 지었다.

기차는 오후 1시쯤 헬싱보리역에 도착했다.

헬싱보리 기차 역사 건물은 기차역, 버스 터미널, 페리선 터미널, 쇼핑센터를 겸하고 있는 것 같았다. 이곳에는 4㎞ 바다 건너 덴마크 헬싱외르를 왕래하는 페리선들이 정박하는 페리선 터미널도 있다.

헬싱보리 기차역을 나서자 바닷바람이 너무나도 시원하게 불고 있었

덴마크(Day 1~5)

다. 공기도 맑았다. 우리나라는 6월 중순이면 30℃가 넘는 한여름인데 이곳은 서늘한 바람이 부는 초가을 날씨 같았다.

헬싱보리는 덴마크부터 불과 4㎞ 정도밖에 떨어지지 않은 항구 도시다. 지금은 스웨덴 땅이 됐지만, 중세 시대에는 덴마크령이었다고 한다. 그런 전략적인 위치로 인해서 영유권 문제로 덴마크와 스웨덴 간 오랫동안 다툼이 지속됐다고 한다. 1710년에 덴마크와 스웨덴이 벌인 헬싱보리 전투에서 덴마크가 패함으로써 헬싱보리는 스웨덴 땅이 됐다고 한다.

헬싱보리역에서 대로를 건너면 붉은 벽로 지은 멋진 건물이 나타난다. 1870년에 네오 고딕(neo-Gothic) 양식으로 지어진 시청사(Radhuset) 건물이다. 그곳에서 일직선으로 올라가면 얼핏 보기에도 끔찍한 골리앗을 짓밟고 있는 다윗 동상과 헬싱보리성, 그리고 카르난(Kärnan)이 나타난다.

카르난은 중세 시대에 방어 요새 역할을 했던 헬싱보리성의 중앙탑이다. 36m의 높이로 왕과 신하들의 거주지뿐만 아니라 감시탑의 역할도 겸했지만, 이제는 헬싱보리의 랜드마크가 됐다. 헬싱보리 성곽에서 헬싱보리 시내를 바라보니 전망이 너무 좋았다.

[스웨덴 헬싱보리]

헬싱보리 시내는 관광객들로 넘쳐나는 것 같았다. 대부분이 덴마크 헬싱외르에서 건너온 관광객들인 듯한 사람들이 길가의 카페나 레스토랑을 가득 채우고 있었다.

시내 중심가 교회의 잔디 광장에서는 아마추어인 듯한 사람들의 라이브 공연이 펼쳐졌다. 대부분이 1970~80년대 노래로, 내가 젊었을 때 많이 듣던 노래들이었다. 우리 부부는 한참 동안 노랫소리에 빠져 있었다.

★ 헬싱보리(Helsingborg)에서 페리선을 타고 덴마크 헬싱외르 (Helsingor)로 가다

덴마크의 수도인 코펜하겐 북동쪽에서 40여 ㎞ 떨어진 곳에는 인구가 약 46,000명의 헬싱외르(Helsingor)라는 항구 도시가 있다. 그 헬싱외르 맞은편 바다 건너에는 스웨덴의 항구 도시인 헬싱보리(Helsingborg)가 있다. 외레순 해협을 경계로 이름이 비슷한 헬싱외르와 헬싱보리라는 두 도시가 있어 간혹 혼동되기도 한다.

'발트해와 북해의 길목'이라 불리는 외레순 해협의 가장 가느다란 부분에 두 나라의 항구 도시가 서로 머리를 맞대고 있는 것이다. 그러한 지리적인 중요성으로 인해서 덴마크와 스웨덴이 이곳을 중심으로 오랫동안 영유권 다툼을 벌여왔다고 한다. 이곳은 오늘날에는 덴마크와 스웨덴 사이를 잇는 페리선의 항로로서 중요한 역할을 하고 있다.

우리 부부는 스웨덴 헬싱보리 여행을 마치고 오후 2시쯤 헬싱보리 기차역 역사 건물 내에 위치한 페리선 터미널에서 덴마크 헬싱외르로 가는 스칸드라인(http://www.scandlines-freight.com/) 페리선을 탔다.

승선권은 스칸드라인 매표소에서 구입했다. 이 페리선은 약 20여 분 간격으로 헬싱외르와 헬싱보리 사이를 운행하는데, 5㎞ 해협을 건너는 데도 20여 분 정도밖에 걸리지 않았다. 덴마크, 스웨덴 국경을 통과하는 페리선이므로 선내에는 면세점도 있어 많은 승객이 선내 면세점을 이용하는 모습을 볼 수 있었다.

덴마크 헬싱외르에 있는 페리선 터미널도 기차역에 붙어 있었다. 그래서 페리선이 터미널에 도착하면 곧바로 근처에 있는 기차역에서 기차를 타고 코펜하겐으로 이동할 수 있기 때문에 교통이 무척 편리해 보였다. 코펜하겐으로 가는 기차도 30분 간격으로 운행되고 있어서 스웨덴과 덴마크를 여행하는 여행자들이 페리선을 많이 이용하는 것 같았다.

우리 부부가 헬싱보리에서 덴마크 헬싱외르로 가는 이유는 셰익스피어의 비극 〈햄릿〉의 무대로 유명한 크론보르성(Kronborg Castle)을 보기 위해서였다.

헬싱외르의 크론보르성은 페리선 터미널에서 약 2~3㎞ 떨어진 헬싱외르시의 한적한 바닷가 언덕 위에 있었다. 성의 입장 마감 시간이 여름철에는 오후 5시 30분이라고 해서 우리는 배가 헬싱외르 항구 페리선 터미널에 도착하자마자 서둘러서 크론보르성을 향해서 걸었다. 마침 우리 부부가 도착한 날이 토요일이고, 사이클 경기가 있어서 그런지 시내는 많은 관광객과 자전거를 타는 사람들로 붐비고 있었다.

크론보르성은 1585년에 르네상스 양식으로 지어진 고성으로, 2000년에 세계문화유산으로 지정되었고, 일반인들에게는 셰익스피어의 비

[크론보르성]

극인 〈햄릿〉의 무대로 잘 알려져 있다. 성 내부에는 르네상스와 바로크 양식으로 장식된 화려한 방들이 있었다. 성 내부의 커다란 방에서는 희곡 〈햄릿〉의 역할로 분장한 배우들이 관광객들 앞에서 중세의 복장을 입고 공연을 하고 있었다. 공연하는 모습이 심각해 보이기도 하고, 자못 우스꽝스럽기도 했다.

우리 부부는 크론보르성에서 나와 성 주변의 바닷가 언덕을 산책했다.

하얀 백사장에 낚시를 사는 사람들이 눈에 띄었다. 푸른 바다 위에는 스웨덴 헬싱보리와 이곳 헬싱외르를 오가는 페리선들이 보였다. 바다 풍경이 너무 평화로웠다.

오후 5시쯤 헬싱외르역에서 코펜하겐으로 가는 기차를 탔다. 이번에는 덴마크 기차였다.

코펜하겐행 기차는 보통 30분 간격으로 운행되고 있었다. 특히 헬싱외르는 코펜하겐에 속한 지역이라 코펜하겐 카드를 소지하고 있을 경우 별도로 열차표(108DKK)와 크론보르성의 입장료(140DKK)도 절약할 수 있다.

　기차가 루이지아나 현대 미술관(Louisiana Museum of Modern Art)이 있는 홈레벡(Humlebæk)역에 정차하자 많은 사람이 기차에 올라탔다. 손에 미술관 갤러리 팸플릿을 든 사람들이 많이 보였다. 세계에서 가장 아름다운 미술관이라고 하는 루이지애나 현대 미술관을 방문한 사람들이었다. 루이지애나 현대 미술관은 소장품 자체도 인상적이지만 미술관 건축물이나 주변의 바닷가 풍경이 하나의 예술 작품처럼 아름다운 곳으로 알려져 있다. 그래서 수많은 관람객의 발길이 해마다 끊이지 않는 곳이라고 한다. 우리 부부도 그곳을 방문하고 싶었지만, 여행 일정상 방문하지 못해서 아쉬웠다.

　홈레벡(Humlebæk)에 위치한 루이지애나 현대 미술관은 헬싱외르에 위치한 크론보르성을 둘러보는 것과 함께 여행의 하루 일정으로 잡아도 좋을 것 같다는 생각이 들었다.

힐레뢰드(Hillerød)의
프레데릭스보르성

[프레데릭스보르성]

호텔 1층 레스토랑에서 아침 식사를 마치고 5층 객실로 올라오자마
자 아내는 어제 아침에 했던 말을 다시 했다.

"여보! 당신 빨리 화장실에 다녀와요!"

아내는 내가 여행 도중 화장실을 찾을 것이 무척 신경 쓰였나 보다.
그래서 아내의 말대로 화장실을 다녀왔다. 나도 이제는 점점 덴마크의
화장실 문화에 적응해 가는 것 같았다. 아침마다 여행을 나서려면 먼

저 호텔에서 화장실을 다녀와야 한다는 생각이 드는 것이었다. 패스트 푸드점이나 카페, 레스토랑에 들어가도 화장실에도 꼭 들렸다 나와야 한다는 생각을 하게 되었다.

사실 유럽에서 갑자기 여행 중에 길거리에서 화장실을 찾는 것은 매우 힘든 일이다. 유럽에는 공짜가 없는 것 같다. 그래서 내가 돈을 낸 대가로 화장실을 이용할 수 있는 곳이면 언제나 화장실을 들렀다가 나와야 안심이 되는 것이다.

오늘은 기차를 타고 코펜하겐에서 약 40여 ㎞ 떨어진 힐레뢰드(Hill-erød)의 프레데릭스보르성(Frederiksborg Castle)을 둘러보기로 한 날이었다.

가는 방법은 구글 지도로 길 찾기를 해 보면 되었다. 우리 부부는 구글 지도로 알게 된 방법대로 코펜하겐 중앙역에서 기차를 타고 힐레뢰드역까지 간 다음 그곳에서 약 1.5㎞ 떨어진 프레데릭스보르성까지 버스를 타고 가기로 했다.

코펜하겐 중앙역에서 아침 8시 30분쯤 힐레뢰드로 가는 기차를 탔다. 힐레뢰드까지는 약 1시간 정도 걸린다. 힐레뢰드는 코펜하겐에서 약 40㎞ 거리에 위치한 작은 도시다.

우리 부부는 'S.tog'라는 기차를 탔다. 코펜하겐 카드가 있었기 때문에 기차표를 살 필요가 없었다. 기차도 10분에서 20분 간격으로 자주 운행되고 있었다.

우리 부부가 코펜하겐에서 멀리 떨어진 프레데릭스보르성을 여행하게 된 이유는 덴마크 코펜하겐을 여행할 때 꼭 가봐야 할 여행지로 프레데릭스보르성이 소개됐기 때문이었다.

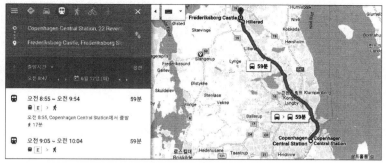

[힐레뢰드 프레데릭스보르성으로 가는 방법]

사실 배낭여행과 자유여행은 내 마음대로 자유롭게 가고 싶은 곳을 갈 수 있다는 것이 장점이다. 그렇지만 막상 배낭여행, 자유여행을 떠날 경우 무엇을 볼 것인가 하는 문제로 고민하는 경우가 많다. 그런 경우 나는 내가 가고 싶은 관광명소를 찾는 방법이 있다. 요즘 젊은이들이 사용하는 방법과 비슷하다. 바로 구글 등 인터넷 검색창에서 검색을 통해서 찾는 것이다. 사실 인터넷에서 검색하는 방법은 알고 보면 쉽다. 예컨대 덴마크를 여행한다면 덴마크에서 가고 싶은 도시를 구글 등 인터넷에서 일차적으로 검색해 본다. 여행할 도시가 결정되었다면 그 도시 중에서 어느 곳을 방문하고(to go, to visit), 무엇을 보고(to see, must see), 무엇을 즐길 것인가(to do), 그리고 무엇을 먹을 것인가(to eat)를 검색해 보는 것이다. 또한 영어로 덴마크 관광명소(Attractions)를 찾고 싶다면 구글 등 인터넷 검색창에서 'Top Attractions in Copenhagen' 등과 같은 키워드로 검색해 보는 것이다.

내가 프레데릭스보르성을 알게 된 것도 코펜하겐을 여행할 때 꼭 가봐야 할 관광명소(Top Attractions in Copenhagen) 중의 하나로 프레데릭스보르성이 소개되었기 때문이었다.

우리 부부는 9시 30분쯤에 힐레뢰드역에 내렸다. 그렇지만 곧바로 프레데릭스보르성으로 출발하는 버스는 없었다.

구글 지도를 보면 힐레뢰드역에서 프레데릭스보르성까지의 거리는 약 1.5㎞, 걸어서 가면 약 20분 거리였다.

버스는 1시간 간격으로 운행되는 것 같았다. 버스 시간표를 미리 알아 두고 기차를 탔다면 오래 기다리지 않았을 것이다. 우리 부부는 약 30분쯤 기다린 후에 버스를 탔다. 버스가 프레데릭스보르성 앞 정류장에 도착하자 커다란 호수 근처에 우뚝 솟은 르네상스 건축 양식의 프레데릭스보르성이 보였다.

프레데릭스보르성(Frederiksborg Castle)은 1560년에 프레데릭 2세 국왕에 의해서 건설되었다고 한다. 궁전의 이름도 그의 이름을 따서 붙여진 것이다. 그러나 이 궁전의 수려한 외관은 1602년에서 1620년에 걸쳐 이 궁전을 지었던 그의 아들 크리스티안 4세 덕분이라고 한다.

이 성이 덴마크인들의 사랑을 받는 이유는 새로운 덴마크 군주의 대관식을 거행하는 장소로 사용된다는 점과 궁전의 예배당이 왕실 결혼식을 여는 데 사용되고 있기 때문이다. 이곳은 그만큼 덴마크 국민들의 삶과 밀접하게 맞닿아 있는 곳이다. 또한 이곳은 덴마크 국립 역사박물관으로서 역사적 인물의 초상화를 비롯하여 흉상, 드로잉, 사진 등을 소장한 미술관이기도 하며, 아름다운 바로크 정원도 감상할 수 있다.

우리 부부는 프레데릭스보르성을 나와서 프레데릭스보르성의 정원으로 들어갔다. 북유럽의 베르사유로 비유되는 이 궁전의 정원은 정말 아름다웠다. 특히 호숫가를 지나 언덕에 오르자 한 아름쯤 되어 보이는 정사각형의 반듯한 가로수길이 나타났다. 그 길을 걷는 와중에 아내는 집에 있는 애들이 생각났는지 페이스톡을 하면서 스마트폰으로 이곳저곳을 보여 주었다.

오후 1시쯤 프레데릭스보르성의 관광을 마치고 힐레뢰드 시내 중심가를 걸으며 기차역으로 향했다. 힐레뢰드는 우리나라의 읍 소재지 같은 작은 도시였다. 그렇지만 건물 하나하나가 세련된 모습이었다. 시내 중심가를 지나는데 베이커리 앞의 의자에 앉아 있던 현지인처럼 보이는 여자가 엄지손가락을 척 하고 세우더니 베이커리를 가리켰다.

"Really?" 나는 웃으며 그녀가 가리키는 베이커리에 들어가 식사를 했다.

식사 후 다시 힐레뢰드 시내 중심가를 지나는데 커다란 동상이 있는 호숫가 옆의 큰 광장에 반짝 시장이 열린 것을 볼 수 있었다. 장사꾼도 있는 것 같지만 사용하지 않은 중고 자전거 용품 몇 개를 가지고 나온 학생들도 있었고, 헌 옷가지를 가지고 나온 사람들도 있었다. 약 20~30여 명이 집에서 쓰던 헌 물건을 팔고 있었다. 나는 신기해서 그곳을 한 바퀴 돌면서 이것저것 구경했다.

광장 아래 호숫가 선착장에는 마침 프레데릭스보르성 앞의 호수를 한 바퀴 도는 유람선이 있었다. 코펜하겐 카드가 있으면 무료로 탈 수 있다는 바로 그 유람선이었다. 호수에서 바라본 프레데릭스보르성은 정말 아름다웠다.

우리 부부는 유람선에서 하선한 후 힐레뢰드역에서 코펜하겐행 기차를 탔다. 기차는 무척 조용했다. 오후 시간이라 기차에 탄 승객도 많지 않았다.

코펜하겐 시내로 돌아와서는 뉘하운으로 갔다. 코펜하겐의 모습을 다시 한번 가슴에 담고 싶어 선착장에서 캐널 투어 유람선을 타고 코펜하겐 항구를 다시 한 바퀴 돌았다. 그리고 국립박물관도 잠시 들린 후 일찍 호텔에 돌아왔다.

 Self-Travel Tip ➤ *Google 검색창에서 검색해 보자!*

스마트폰·태블릿 PC에 여행 정보 저장 방법

1. 항공권, 호텔 예약확인서 등 중요한 서류. 공항에서 호텔 찾아가는 방법 등 각종 지도나 버스 시간표, 열차 시간표 등 수집된 여행 정보는 컴퓨터에 탑재된 '그림판' 프로그램에서 복사나 스캔의 방법으로 간단하게 편집 후 사진 파일(jpg)로 만들어 스마트폰이나 태블릿 PC에 저장한다.
2. 저장 방법은 찾기 쉽도록 여행 날짜별로 폴더를 만들어 저장하되 파일명은 여행 일정 순서로 일련번호를 붙여 저장해 둔다.
3. 수집된 여행 정보 중 필요한 부분만 저장하는 경우에는 '그림판' 프로그램에서 복사, 자르기, 붙여넣기 방식으로 간단하게 편집하고, 제목을 붙이는 것이 좋다.

4. 해외여행 시 휴대폰이나 태블릿 PC에 저장해 둔 사진 파일(jpg)을 참고한다.

많은 아쉬움이 남은
코펜하겐 여행

코펜하겐에 머무른 지 벌써 5일이 지났다.

오늘 오후에는 코펜하겐 항구에서 DFDS 시웨이즈 크루즈선을 타고 오슬로로 떠날 예정이다.

아침에 일어나 호텔의 창문 밖을 쳐다보니 하늘이 너무나도 파란색이었다. 바람도 제법 시원하게 불고 있었다. 코펜하겐은 정말 공기가 맑은 도시 같았다. 바다에 접한 해양성 기후라서 그런지, 아니면 깨끗하게 자연을 관리해서 공기가 맑게 된 것인지 모르겠지만 코펜하겐의 맑은 공기가 정말 부러웠다.

오늘은 모든 것을 서두를 필요가 없는 날이었다. 아침 식사도 천천히 했다.

오전에는 코펜하겐 시내 중심가에서 시간을 보내다가 오후 4시 30분에 오슬로행 DFDS 시웨이즈 크루즈선을 탈 예정이다.

아침 9시쯤 호텔에서 체크아웃(Check-out)하고 호텔을 나왔다. 배낭을 다시 메니 어깨가 무거웠다. 새로운 여행지로 떠난다니 다시 설레기도 했지만 걱정도 된다.

아내가 나에게 코펜하겐 시내 중심가까지 걸어가자고 했다.

"여보. 걸어가자. 이제 코펜하겐에 다시 올 수 있겠어?"

"또 오면 되지 뭐…. 우리에겐 마지막은 없어. 전철 타고 가자!"

사실 내 마음은 좀 복잡했다. 오늘 코펜하겐 시내 중심가에서 코펜하겐 시내 관광을 하는 것은 어렵지 않았다. 그렇지만 DFDS 시웨이즈 크루즈선을 타려면 시내에서 멀리 떨어진 크루즈선 터미널까지 찾아가야 했다. 그리고 다음 날 아침 오슬로에 도착하면 또 호텔을 찾아가야 했다. 이것저것 신경을 쓸 일이 많은데 아침부터 에너지를 낭비하고 싶지 않았던 것이다. 그렇지만 아내의 작은 소망도 들어주지 못한 것을 생각하니 좀 미안한 마음이 들었다. 내가 너무 자기중심적인 사람인 것 같다는 생각이 들었다. 나는 내가 해야 할 일에 너무 집착한다. 좋게 생각하면 책임감이라고 할 수 있지만, 나이가 들면서 점점 융통성이 부족해지는 것 같다는 생각이 문득 머릿속을 스쳤다.

나는 포럼(Forum)역 근처 버스 정류장을 향해 앞장서서 걸었다.

호텔이 있는 골목길에서 코펜하겐 시내 중심가로 향하는 대로로 나서자 아침 출근길에는 자전거의 행렬이 이어지고 있었다. 젊은 여자들이 헬멧을 쓰고 자전거를 타고 빠르게 달리는 것을 보면 덴마크 여자들에게서 연약함이란 좀처럼 찾을 수 없는 것처럼 보였다.

우리 부부는 포럼역 근처에서 버스를 타고 시청사 광장으로 갔다.

오전 10시 반이 넘어서 그런지 시청 광장에는 제법 많은 관광객이 몰려 있었다. 우리 부부도 다른 관광객들처럼 이곳저곳을 배경으로 셀카를 찍었다. 그리고 코펜하겐 시내 중심가인 스트뢰에(Stroeget) 대로를 따라서 뉘하운 쪽으로 걷기 시작했다.

코펜하겐 시내 중심가인 스트뢰에 대로에는 수많은 사람이 운집해 있었다. 노점 카페는 맥주를 마시는 사람, 커피를 마시는 사람들로 붐볐다. 모두 자신의 인생을 즐기는 사람들 같았다. 그런 그들의 여유가 부러웠다. 나도 카페에 앉아 맥주를 한 잔 마시고 싶었다. 아내는 내가 술 마시는 것을 싫어하는 눈치였지만 나는 배낭을 짊어진 채로 근사하게 생긴 길가의 카페에 들어갔다. 카페 안은 주문을 하는 사람들로 길게 줄이 늘어져 있었다. 나도 그 줄에 섰다. 아내는 밖에서 기다리는데 좀처럼 줄이 줄어들지 않았다. 다시 밖을 내다보니 아내가 보이지 않았다. 좀 서운했지만 맥주 마시는 것을 포기하고 나왔다. 멀리서 기다리고 있었던 아내는 내가 나오자 왜 천천히 한 잔 마시고 나오지 않았느냐고 했다. 그렇지만 내가 술마시는 것을 좋아하지 않는 아내의 마음을 나는 알고 있다. 그러고 보면 사실 아내도, 나도 여유가 좀 부족한 것 같다. 여행하면 꼭 뭔가를 보기 위해서 이곳저곳을 찾아다니는 사람들 같다. 그렇지 않으면 뭔가 손해를 본다는 느낌이 든다. 사실 여행은 보고, 즐기고, 먹는 것도 여행인데, 너무 보는 것, 관광하는 것에만 몰두한다는 생각이 든다.

뉘하운(Nyhavn)으로 가는 도로는 이곳저곳에 공사하는 곳이 많아 걷기가 불편했다. 뉘하운에 도착하자 많은 관광객으로 붐비는 모습이 보였다. 우리나라 사람들의 목소리도 들렸다. 자세히 보니 우리나라 단체 관광객들이었다. 우리나라 사람들은 옷차림만 보아도 한눈에 알 수 있다. 셀카를 찍으면서 카메라와 가슴속에 뉘하운의 모습을 담았다.

뉘하운 다음으로 찾은 곳은 파피뢰엔(Papiroeen)이었다. 바로 전 세계 길거리 음식들이 모인 곳이라고 하는 곳이었다. 뉘하운 남쪽에서 운하를 연결하는 다리를 건너 파피뢰엔에 들어서자 하얀 쪽지들이 걸려있는 나무들이 보였다.

"I wish hilui was here with me & I am deeply in
love with her…."

바보 같은 남자가 짝사랑하는 여인에게 사랑을 고백하는 쪽지 같았
다. 손으로 쓴 필기체 영어라 정확한 번역인지 모르겠지만 어떤 쪽지
에는 "내가 좀 안정적인 직장을 가졌으면 좋겠다. 내가 사는 사회도 더
발전했으면 좋겠다."라는 쪽지도 보였다. 그리고 또 하나 재미있는 쪽
지도 있었다.

"제발 어머니가 경제적으로 백만장자가 되게
도와주세요."

어느 마음씨 착한 젊은 아가씨가 쓴 것 같은 쪽지였다.
아내도 흰 종이에 몇 자 적어 나무에 걸었다.

"○○와 ○○. 여기 왔다 간다."

얼핏 보았지만 그런 글 같았다. 웃음이 나왔다. 사실 그렇다. 코펜
하겐에 왔다가 조금 있으면 코펜하겐 항구에서 오슬로로 떠난다. 사
실이 아닌가?
파피뢰엔 건물 내에는 여러 나라의 음식들을 팔고 있었다. 우리는 그
곳에서 여러 음식을 둘러보면서 고르다가 햄버거로 간단히 요기를 하
고 뉘하운으로 돌아왔다.

[세계 길거리 음식들이 모인 곳, 파피뢰엔]

뉘하운 주변의 카페, 레스토랑에는 많은 사람이 한잔하며 여유를 즐기고 있었다. 사실 여행은 바쁜 일상을 떠나 잠시 휴식하는 것인데 너무 바쁘게 돌아다닌 것 같았다. 저들처럼 카페에 앉아 커피 한 잔, 맥주 한 잔 마시며 여유를 제대로 즐기지 못한 것이 아쉽다.

★ 코펜하겐 DFDS 터미널을 찾아간 이야기

오슬로행 DFDS 크루즈선 터미널은 코펜하겐 시내 중심가에서 보면 북쪽에 위치해 있다. 거리상으로 보면 코펜하겐 중앙역에서 북쪽 방향으로 약 4km 거리다. 또한 코펜하겐 시내 북쪽에 위치한 카스텔레(Kastellet) 요새 공원이나 인어공주(The Little Mermaid) 동상이 있는 곳에서는 약 1km 거리에 불과했다.

내가 승선하는 오슬로행 DFDS 크루즈선의 출항 시간은 오후 4시 30분이었다. 체크인(Check-in) 마감 시간이 오후 4시 15분이므로 4시 15

분까지만 DFDS 터미널에 도착하면 되는 터라 시간적으로 여유가 많았다.

코펜하겐 DFDS 크루즈선 터미널로 가는 방법은 지하철 뇌레포트 (Nørreport)역 근처에서 출발하는 DFDS 셔틀버스를 이용하는 것이 가장 편하다. 그렇지만 우리 부부는 오전에는 코펜하겐 시내에서 시간을 보내고 오후에 천천히 DFDS 크루즈 여객선 페리선 터미널까지 걸어가면서 코펜하겐 시내를 관광할 생각으로 DFDS 셔틀버스를 예약하지 않았다.

우리 부부는 파피뢰엔에서 뉘하운으로 돌아온 후 DFDS 크루즈선 터미널로 가기 위해서 운하를 건너 큰 대로를 따라서 카스텔레 요세 공원을 향하여 걸었다. 코펜하겐을 떠난다고 생각하니 아쉬웠다.

코펜하겐은 정말 공기가 맑은 도시 같았다. 푸른 하늘에 떠 있는 뭉게구름의 모습도 선명하게 보였다. 코펜하겐 시내를 관통하는 운하도 푸른색이었다.

운하 옆의 대로를 따라서 걷자 며칠 전에 보았던 아말리엔보르 궁전이 나타났다. 궁전 앞의 분수대 근처에는 수많은 관광객이 모여 있었다. 우리 부부도 사람들이 모여 있는 그곳으로 걸어갔다. 강 건너에는 웅장하고 커다란 코펜하겐 오페라 하우스도 보였다. 분수대에서 뿜어나오는 하얀 물줄기 사이로 아말리엔보르 궁전이 보였다. 그 궁전 건물 사이로 프레데릭스 교회(Frederiks Kirke)의 청동 구릿빛의 웅장한 돔이 보였다. 사람들은 분수를 배경으로 사진 찍기에 분주했다. 아! 그런데 빨간색, 파란색, 노란색 등 일곱 색깔의 작은 무지개가 분수의 물방울 사이로 보이는 것이 아닌가?

우리 부부도 무지개를 놓칠 새라 셀카 사진을 찍었다. 비록 핸드폰에 많은 물방울이 떨어졌지만, 그래도 기분이 너무 좋았다.

다시 시원한 바닷바람을 맞으며 운하 옆 도로를 따라서 걸었다.

강처럼 생긴 운하 한가운데에는 유람선들이 흰 거품을 일으키면서 푸른 물살을 가르며 지나가고 있었다. 너무 평화로웠다. 시원한 바람도 불었다. 공기도 너무나 맑았다. 10여 분 정도 지나자 남자의 나체 조각상이 나타났다. 이탈리아 피렌체에서 본 다비드 조각상과 비슷했다. 아내의 얼굴을 쳐다보니 좀 민망스러워하는 것 같았다.

그곳에서 다시 몇 분 걸어가자 게피온 분수대와 작은 인어공주 동상이 나타났다. 엊그제 왔던 곳이었다. 우리 부부는 게피온 분수대 근처의 공원에서 무거운 배낭을 내려놓고 잠시 쉬었다. 지나가는 관광객들이 우리 부부를 쳐다보는 것 같았다. 그렇지만 나는 양말을 벗고 배낭을 베개 삼아 나무 그늘 밑 잔디밭에 누웠다. 너무나도 편했다. 누워 있는 동안 배낭이 오랫동안 나의 어깨를 눌렀다. 뭉게구름이 떠 있는 하늘은 푸르렀다. 그런데 6월 말인데도 왜 이렇게 서늘한 바람이 부는가? 숨을 쉬기도 편했다. 내가 너무 잿빛으로 변한 뿌연 도시에서만 살아와서 그런 생각이 드는 것일지도 모른다. 다시 배낭을 메고 일어났다. 처칠 공원을 지나 다시 카스텔레 요새 공원으로 향했다.

카스텔레 요새는 별 모양의 방어용 언덕과 그 앞에는 해자가 파여 있다. 옛날에는 요새로 지어졌으나 이제는 공원이 되었다. 출구를 나와 해자를 지나는데 어린아이 둘을 데리고 걷는 뚱뚱한 부부가 보였다. 여자는 100kg이 훨씬 넘는 것처럼 보였다. 몸무게가 많이 나가는데 너무 작은 키에 가늘게 보이는 발목이 걱정스러웠다.

"저 아줌마, 좀 걱정되네. 아이들도 엄마를 닮을 텐데…."

아내는 사돈 남 말하듯 말한다고 나에게 핀잔을 준다. 사실 나도 나이 들면서 점점 몸무게가 늘어나서 고민이었다. 그 가족을 앞질러서 나무가 우거진 공원길로 들어서는데 세 방향으로 길이 나 있었다.

위쪽으로 올라가는 길은 시내로 가는 길 같았고, 내려가는 길은 바다 쪽 해변으로 내려가는 길 같았다. 앞으로 직진하는 것이 맞는 것 같은데 사람이 다니는 인도 표시는 없고 차도뿐이었다. 이럴 때는 구글 지도로 길 찾기를 하면 쉽게 길을 찾을 수 있었을 텐데 주머니 속에 있는 핸드폰을 꺼낼 생각은 하지 못하고 이리저리 길을 찾기 위해서 방황했다. 그러자 아내가 앞으로 곧장 가자고 했다.

"여보! 앞으로 가면 길이 나오겠지."

40~50여 m 정도 차도 옆을 따라서 걷자 커다란 주택 단지의 후문이 나타났다. 그곳에서 아파트 단지 내의 큰길로 접어드니 60대 부부가 큰 여행 가방을 끌고 가는 것이 보였다. 나는 십중팔구 그들도 나와 같은 사람일 것이라고 생각했다. 그들을 따라서 DFDS 터미널을 찾아 들어갔지만 뇌레포트역 근처에서 출발하는 DFDS 셔틀버스를 타고 오지 못한 것이 아쉬워졌다.

우리가 타는 배는 '크라운 시웨이즈(Crown Seaways)'호였다. 승선 시작 시간은 오후 3시 15분, 승선 마감 시간은 오후 4시 15분이었다. 따라서 승선 시간보다 한 시간 정도 일찍 도착한 것 같았다.

우리 부부는 터미널 2층으로 올라가서 체크인 창구로 향했다. 앞에 줄을 선 사람이 하는 대로 나도 DFDS 예약 확인서와 여권을 창구 여직원에게 건넸다. 창구 여직원은 종이로 된 탑승권(boarding pass)을 주면서 탑승권에 선실 번호도 표시되어 있다는 것을 알려 주었다. 탑승권은 선실의 출입문 키 역할도 하지만 뷔페 출입 시 예약 확인에도 사용되었다.

[크라운 시웨이즈 여객선 선상 데크]

우리는 약 1시간 정도 DFDS 터미널에서 기다리다가 크라운 시웨이즈호에 승선했다. 우리가 예약한 선실은 두 개의 침대가 있는 인사이드 캐빈(inside cabin)이었다. 우리가 배정받은 선실은 5층에 위치한 약 2~3평 규모(6~8㎡)의 작은 방이었다. 화장실에는 샤워 시설도 구비되어 있었다. 호텔에 비해서는 좁지만, 하룻밤을 보내는 데는 힘들지 않을 것으로 생각됐다. 바다를 볼 수 있는 창문이 없기 때문에 가격은 저렴한 편이었다. 잠시 배낭을 정리한 후 10층 데크로 올라갔다. 10층 데크의 레스토랑 앞에는 많은 사람이 커피와 맥주를 마시며 따뜻한 햇볕을 즐기고 있었다. 배가 출항하자 사람들은 코펜하겐을 떠는 것이 아쉬운 듯 선상 데크에 서서 작아지는 코펜하겐 항구의 모습을 카메라와 가슴에 담았다. 배가 큰 바다로 나가자 멀리 외레순 다리도 보였다.

선상 데크에는 바람이 너무 세차게 불었다. 약간 춥게 느껴지기도 했다.

오후 6시가 좀 지나서 7층 뷔페 레스토랑에 들어갔다. 종업원은 우리의 탑승권을 체크하더니 바다가 잘 보이는 창가로 좌석을 안내해 주었다. 단체 관광객들과는 구분되는 좋은 좌석이라 기분이 좋았다. 조금 기다리니 종업원이 와서 음료 주문을 받았다. 나는 이것저것 고르다 포도주 한 잔, 아내는 콜라 한 잔을 시켰다. 식사 후 계산서에는 포도주 한 잔에 79NOK, 콜라 한 잔 값으로 29NOK라고 표기되어 있다. 그러면 110NOK면 될 것 같은데 종업원은 120NOK라고 하면서 돈을 받아갔다. 외국어가 익숙하지 않으니 따질 수도 없는 노릇이었다. 바다가 보이는 좋은 창가 자리에서 식사를 마쳤지만, 아내는 배부른 것도 불편하다고 투덜거렸다.

사실 종업원이 음료수를 주문받으러 왔을 때 아내는 "커피를 마시면 되는데 굳이 음료수를 주문해야 하느냐?"고 내게 말했다. 그렇지만 나는 종업원도 기다리고 있고, 좋은 자리에 앉게 해 준 종업원의 체면을 생각해서라도 간단한 음료수라도 시키자며 아내를 달래서 주문했던 것이다. 팁 문화는 정말 우리에게 익숙하지 않은 것 같다.

식사를 마친 후에는 DFDS 크루즈선 선내 고객 서비스 센터에서 오슬로 패스(48시간짜리, 595NOK)를 구입했다.

저녁 9시 반이 넘은 시각, 석양을 보고 싶어서 10층 데크로 올라갔다.

너무 바닷바람이 세차게 불었다. 온몸이 한기가 스며들었다.

해는 지려고 했지만 오래 서 있지 못하고 선실로 돌아와 침대에 누웠다. 밖은 세찬 바람에 바다는 파도가 치는 것 같은데 우리가 탄 배는 조용했다. 마치 잔잔한 바다 위를 평화스럽게, 조용하게 항해하는 것 같았다. 크루즈선 여행의 매력은 바다에서 파도치는 것과 같은 바쁜 일상에서 떠나서 잠시 조용한 휴식 시간을 가질 수 있다는 점이다.

Self-Travel Tip ➤ *Google 검색창에서 검색해 보자!*

DFDS Seaways 승선권 예약 방법

1. 승선권은 선박회사 또는 국내 대리점 웹사이트에서 인터넷으로 직접 구입한다.
   - DFDS: https://www.dfdsseaways.com/kr/, https://www.dfdsseaways.com/
2. 승선요금은 cabin의 종류, 식사 선택 여부 등에 따라 달라진다.

Fare Breakdown and payments:	
Outward	
Transportation Copenhagen - Oslo	0.00 EUR
2-berth bunk bed inside cabin	88.00 EUR
7 Seas Restaurant - Breakfast buffets Breakfast buffet Breakfast Buffet	38.00 EUR
7 Seas Restaurant 18:00 CET 7 Seas Dinner Buffet 7 Seas Dinner Buffet	73.80 EUR
Booking Fee	10.00 EUR
Credit card fee	3.14 EUR
Total calculated price	**212.94 EUR**

(예시) 2017.6.19 Copenhagen to Oslo의 DFDS 2-berth bunk bed inside cabin 가격

3. 예약 후 e-mail 등으로 전송받은 예약 확인서를 인쇄하여 승선 시 check-in 창구에서 제시하여 boarding 카드를 발급받아 승선한다.
4. boarding 카드는 cabin의 출입 카드로 사용되니 승선 기간 동안 잘 휴대해야 한다.
5. 코펜하겐 DFDS 터미널로 찾아가는 방법
   - 주소: Dampfærgevej 30, 2100 København Ø, Danmark.
   - Nørreport역 근처에서 출발하는 DFDS 셔틀버스(월~일: 14:45, 15:15, and 15:45에 출발).
   - DFDS 예약 시 셔틀버스 티켓도 사전 구입해야 한다(버스 요금: 1인당 3EUR).
6. Oslo 행 DFDS 크루즈 여객선에서도 Oslo Pass를 판매한다.

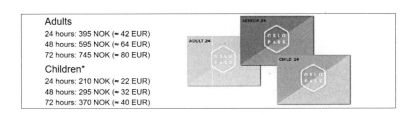

Adults
24 hours: 395 NOK (≈ 42 EUR)
48 hours: 595 NOK (≈ 64 EUR)
72 hours: 745 NOK (≈ 80 EUR)
Children*
24 hours: 210 NOK (≈ 22 EUR)
48 hours: 295 NOK (≈ 32 EUR)
72 hours: 370 NOK (≈ 40 EUR)

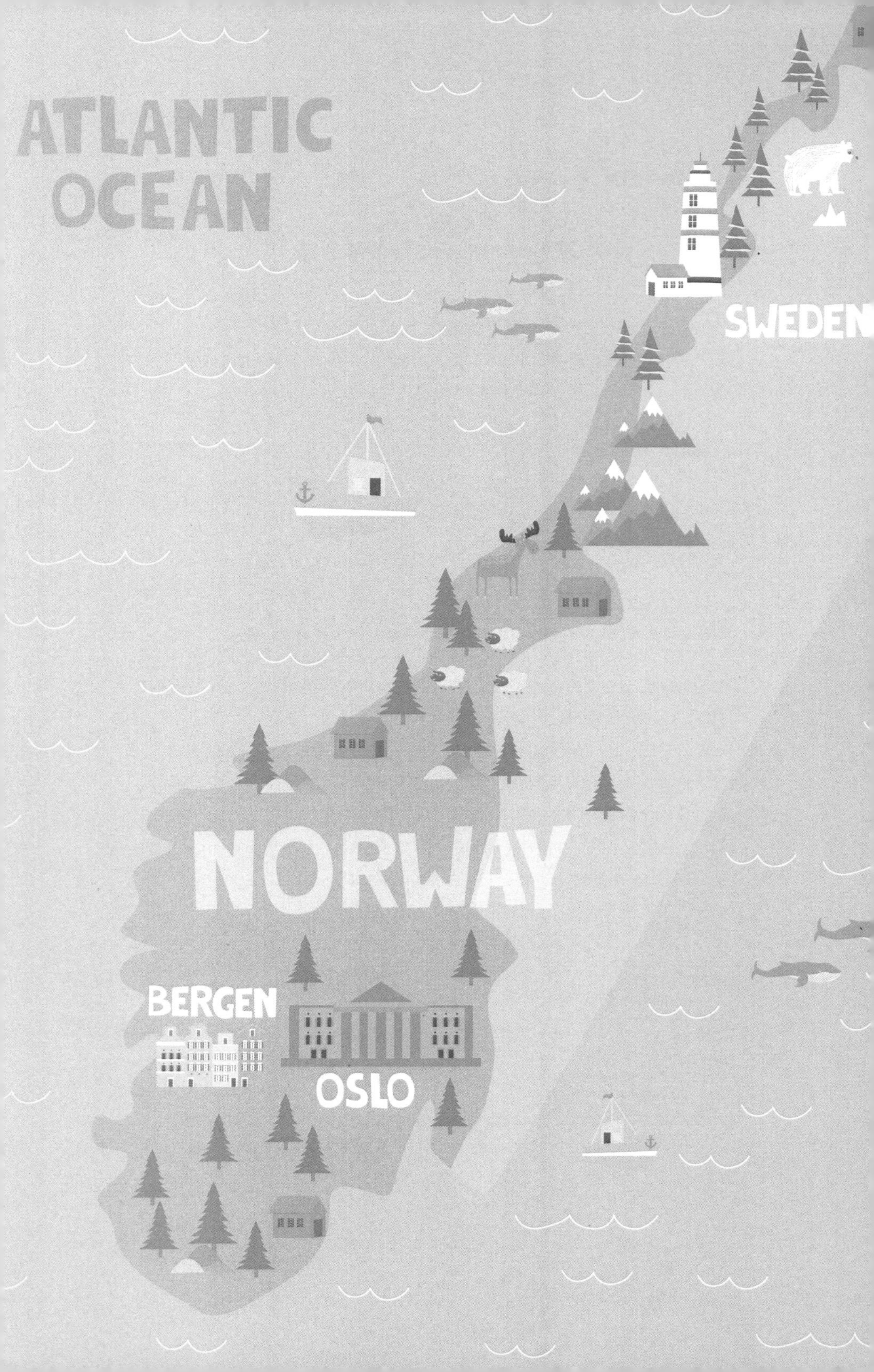
ATLANTIC OCEAN
SWEDEN
NORWAY
BERGEN
OSLO

노르웨이

Day 6~20

빙하와 피오르의 나라,
노르웨이

노르웨이는 유럽 북부, 스칸디나비아반도의 서반부를 차지하는 나라다. 정식 명칭은 노르웨이 왕국(Kingdom of Norway)이다. 국토 면적은 약 32만 3천㎢, 인구는 약 520여만 명(2015년 기준)이고, 수도는 오슬로(Oslo)다. 이웃 나라인 스웨덴, 덴마크와 더불어 세계 최고 수준의 복지 국가로서 전 국민에 대하여 무료 교육 제도·의료 혜택·실업 수당·노후 연금 등 완벽한 사회보장 시책을 베풀고 있는 나라다. 2015년을 기준으로 1인당 국민소득도 8만 달러가 넘는다고 한다.

노르웨이인의 조상인 노르드인은 8세기 말까지 스칸디나비아반도 남부에서 여러 개의 작은 나라들을 이루고 살았다. 9세기에 들어와서 노르드인들의 해외 진출이라고 할 수 있는 바이킹 활동이 활발해졌는데, 이는 11세기까지 이어졌다. 872년에는 하랄(Harald) 왕에 의하여 통일 왕국이 세워졌고, 11세기 중엽에는 노르웨이 왕이 덴마크 왕을 겸하는 세력을 지녔다. 그러나 14세기 말부터 1814년까지는 덴마크의 지배를, 1814년부터 1905년까지는 스웨덴의 지배를 받았다. 1905년에 스웨덴으로부터 독립하면서 오늘의 왕가가 시작되었지만 제2차 세계대전 중에는 다시 독일의 지배를 받았다.

현재 노르웨이는 내각책임제의 입헌군주국이며, 대외 정책은 친(親)서방 중립 국가로서 북대서양조약기구(NATO)에 가입하였으나 EU 비가입 국가이며, 통화는 노르웨이 크로네(Norwegian Krone, NOK)라는 통화를 사용한다.

또한, 매년 12월 10일이면 노벨평화상이 노르웨이 오슬로 시청 건물에서 수여된다.

노르웨이는 지리적으로 스칸디나비아반도의 중심부를 경계로 내륙부에서는 스웨덴과 핀란드, 러시아와 접경하고, 해안부는 북해, 노르웨이해, 북극해에 접한다.

국토의 70%가 호수와 빙하, 암석산으로 이루어져 있어 인구의 대부분이 도시에 몰려 산다. 또한 국토의 대부분이 1,000~2,000m의 산지로 높은 산에는 많은 빙하(氷河)가 남아 있고, 산지 사이의 U자 계곡의 일부에는 깊이 파고든 바닷물의 침입으로 피오르가 형성됨으로써 해안선이 매우 복잡한 피오르 해안이 만들어졌다.

노르웨이의 기후는 국토가 고위도 지역에 있으나 연안을 북상하여 북극해까지 미치는 북대서양해류(멕시코 만류의 연장)의 영향으로 비교적 온화하다고 한다. 평균 기온은 서해안에 있는 베르겐의 경우 2월 평균 기온이 1.3℃, 7월 평균 기온은 15℃이고, 연 강수량은 베르겐에서 1,958mm로 비교적 여름철에 비가 많고, 동부의 오슬로에서 832mm를 나타낸다. 적설 기간은 남서 연안에서는 30일 정도, 북부의 핀마르크 지방에서는 6개월 이상으로 길다. 여름과 겨울의 낮과 밤의 길이 차가 크며, 특히 북부 노르웨이에서는 여름에 백야(白夜) 현상이 나타난다. 그런 연유로 노르웨이 여행 최적기도 날씨가 따뜻한 6~8월이라고 한다.

우리 부부의 노르웨이 여행도 빙하가 만들어낸 노르웨이의 아름다운 피오르와 노르웨이 자연 탐방에 중점을 두기로 했다. 우선 노르웨이 수도 오슬로 여행을 마치면 스타방에르(Stavanger)로 가서 뤼세피오르(Lysefjord)의 풍경을 한눈에 조망할 수 있는 604m 높이의 수직 절벽, 프레이케스톨렌(Preikestolen)에 오르기로 했다. 그리고 버스를 타고 노르웨이 서부 해안의 피오르들을 통과해서 베르겐으로 이동할 계획을 세웠다. 베르겐 여행을 마치면 송네피오르(Sognefjord)를 여행하기 위해서 플롬 레일웨이(Flåm Railway)라는 산악 철도를 타고 플롬(Flåm)이라는 곳으로 이동한다. 우리 부부는 그곳에서 페리선을 타고 송네피오르를 관광한 후 레이캉에르(Leikanger) 라는 곳을 거쳐서 송달(Sogndal)이라는 피오르 마을에서 하룻밤을 묵을 예정이다. 그리고 송달에서 다시 버스를 타고 높은 산과 호수들이 있는 요스테달스브렌 국립공원(Jostedalsbreen National Park) 지역을 통과한 후 올레순(Ålesund)으로 이동한다. 올레순은 아르누보(Art Nouveau)의 도시로 유명한데, 아름다운 산과 피오르가 바다를 만나는 곳으로 이번 노르웨이 여행 코스 중에서도 어렵게 추가한 곳이었다.

[노르웨이 여행 지도]

올레순 여행을 마치면 헬레쉴트(Hellesylt)로 이동하여 게이랑게르 피오르(Geirangerfjord)를 여행한 후 빙하 계곡과 에메랄드빛 초록색 피오르의 원시적인 자연의 모습을 보여주는 게이랑게르(Geiranger)와 트롤스티겐(Trollstigen), 그리고 온달스네스(Åndalsnes)로 이어지는 골든 루트를 통과해서 트론헤임(Trondheim)으로 이동할 계획이다.

트론헤임에서는 다시 항공기 편으로 노르웨이 해안 피오르로 유명한 로포텐 제도(Lofoten Islands)로 이동한 후 레이네(Reine)와 오(Å) 등 로포텐 제도의 어촌 마을을 여행할 계획이다. 그리고 로포텐 제도 여행을 마치면 후티루튼 크루즈 여객선을 타고 하얀 설산과 피오르로 이루어진 노르웨이 북서부 해안을 따라서 북쪽의 트롬쇠(Tromsø)를 여행할 것이다.

이렇게 약 15일간의 노르웨이 여행을 마치면 트롬쇠에서 항공기 편으로 다음 여행지인 스웨덴 스톡홀름으로 떠날 계획을 세웠다.

Self-Travel Tip ➤ *Google 검색창에서 검색해 보자!*

Norway 관광명소, 가고 싶은 도시 알아보는 방법

1. 나라별로 관광명소(attraction)나 가고 싶은 도시(place to visit)를 찾아보고 싶다면 1차적으
   로 Google 검색창에서 이와 관련된 keyword로 검색해 본다.

   예) place to visit in norway, top attraction in norway.

2. 많은 여행 정보가 해당 국가의 관광청이나 TripAdvisor, Lonely Planet 등 여행 정보 사
   이트에서 나온다. 특히 TripAdvisor라는 여행 정보 사이트를 살펴보면 노르웨이 도시들
   중 가고 싶은 도시, 관광명소를 여행자들의 인기도 랭킹 순위로 표시하고 있다.

너무나 평화롭게 보인 항구 도시
오슬로

[노르웨이 오슬로]

아침 일찍 눈을 떴다. 핸드폰의 시계를 보니 새벽 3시 30분이었다. 서둘러 샤워를 하고 일출을 보기 위해 7층 데크로 올라갔다. 7층 레스토랑 옆의 문을 열고 갑판으로 나가나 세찬 바닷바람이 불었다. 다행히 날은 밝았지만 해는 아직 뜨지 않았다. 서너 명의 중국인들이 이미 카메라를 들고 서성거리고 있었다. 한 사람이 나를 보더니 인사를 건넸다.

"Good Morning!"

나도 미소를 지으며 인사를 건넸다. 10분쯤 지나자 검푸른 수평선이 붉게 물들기 시작했다.

해는 4시쯤 뜬 것 같았다. 사진을 몇 컷 찍었다. 좀 춥기도 하고, 사진을 찍는 사람들도 별로 없어서 그런지 기대했던 감흥은 크게 솟아나지 않았다.

다시 5층 선실로 돌아오니 TV에서는 북한에 체포되었던 미국인 대학생의 사망 소식이 긴급 속보로 전해졌다. 기상 예보에서는 오늘 날씨는 맑고, 아침 기온은 13℃, 낮 최고 기온은 20℃라고 했다. 어제저녁 작은 딸아이의 이야기로는 우리나라는 30℃가 넘었다면서 6월 기온으로는 최고의 기온을 기록했다고 했다. 그런데 이곳은 20℃를 넘지 않으니 얼마나 좋은 기온인가?

아침 식사를 하러 7층 뷔페식당으로 갔다. 어제저녁과 동일하게 바다가 보이는 창가 근처에 자리를 잡고 식사했다. 창밖 저 멀리 육지가 보였다. 오슬로가 점점 가까워진 것 같았다. 창밖으로 스쳐 지나가는 푸른 바다 위의 작은 마을들이 보였다. 평화로웠다. 배도 파도에 흔들릴 만한데 너무 조용했다. 저절로 웃음이 나왔다. 아내도 오늘은 즐겁게 커피를 마시며 미소지었다. 내 인생도 창밖의 풍경처럼 조용하고 평화롭게 흘러갔으면 좋겠다는 생각이 들었다.

식사 후에는 맨 위 10층 갑판으로 올라갔다. 우리가 탄 크라운 시웨이즈호는 흰 물결을 일으키며 오슬로를 향해서 항해하고 있었다. 세찬 바람을 피해서 7층 후미 갑판으로 내려갔다. 그곳에는 중국인 단체 관광객 20~30여 명이 찬바람을 피해서 사진 찍기에 여념이 없었다.

선실로 들어와서 배낭을 꾸리고 하선 준비를 했다. 그리고 잠시 후 맨 위의 10층 갑판에 올라갔다. 그동안 작게 보였던 오슬로 도시의 모습이 점점 크게 다가왔다. 오슬로 항구에 커다란 크루즈선이 정박해 있는 모습도 보이고, 높이 올라간 크레인도 보였다. 오슬로 시내에서는 많은 건물이 새로이 지어지고 있는 듯했다.

아침 9시가 되자 도착 예정 시간을 알리는 방송이 흘러나왔다. 우리는 배낭을 메고 7층 갑판으로 나가 하선을 기다렸다. 여행객들은 대부분은 단체 관광객인 듯 깃발을 든 가이드를 따라서 줄을 서고 있었다. 다시 혼자서 예약한 호텔을 찾아가야 한다고 생각하니 걱정이 앞섰다.

내가 예약한 호텔은 오슬로 시내 중심가에 있는 스캔딕 그렌센 호텔(Scandic Grensen hotel)이었다. 스캔딕 그렌센 호텔을 찾아가는 방법은 60번 버스를 타고 오슬로 중앙역으로 간 후 약 8~9분 정도를 걸어서 가거나 12번 트램을 타고 가는 것이다.

우리 부부는 9시 30분쯤 크라운 시웨이즈호에서 하선했다. 터미널 앞 버스 정류장에서는 60번 버스가 배 도착을 기다리고 있었다. 그러나 그 버스에 탄 사람은 우리 부부를 비롯해서 6~7명뿐이었다. 나머지 승객들은 대부분 단체 관광객인 듯 깃발을 들고 있는 여행사의 가이드들 앞에 모여 있었다. 우리 부부는 오슬로 패스를 운전사에게 보이고 버스에 탔다.

나는 버스를 타고 내가 어디로 가고 있는지 위치를 알고 싶었다. 그래서 스마트폰을 꺼내 데이터 로밍으로 인터넷이 연결되도록 했다. 그리고 구글 지도의 하단 오른편에 있는 흰색 동그라미 원 안의 검은색, '내 위치'를 표시해 주는 GPS 연결 아이콘을 눌렀다. 그러자 내 위치 표시를 나타내 주는 동그란 원 모양의 검은색 아이콘이 푸른색으로 변했다. 그러면서 지도상에 내 위치를 표시하는 파란색 작은 원이 시내 방향으로 움직였다. 나는 그것을 보고 내가 어느 곳까지 왔는지 위치를 확인할 수 있었다. 우리 부부가 탄 버스는 5분도 되지 않아서 오슬로 중앙역 근처 버스 정류장에 도착했다. 오슬로 중앙역 앞에는 많은 사람이 거리를 활보하고 있었다. 트램을 타기 위해서 버스에서 내려 중앙역 앞에 있는 건널목 앞에 섰다. 그런데 사람들이 자동차들이 다니지 않는 틈을 이용해서 길을 건너고 있었다. 덴마크 코펜하겐과 너무 다른 모습이었다. 나도 그들과 같이 건널목을 건널까 말까 멈칫하고 있는데 아내가 말했다.

"로마에 가면 로마법을 따라야지요!"

그렇다. 다른 사람들은 건너는데 나만 서 있는 것도 이상해 보였다. 건널목 신호등은 붉은색이지만 아내가 먼저 다른 사람들을 뒤따라 건널목을 건넜다. 나도 차를 피해서 건널목을 건넜다.

스마트폰에 저장해 놓은 구글 지도를 보니 오슬로 중앙역 근처 버스 정류장에서 내가 예약한 스캔딕 그렌센 호텔까지의 거리는 약 800여 m 정도였다. 살펴보니 12번 트램도 호텔 근처로 가는 것 같았다. 나는 오슬로 패스를 소지했으니 트램을 잘못 타도 걱정할 필요가 없었다. 타는 방향이 잘못됐으면 반대 방향에서 타고 되돌아오면 되는 것 아닌가?

우리 부부는 오슬로 중앙역 근처 트램 정류장에서 12번 트램으로 갈아타고 두 정거장 지나서 내렸다. 스캔딕 그렌센 호텔은 약간 경사진 큰 도로 옆에 있었다.

사실 노르웨이는 호텔 숙박비가 무척 비싼 것 같다. 구글 도시 정보에 따르면 오슬로 시내 하루 호텔의 객실료는 3성급을 기준으로 무려

137유로에 달했다. 그래서 나는 저렴한 호텔을 예약하기 위해서 6개월 전부터 호텔 예약 사이트를 살펴봤다. 다행히 오슬로 시내 중심가에 위치한 120유로 수준의 스캔딕 그렌센 호텔을 예약할 수 있었다. DFDS 크루즈선 터미널에서 예약한 호텔도 쉽게 찾아오니 오슬로 여행도 자신감이 생겼다. 우선 대부분의 버스와 트램이 오슬로 중앙역을 경유한다는 사실을 알았다. 사실 우리나라 서울역도 커다란 환승 정류장이 있듯이 오슬로 중앙역도 환승 교통의 중심지 같았다. 따라서 길을 모르면 다시 오슬로 중앙역으로 돌아와서 다시 길을 찾으면 된다는 생각이 들었다.

Scandic Grensen ★★
You booked here on Jan 6, 2017. Booking.com
📍 Grensen 20, 0159 Oslo, Norway

Check-in
Tuesday, June 20, 2017
from 14:00
Check-out
Thursday, June 22, 2017
until 12:00
Price
€ 235 NOK 2,198
필자 평가 : ★★★★☆

Google 지도로 Oslo DFDS 터미널애서
시내 호텔 찾아가는 방법

1. 길 찾기 방법은 Google 지도로 '길 찾기'를 해보는 방법과 Google 검색창에서 직접 길을 조회하는 방법 등 크게 두 가지 방법이 있다.
2. Google 지도로 길 찾기 방법은 Google 지도 검색창에서 '출발지'는 Oslo DFDS Terminal, '목적지'는 Scandic Grensen hotel을 입력 후 검색해 보는 것이다.
   ① 그러면 Oslo DFDS Terminal에서 Scandic Grensen 호텔까지 찾아가는 경로가 Google 지도상에 표시된다. 또한 거리는 1.8㎞, 도보 소요 시간은 약 22분 걸린다는 것을 알 수 있다.
   ② 버스를 타고 간다면 Vippetangen이라는 버스 정류장에서 12시에 출발하는 60번 버스를 타고 Jernbanetorget 버스 정류장에서 하차 후 약 650m, 8분 정도 걸어가면 Scandic Grensen hotel에 도착할 수 있다는 것을 알 수 있다.

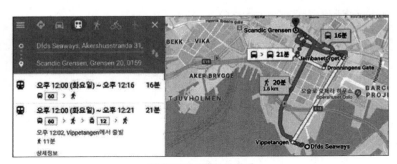

[구글 지도로 교통편 길 찾기]

3. Google 검색창에서 직접 검색해 보는 방법은 이동 방법(how to get to), 또는 교통편(transport), 버스(bus) 등과 같은 키워드로 Oslo DFDS Terminal에서 Scandic Grensen hotel까지 찾아가는 방법을 검색해 보는 것이다.
   ① 그러면 어느 현지인은 Oslo dfds 터미널에서 오슬로 시내 중심가까지 거리가 2㎞도 되지 않는다. "걸을 만한 거리이다."라고 하면서 오슬로 시내 항공사진을 보여주면서

친절하게 알려주는 사람도 있다.

② 또 어떤 사람은 60번 버스를 타면 오슬로 중앙역까지 갈 수 있다는 것을 알려주는 사람도 있다. 물론 항상 알 수 있는 것은 아니다.

Oslo 시내 중심가 항공사진

4. 영어로 검색한 내용은 복사하여 'Google 번역'에서 붙여넣기 한 후 번역하면 쉽고, 빠르게 번역할 수 있다.

★ 버스와 트램을 타고 여행한 오슬로

낯선 도시를 여행할 때 누구나 한 번쯤 고민하는 것은 '무엇을 볼 것인가?' 하는 문제 못지않게 '그곳을 어떻게 찾아갈까?' 하는 문제일 것이다.

내가 구글(Google) 지도를 통해서 알게 된 사실은 오슬로가 서울에 비해서 규모가 비교적 작은 도시라는 사실이었다. 물론 인구는 약 465,000명에 불과하고, 크기도 남북으로 약 40㎞, 동서로 약 20㎞라고

[트램]

하지만 주요 관광명소가 시내 중심가에 집중되어 있다는 것이 오슬로의 특징이었다. 따라서 걸어서 다니거나 버스나 트램 등 대중교통을 이용하면 쉽게 여행할 수 있는 도시라고 판단된 것이다.

예컨대 오슬로 중앙역에서 노르웨이 왕궁까지의 거리는 1.5㎞, 약 20여 분이면 걸어갈 수 있는 것으로 판단되었다. 오슬로 시내 중심가에서 좀 떨어진 비겔란 조각공원(Vigelandsparken)까지는 약 3.1㎞, 시간상으로는 약 40여 분 거리이지만 12번 트램을 타면 20분 거리였다. 프램 극지 선박 박물관(Fram Polar Ship Museum)이나 바이킹 선박 박물관(Viking Ship Museum)이 있는 비그도이(Bygdoy) 박물관 지구는 30번 버스를 타면 쉽게 갈 수 있었다. 그리고 대부분의 버스와 트램이 오슬로 중앙역을 경유했다. 우리나라 서울역에도 커다란 환승 정류장이 있듯이, 오슬로 중앙역 앞에 있는 정류장도 환승 교통의 중심지 같았다. 따라서 길을 잃으면 오슬로 패스를 이용해서 다시 오슬로 중앙역으로 돌아오면 되었다. 오슬로 여행은 가능한 한 버스나 트램을 타면서 여행하기로 했다.

오슬로 여행 첫날인 오늘은 우선 오슬로 시내 중심가를 중심으로 여행하기로 했다. 먼저 오슬로 시청(Radhust)에서 아르케후스성(Akershus Castle), 오슬로 오페라 극장(The Norwegian National Opera&Ballet), 국립 미술관, 왕궁, 비겔란 조각공원을 다녀오기로 했다.

오슬로 시청사는 호텔에서 걸어서 10여 분 남짓한 거리였다.

그렇지만 12번 트램의 노선도를 보니 오슬로 시청뿐만 아니라 아르케후스성, 비겔란 조각공원도 갈 수 있는 것 같았다. 일단 우리 부부는 오슬로 중앙역으로 가서 12번 트램을 타고 항구 근처에 위치한 오슬로 시청사로 향했다. 오슬로 시청사 앞 광장에는 많은 관광객이 모여 있었다. 이곳 오슬로 시청사를 관광객들이 많이 찾는 이유는 이곳이 매년 12월에 노벨상 수상식이 열리는 곳이기 때문이기도 하지만 시청사 건물의 내·외벽이 노르웨이의 대표적인 예술가들의 그림과 조각으로 장식되어 있기 때문이다. 모두가 볼륨 있고 힘찬 작품들이다. 특히 독일군 점령 하의 고뇌를 표현한 것이 많아 국민감정을 표현하고 있다고도 한다.

[오슬로 시내 지도]

[오슬로 시청사 벽화]

[오슬로 시청사와 아케르후스성]

　　시청 바로 왼편 언덕에는 아르케후스성(Akershus Castle)이 있다. 시청사에서 아케르스후스성으로 가는 언덕 위에 오르자 오슬로의 푸른빛 바다 풍경이 펼쳐졌다. 하늘은 우리나라 초가을처럼 옥빛 하늘에 흰 구름이 떠 있었다. 아케르스후스성 앞 푸른 바다 위에는 커다란 크루즈 여객선들도 보였다. 아케르스후스성 앞 언덕에서 바라본 오슬로 항구의 모습도 너무 평화스럽다. 시원한 바람도 불었다. 오슬로는 공기도 정말 맑은 것 같았다.

우리 부부는 천천히 언덕을 올라 아케르스후스성 정문을 향해 걸어갔다. 마침 정문 앞에서는 젊은 노르웨이 여자 군인들이 노르웨이 국기를 게양하고 있었다. 예쁜 얼굴에 절도 있는 동작이 멋있어 보였다. 성 정문 옆의 성벽이 있는 곳으로 올라가자 아름다운 오슬로 항구뿐만 아니라 내일 갈 곳인 비그도이 박물관 지구도 보였다. 비그도이반도는 바다 건너에 있는 작은 섬같이 보인다.

아케르스후스성은 평범한 요새로 느껴졌다. 너무 큰 기대를 하고 간 사람들은 약간 실망할 것 같았다. 그렇지만 평화롭고 아름다운 오슬로 항구 풍경을 감상하기 좋은 장소였다.

아케르스후스성 건너편에 있는 오슬로 오페라 하우스(The Norwegian National Opera&Ballet)도 오슬로의 아름다운 풍경을 감사할 수 있는 전망대다. 우선 바다에 접해서 지어진 경사면 지붕 모양이 독특하게 보였다. 지붕은 아주 훌륭한 전망대 역할을 했다. 지붕 위 경사면을 따라 올라가면 아름다운 오슬로의 항구 풍경이 한눈에 들어온다. 바다 건너편 아케르스후스성 근처 앞바다에는 우리가 타고 온 크루즈 여객선도 보인다.

아내도 너무 아름다운 풍경에 기분이 좋은지 집에 있는 딸아이들과 스마트폰으로 페이스톡을 하면서, 오슬로 항구의 이곳저곳의 모습을 보여 준다. 행복해 보여서 다행스럽다.

오페라 하우스 근처에는 바로 오슬로 중앙역이 있다. 우리 부부는 오슬로 중앙역에서 트램을 타고 오슬로 국립 미술관(National Museum)으로 향했다. 오슬로 국립 미술관이 우리에게 잘 알려진 이유는 뭉크의 작품이 전시되어 있기 때문이다. 〈세 여자의 이야기〉, 〈질투〉, 〈절규〉 등 뭉크의 작품 앞에서 우리나라 단체 관광객 20~30여 명이 가이드의 설명을 듣고 있는 것이 보였다.

국립 미술관에서 멀지 않은 곳에는 왕궁이 있다. 왕궁은 카를 요한슨 거리 서쪽 끝의 공원에 둘러싸여 있는데 왕궁 앞에는 스웨덴 왕으로서 노르웨이를 지배했던 카를 요한의 청동 기마상이 서 있다. 궁전의 내부는 공개되지 않는다. 그러나 궁전 주위는 공원 같았다. 왕궁은 시민들의 휴식처로 보였다.

왕궁 주변 공원을 한 바퀴 산책한 후에 왕궁 근처의 트램 정류장에서 12번 트램을 타고 비겔란 조각공원으로 갔다. 비겔란 조각공원 (Vigelandsparken)은 세계적인 조각가 구스타브 비겔란의 작품으로 조성된 공원이다.

길가 양편에 전시된 나체의 인간 조각상들은 인간의 탄생과 죽음에 관련된 조각품들이라고 하는데 너무 사실적인 인간의 모습을 보여 주고 있었다.

오슬로에 도착한 첫날, 하루 동안 이곳저곳 너무 많이 돌아다닌 것 같았다.

사실 여행은 보고, 즐기고, 맛있는 것을 먹으면서 잠시 휴식 시간을 갖는 것인데 너무 볼거리를 보기 위해서 바쁘게 찾아다닌 것 같다.

Self-Travel Tip ➤ *Google 검색창에서 검색해 보자!*

Google 검색창에서 Oslo 버스, 트램 노선도 찾는 방법

1. 트램 노선도는 영어로 'tram route map'이다. 'tram 12 route map in oslo' 등과 같은 keyword로 Google 검색창에서 검색해 본다.

   ☞ 그러면 wikiroutes(https://wikiroutes.info/)라는 곳에서 Oslo Tram 12번의 노선도와 정류장 정보를 얻을 수 있다.

[오슬로 트램 12번 운행 노선도]

2. 오슬로 30번 버스 노선도를 알고 싶으면 'bus 30 route map in oslo'로 Google 검색창에서 검색해 본다. 30번 버스를 타면 비그도이(Bygdoy) 박물관 지구에 갈 수 있다.

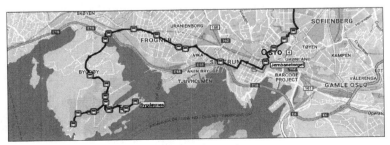

[오슬로 30번 버스 노선도]

3. 검색한 지도는 사진 파일(jpeg)로 만들어 스마트폰에 날짜별로 저장 후 필요시 참고한다.

바이킹 역사와 문화를 엿볼 수 있는 비그도이반도

　오슬로 여행 두 번째 날, 비그도이(Bygdoy) 박물관 지구를 여행하기로 했다. 아침 일찍 식사하기 위해서 지하 1층 레스토랑으로 내려갔다. 그곳에는 이미 10여 명의 사람이 식사를 하고 있었다. 출장 온 사람들처럼 혼자 식사하는 사람들이 많다. 혼자 식사하는 사람들 중에는 스마트폰을 보면서 식사를 하는 사람, 노트북을 보면서 식사를 하는 사람, 신문을 보면서 식사를 하는 사람 등 다양한 사람들이 있었다. 모두 너무 여유롭게 보인다.

　아침 식사 메뉴는 내 입맛에 잘 맞았다. 메뉴도 다양했고 과일도 풍성했다. 4성급 호텔 수준 이상으로 좋다고 생각했다. 특히 연어가 맛있었다. 호기심에 한 입 먹어본 청어 절임은 역겨운 냄새에 삼키는 것도 힘들었다.

　식사 후 먼저 열차 좌석을 예약하기 위해서 오슬로 중앙역으로 갔다. 나는 5일짜리 유레일 스칸디나비아 패스를 구입했다. 원래 여행을 떠나기 전에 레일유럽(raileurope.co.kr)이라는 곳에서 베르겐(Bergen)에서 플롬(Flåm)까지, 그리고 온달스네스(Andalsnes)에서 트론헤임(Trondheim)까지 열차 좌석을 예약하려고 했지만 잘 알 수 없는 사유로 예약하지 못했다. 특히 온달스네스에서 트론헤임까지는 관광객들이 많이 이용하는 철도 구간이라 이 구간의 열차 좌석 예약이 중요했다.

　오슬로 중앙역에서 열차 좌석 예약은 쉽게 했다. 사실 나도 영어를 잘하지 못하지만 내가 예약하고자 하는 열차 시간표 위에 'Seat Reservation'이라고 메모했다. 따라서 열차 예약 담당 직원도 내가 무엇을 원하는지 모를 수 없었을 것이다. 그렇게 오슬로 중앙역에서 열차 좌석 예약을 마치고 비그도이로 향했다.

　오슬로 시내 중심가에서 비그도이반도로 가는 방법은 두 가지다. 첫 번째 방법은 구글 지도 교통편 길 찾기로도 알 수 있듯이 30번 버스를 타는 것이다. 또 다른 방법은 오슬로 시청 앞 항구에서 출발하는 비그도이행 페리선을 타는 것이다. 우리는 비그도이섬으로 갈 때는 중앙역 앞에서 30번 버스를 타고 가고, 되돌아올 때는 비그도이섬 앞 항구에서 시청 앞으로 오는 페리선을 타고 돌아오기로 했다. 페리선은 오슬로 패스가 있으면 무료였다. 오슬로 중앙역에서 비그도이반도까지는 약 7㎞ 정도의 거리, 버스로는 약 30분 거리였다. 비그도이반도에는 프램 극지 선박 박물관과 바이킹 선박 박물관 그리고 노르웨이 민속 박물관이 있다.

[프램 극지 박물관]

노르웨이(Day 6~20)

우리 부부가 제일 먼저 찾아간 곳은 비그도이반도의 맨 아래쪽 항구 근처에 있는 프램 극지 박물관이었다. 이곳은 바로 30번 버스 종점에 위치해 있었다. 프램 극지 박물관(Fram Polar Ship Museum)은 북극 탐험과 남극 탐험에도 사용된 프램호의 박물관이다. 프램호는 1893~1896년, 난센(F. Nansen)이 북극 탐험을 떠날 때 사용했다고 한다. 이 배는 그후 1910~1912년의 아문센(R. Amundsen)의 남극 탐험에도 사용되어 영국의 스콧보다 1개월 앞서 극지에 도달한 것으로 유명하다.

프램호 박물관 앞에서 다시 30번 버스를 타고 바이킹 선박 박물관(Viking Ship Museum)을 찾아갔다. 바이킹 박물관까지는 약 1.5㎞ 거리에 불과했지만 낯선 곳을 걷는 것보다는 버스를 타는 것이 쉽게 찾아갈 수 있는 방법이라고 생각했기 때문이었다.

바이킹 박물관에는 오슬로의 피오르에서 발견된 오세베르그호, 고크스타호, 투네호 등 3척의 바이킹선을 복원되어 전시되고 있었다. 이중에서 가장 크고 우아한 오세베르그호는 9세기 초에 건조된 것으로 35명의 노 젓는 사람과 돛을 이용해 항해했다고 한다. 검은색 바이킹선들의 날렵한 모습과 정교한 조각 모습들이 인상적이었다.

우리 부부가 마지막으로 찾아간 곳은 노르웨이인들의 생활과 문화를 접할 수 있는 노르웨이 민속 박물관(The Norwegian Museum)이었다.

[바이킹 선박 박물관]

[노르웨이 민속 박물관]

노르웨이 민속 박물관은 1894년에 설립된 노르웨이 최대의 야외 박물관이다. 광대한 부지에 노르웨이 각지에서 모아온 전통적인 목조 가옥이 흩어져 전시되고 있다. 이들 가옥은 건물뿐만 아니라 실내의 가구와 집기까지 동시대의 것으로 전시해 놓아 중세에서 근세에 이르는 노르웨이인의 생활과 문화를 접할 수 있다. 흥미로운 점은 12세기에 세워진 목조 건물인 스타브 교회(Stavkirke)와 오슬로에서 옮겨온 극작가 입센의 집이 있다는 점이다.

노르웨이 민속 박물관 관광을 마치고 프램 박물관 근처 페리 터미널에서 배를 타고 다시 오슬로 시내로 돌아왔다. 배를 타고 오면서 느낀 느낌은 너무 맑은 날씨 때문인지 모르겠지만 오슬로가 너무 평화스러운 도시처럼 보였다는 점이었다.

비그도이반도는 우리에게 박물관 지구로서 노르웨이의 역사를 살펴볼 수 있는 곳으로 알려져 있다. 그렇지만 섬 자체의 모습도 매우 아름다웠다. 그러나 대부분의 여행자들은 짧은 여행 기간 때문에 오슬로 중심가만 둘러보거나 비그도이반도의 박물관 몇 곳만 둘러보고 떠나는 것 같았다. 하지만 내가 비그도이섬에 가면서 버스에 함께 탄 현지인들은 비그도이반도를 비롯해서 오슬로 주변에 산재한 섬들을 찾아서 캠핑이나 자전거 여행, 그리고 수영을 즐기려는 사람들이 많은 것처럼 보였다. 여행은 보는 것뿐만 아니라 즐기는 것이기도 한데 너무 볼거리를 찾아서 여행하는 것 같아 좀 아쉬운 마음이 들었다. 여행 기간이 좀 더 길었더라면 비그도이반도를 비롯해서 오슬로 항구 앞바다에 산재해 있는 여러 섬을 여행하고 싶었다.

비그도이에서 호텔로 돌아와 잠시 휴식을 취했다.

오후 늦게 아케르 브뤼게(Aker Brygge)로 산책을 나갔다. 아케르 브뤼게는 오슬로 시청 근처 항구의 바닷가 길에 카페나 레스토랑 등의 상가들과 콘도미니엄과 같은 현대식 건물들이 밀집해 있는 곳이다. 오슬로 항구 앞이라 바닷가 전망이 좋다. 그래서 길가 건물에 있는 카페나

[아케르 브뤼게]

레스토랑에는 많은 관광이 몰려 있다. 바닷가 근처에는 생맥주를 파는 간이주점도 있고, 아이스크림 판매대 앞에는 많은 사람이 차례를 기다리고 있었다.

조금 더 바닷가로 직진하자 바닷가 잔디밭에서 많은 사람이 일광욕을 즐기는 모습이 보였다. 또 간이 해수욕장의 모래사장에도 젊은이들이 큰 소리를 내며 수영을 즐기고 있었다. 바쁘게 생활하는 우리들의 입장에서 보면 노르웨이 사람들은 너무 여유롭게 사는 것 같았다.

우리 부부가 오슬로 여행에서 마지막으로 찾은 곳은 시내 중심가의 카를 요한슨 거리(Karl Johans gate)였다. 아케르 부뤼게에서 오슬로 시청을 지나 시내 중심가로 가면 오슬로 최대의 번화가인 카를 요한슨 거리가 나온다.

카를 요한슨 거리는 오슬로 중심부를 동서로 가로지르는 최대의 번화가다. 동쪽 거리의 반은 보행자를 위한 전용도로로써 상점과 레스토랑이 많다. 동쪽의 중앙역과 서쪽의 왕궁을 연결하고 있으며, 거리의 중심에는 국회의사당도 있다. 그리고 건너편 공원에는 일광욕을 즐기는 사람들과 액세서리와 선물들을 파는 노점이 생겨 관광객들로 북적거린다.

우리는 오슬로 중앙역이 있는 곳까지 걸어간 후 호텔로 돌아오면서 버거킹에 들러 햄버거로 저녁 식사를 했다. 세트 메뉴 한 개 값이 99NOK, 우리나라 돈으로 환산하면 약 14,000원이었다. 우리나라의 두 배가 넘는 가격이었다.

북유럽 여행이 망설여지는 이유가 바로 높은 물가 때문인 것 같다. 그렇지만 버거킹 같은 패스트푸드점에 들어가면 화장실도 이용할 수 있고, 외국어가 서툰 여행자 입장에서는 레스토랑에 들어가서 저녁 식사를 하는 것보다 마음이 편하다.

오늘은 너무 걸어 다닌 것 같다. 스마트폰은 확인한 아내는 오늘 3만 보를 넘게 걸었다고 했다.

오슬로에서 스타방에르까지
8시간의 기차 여행

아침 9시 25분. 오슬로 중앙역에서 기차를 타고 스타방에르로 떠난다. 기차를 타는 시간이 무려 8시간 30분이나 된다.

8시간이나 넘게 기차를 타고 스타방에르로 가는 이유는 뤼세피오르 절벽에 우뚝 솟아있고, 펄핏 록(Pulpit Rock)이라고 불리기도 하는 604m 높이의 프레케스톨렌(Preikestolen)을 등반하기 위해서였다.

구글 인터넷 검색창에서 '노르웨이 관광명소(Top Attractions in Norway)'를 검색해 보면 프레케스톨렌은 첫 번째 페이지에 소개되는 곳이다. 그런데 우리나라 여행사들의 여행 코스에는 대부분 프레케스톨렌이 들어 있지 않다. 그 이유는 604m 높이의 암벽인 프레케스톨렌을 나이 든 여행객들이 등반하기에는 위험하기도 하고, 오슬로에서 스타방에르까지 가려면 8시간이나 넘는 시간이 소요되기 때문일 것이다.

사실 기차를 타는 시간이 8시간을 넘는다면 매우 지루할 것 같다.

그렇지만 나는 일주일 동안 덴마크 코펜하겐에서부터 노르웨이 오슬로까지 강행군을 했기 때문에 기차 여행을 하는 시간을 오히려 잠시 쉬는 시간으로 생각했다. 그런 이유로 굳이 항공편을 이용하지 않고 기차로 여행할 계획을 세운 것이다. 그리고 오슬로에서 스타방에르로 가는 기차는 야간열차도 있다. 야간열차를 타면 조금 불편하긴 하지만

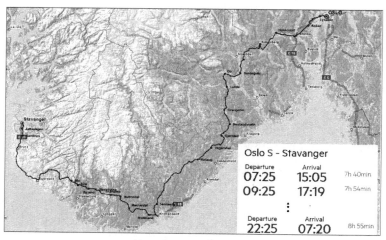

[Oslo - Stavanger 철도 노선도]

하룻밤 호텔비를 아낄 수도 있다. 그러나 아내와 함께 야간열차를 타는 것은 좀 무리일 것 같다는 생각이 들었다.

나는 오슬로에서 스타방에르로 가는 열차 여행은 그 자체만으로도 즐거운 여행이 될 것으로 생각했다. 왜냐하면 기차는 노르웨이 남부의 높은 산림 지대를 통과하기 때문이었다.

우리 부부는 8시쯤에 체크아웃하고 호텔을 나섰다. 호텔에서 오슬로 중앙역까지는 약 1km였기 때문에 천천히 걸어갔다.

오슬로 성당을 지나 버스 정류장 앞에 이르자 그곳 광장에 있는 꽃 가게들이 손님을 맞을 준비로 분주했다. 북유럽인들은 꽃을 좋아하는 듯했다. 꽃 시장은 과일 시장 못지않게 시내 중심가에 많이 있었다. 우리는 20분도 되지 않아서 오슬로 중앙역에 도착했다.

기차 출발 시간은 한 시간이 넘게 남아 있었다. 화장실을 가기 위해서 주변을 둘러봤지만, 화장실이 없었다. 배낭을 아내에게 맡겨두고 지하 1층으로 내려갔다. 겨우 화장실을 찾을 수 있었는데 화장실 이용 요금이 1유로라고 표시되어 있는 것이 아닌가?

화장실을 잠시 이용하는데 1유로라니, 너무 비싼 것 같았다. 잠시 참았다가 기차에서 화장실을 이용할 생각으로 되돌아왔다.

우리는 9시 25분에 스타방에르행 열차를 탔다.

우리가 탄 열차는 4량짜리 열차로, 비교적 작은 열차였다. 차내는 조용했다. 열차는 시내를 천천히 달렸다. 열차가 조금 달리자 이내 푸른 들판이 나왔다. 그러더니 자작나무와 길쭉한 소나무로 울창한 숲이 반복해서 나타났다.

열차는 몇 번 정차하고 출발하면서 승객을 태웠다.

몇 역 통과하지 않았는데 벌써 열차 안의 3분의 2 정도의 좌석이 찼다.

우리 부부가 탄 좌석은 서로 마주 보고 앉는 좌석이었다. 마치 가족석 같은 자리였다. 맞은편에 앉아 있는 사람은 남자인지, 여자인지 구별할 수 없었다. 나이가 대략 50대로 보이는 사람이 앉아서 조용하게 책을 읽는다. 남자처럼 보이기도 했지만, 수염도 없었다. 여자처럼 다소 곳하게 책을 읽고 있길래 나는 아내에게 "남자 같으냐, 여자 같으냐?" 하고 물었다. 아내는 "그것도 몰라요?" 하면서 핀잔만 준다.

통로 건너편에는 70대로 보이는 할머니가 앉아 있다.

할머니는 안경을 끼고 뜨개질을 정성스럽게 하고 계셨다. 그 옆에 앉아있는 중년 여자는 책을 읽고 있다. 다들 너무 조용하게 앉아 있으니 우리 부부는 서로 말하는 것조차 부담스러웠다.

창밖을 내다보니 작은 호수가 나타났다. 작은 새들이 수면 위로 날아가자 잔잔했던 수면에 작은 타원형의 물결이 일어났다.

하늘은 점점 구름이 짙게 끼었다. 빗방울이 곧 떨어질 것 같다는 생각이 든다.

나는 기차 창밖을 내다보고 싶었다. 끝에 있는 빈자리로 잠시 자리를 옮겼다. 기차는 고도를 높이면서 달렸다. 소나무 숲으로 우거진 산림 지대를 달렸다. 어느덧 11시가 지났다. 시간이 가는 줄도 모르겠다. 마음도 왜 이렇게 편안한지 모를 일이었다.

다시 아내의 옆자리로 돌아오니 아내는 "화장실 가고 싶지 않아?"라고 하면서 꼭 청개구리 같은 사람이라고 다시 핀잔을 준다. 마치 한가하고 화장실이 있는 곳에서는 화장실을 가지 않고, 꼭 화장실 없는 곳에서는 꼭 화장실을 찾는다는 투로 아내는 말했다. 그러나 내 마음은 정말 편하다. 아내가 하는 말은 농담 반, 진담 반이라는 것을 나는 알고 있다. 그냥 웃고 넘기면 된다.

커다란 계곡 사이로 아름다운 피오르가 나타났다. 너무 예뻤다.

기차가 이름 모르는 산골의 작은 역에 정차하자 등에는 배낭을 짊어지고, 커다란 가방을 끌며 젊은 여자 한 명이 차내로 들어왔다. 큰 가방을 보니 이사를 가는 사람 같다. 정든 고향 산골 마을을 떠나 도시로 가는 것 같다. '도시로 가면 모진 세상의 거친 풍파를 다 겪어야 할 텐데…' 하면서 쓸데없는 생각까지 든다.

화장실을 찾아 열차의 앞칸 쪽으로 가서 보니 열차의 앞칸은 아이들과 엄마들만이 타는 패밀리칸이었다. 열차 안은 마치 어린이 놀이터처럼 꾸며져 있었다. 화장실이 없어 열차의 반대편으로 갔다. 열차 안은 너무 조용했다. 다시 자리에 앉아 차창 밖을 내다보니 철로 변에 아름다운 야생화들이 나타났다.

"야생화가 왜 이렇게 예쁘지?"

아내도 그렇게 생각했다고 말해서 서로 얼굴을 쳐다보면서 웃었다.

정말 철로 변에는 야생화들이 많이 피어 있었다. 그동안 추운 겨울 동안 땅속에 움츠려 있었던 야생화들이 따뜻한 봄을 맞이하여 꽃을 피운 듯했다. '그럼 단풍이 드는 가을 모습은 어떤 모습일까?', '아니, 하얀 눈이 오는 겨울은 어떤 모습일까?' 하고 상상해 보니 머릿속에 설국을 달리는 기차 모습이 그려졌다.

정말 겨울철 눈이 오는 설국의 노르웨이를 열차를 타면서 다시 한번 열차 여행을 하고 싶다. 여행은 바쁜 일상의 쉼표라고 누가 말하지 않았던가? 이렇게 편안하게 기차를 타면서 열차 여행을 한다면 봄, 여름, 가을, 겨울 그 어느 때 여행해도 좋을 것 같다.

반대편 자리에서 안경을 끼고 뜨개질하는 아주머니의 뜨개질 솜씨는 매우 좋은 것 같다. 몇 시간 만에 뜨개질한 길이가 크게 늘었다. 할머니는 한참 뜨개질을 하시더니 좌석 앞의 망에 넣어 두었던 쓰레기들을 들고 일어섰다. 그러시더니 출입구 근처에 있는 쓰레기통에 버리고 오신다. 뜨개질하는 솜씨만큼 마음씨도 고운 것 같다는 생각이 들었다.

그 옆에 앉아있는 중년 여자는 계속 책 읽기에 빠져 있었다. 우리나라 같으면 모든 사람이 스마트폰에 빠져 있을 텐데 지금 이 열차 안의 모습은 너무 달랐다. 열차 안은 너무 조용하고 평화로웠다.

기차는 점점 고도를 높이며 달리는 것 같다.

우리 부부는 과일로 간단히 요기를 했다. 핸드폰으로 시간을 보니 오후 두 시가 훌쩍 지난 시각이었다.

노르웨이(Day 6~20)

기차는 몇 시간을 더 달려 오후 4시쯤 모이(Moi)역에 정차했다. 곧 기차에서 모두 내려 버스를 타라는 안내 방송이 나왔다. 모이에서 스타방에르까지 철도 보수 공사를 하기 때문이라고 했다. 우리 부부는 이 기차를 예약할 때 모이에서 스타방에르까지 철도 보수 공사가 있고 평소보다 40분 이상 더 걸린다는 사실은 알고 탔지만, 버스로 이동한다는 사실은 몰랐다.

우리 부부는 다른 승객들을 따라서 배낭을 메고 역 밖으로 나가 그 앞에 정차되어 있는 버스를 탔다. 우리가 탄 버스는 높은 산과 호수가 많이 산재한 산골 마을을 두어 시간 정도 달렸다. 그리고 오후 6시쯤 스타방에르역 앞에 도착했다.

 Self-Travel Tip ➤ *Google 검색창에서 검색해 보자!*

Oslo-Stavanger 교통편 알아보는 방법

1. Google 지도에서 먼저 출발지를 Oslo, 목적지를 Stavanger로 설정하고 길 찾기를 해 본다.
   ① Oslo Central Station에서 출발하는 R50 열차가 있다. 열차 예약이나 열차 시간을 알고 싶은 경우는 'R50'을 클릭 후 예약한다.
   ② Oslo-Stavanger 항공편을 조회하고 싶은 경우 Google 지도에서 노르웨이 오슬로-노르웨이 스타방에르 항공편을 클릭한다. skyscanner에서 하루 9편 운항 확인 및 예약 사이트를 확인할 수 있다.

2. 두 번째 방법은 Google 검색창에서 키워드로 직접 검색해 보는 방법이다. 가는 방법은 영어로 'how to get to'나 'getting to', 교통편은 'transport', 버스편은 'bus to', 항공편은 'fligt to' 등과 같은 키워드로 검색해 본다.

예) 'how to get to Stavanger from Oslo', fligt to to Stavanger from Oslo 등.

★ 프레케스톨렌 등산을 위해서 찾아간 스타방에르(Stavanger)

스타방에르(Stavanger)는 약 30여만 명의 인구가 사는 항구 도시이자 노르웨이에서 세 번째로 큰 도시다. 1970년대 북해의 유전 개발 이후 크게 발전해서 노르웨이의 '오일 시티(Oil City)'로 알려져 있지만, 스타방에르 구시가지에는 18세기에 지어진 아름다운 목조 건물들이 많다. 항구의 모습도 아름답다.

우리 부부는 내일 아침 이곳 스타방에르 항구에서 페리선을 타고 타우(Tau)라는 곳으로 가서 그곳에서 다시 버스를 20~30분 정도 타고 가서 '펄핏 록(Pulpit Rock)'이라고 불리기도 하는 604m 높이의 프레케스톨렌을 등산할 예정이다.

스타방에르역에 도착한 시간은 이미 저녁 6시가 넘은 때였다.

날이 흐려서 해는 볼 수 없었지만, 마음은 다급해졌다. 그래서 서둘러 철도역에서 가까운 버스 정류장 2층 마트에서 생수와 과일 등 간단한 등산 준비물과 저녁거리를 사서 예약한 호텔로 가기 위해서 버스 정류장을 찾아 나섰다.

내가 예약한 호텔은 스타방에르 시내 중심가에서 약 3km 정도 떨어져 있는 성 스비툰(St. Svithun) 호텔이었다. 구글 지도로 성 스비툰 호텔을 찾아가는 방법을 조회해 보니 'Stavanger hpl. 8' 정류장에서 출발하는 4번 버스를 타고 6번째 정류장인 'Sus'라는 정류장에서 하차하면 되는 것 같았다.

우리 부부는 스타방에르 버스 터미널 근처에 있는 Stavanger hpl. 8 정류장에서 4번 버스를 탔다. 그런데 여기서 한 가지 사건이 있었다. 내가 여행을 떠나기 전에 구글 지도로 조회해서 미리 파악했던 정보는 다음과 같았다. 호텔까지의 버스 운행 지역은 1Zone이고 버스비는 34NOK였다. 그런데 버스 운전기사는 내가 100NOK짜리 지폐 한 장을 건넸더니 돈이 부족하다는 듯 나를 쳐다보면서 노르웨이어로 뭐라고 말하는 것이었다. 말도 통하지 않고, 버스 출발을 지체할 수도 없어 100NOK짜리 지폐 한 장을 더 내밀었다. 그랬더니 1인당 54NOK씩 계산해서 두 사람분인 108NOK로 결제된 영수증을 나에게 발급해 준다. 분명히 인터넷을 통해 버스비를 34NOK로 알고 있었는데 54NOK를 받다니, 불쾌한 생각까지 들었지만 어떻게 할 도리가 없었다. 34NOK면 우리나라 돈으로 4,800원, 54NOK면 약 7,600원인데 3km 가는데 7,600원이면 비싸도 너무 비싸다는 느낌이 들었다.

나중에 알게 된 사실이지만, 버스를 탄 후 운전기사에게 동전을 주고 버스표를 구입할 경우에는 20NOK가 가산된다고 한다. 그래서

54NOK가 된다는 것이다. 한마디로 운전기사의 운전을 방해하지 말고 버스 승차권은 인터넷이나 승차권 자동판매기를 통해서 구입하라는 뜻 같았다.

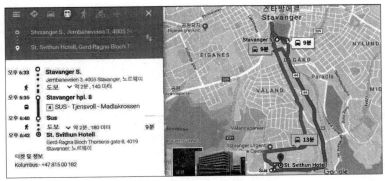

[구글 지도로 호텔을 찾아가는 방법]

우리 부부는 버스를 탄 지 10분도 되지 않아서 6번째 정류장인 Sus라는 정류장에서 내렸다. 바로 정류장에서 300여m 떨어진 곳에 성 스비툰 호텔이라고 노르웨이어로 쓰인 큰 건물이 보였다.

성 스비툰 호텔은 스비툰 대학병원 건물 내에 위치한 호텔이다. 주로 환자들의 가족들이 많이 이용하는 곳으로 숙박 비용이 저렴하고, 시설도 좋다고 해서 트윈룸을 예약했다. 아침 식사는 대학병원 내의 레스토랑을 이용해야 했는데 아침 식사 비용도 95NOK로 비교적 저렴했다.

Self-Travel Tip ➤ *Google 검색창에서 검색해 보자!*

Google 지도에서 Food Market 찾는 법

1. Preikestolen 등산을 하려면 생수, 과일 등 등산 준비물이 필요하다. 등산 준비물을 사기 위해서 Stavanger에 있는 Food Market을 찾아가고자 한다면 Google 지도 검색창에서 'Food Market in Stavanger' 등과 같은 키워드로 검색해 보자.

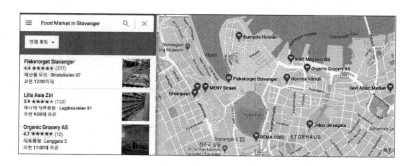

2. 내 위치가 Stavanger Station이고 근처에 있는 REMA 1000을 가고 싶다면 클릭하여 REMA 1000을 검색한다.
   ☞ REMA 1000에 대한 방문자들의 리뷰, 영업시간 등을 참고한다.
3. REMA 1000을 찾아가고자 한다면 내 위치에서 '길 찾기'를 한다.
   ☞ 거리는 약 98m, 소요 시간 1분 확인 후 지도상의 경로를 따라간다.

4. 'REMA 1000을 찾아가는 방법'이 중요한 여행 정보라고 판단하면 스마트폰이나 태블릿 PC에 사진 파일(jpg)로 만들어 찾기 쉽도록 여행 날짜별로 폴더를 만들어 저장해 둔다.
5. 만일, 해외 현지에서 스마트폰의 모바일 네트워크(인터넷)가 연결되었을 경우 스마트폰 Google 지도를 이용하여 내 위치에서 REMA 1000까지 '길 찾기'를 하여 찾아간다.

당신이 꿈꾸던 30일간의
북유럽 여행

우중(雨中)에 올라간
프레케스톨렌(Preikestolen)

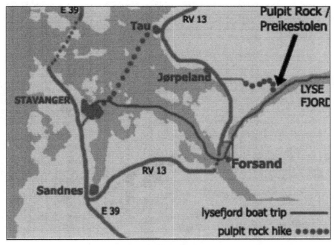

[프레이케스톨렌으로 가는 방법]

아침에 일어나자마자 TV를 켰다. TV에서 날씨가 자막으로 나왔다.

스타방에르. 13℃. 흐림. 그런데 창문 밖을 내다보니 비가 내리고 있었다. 안개도 많이 끼었다. 프레케스톨렌(Preikestolen)을 등산하는 날인데 비가 오다니, 기상 예보를 믿어야 할지, 말아야 할지 마음이 혼란스러웠다. 영어로 프리처스 펄핏(Preacher's Pulpit) 혹은 펄핏 록(Pulpit Rock)

이라고도 불리는 프레케스톨렌(Preikestolen). 604m나 되는 프레케스톨렌을 등산하다가 비를 쪼르륵 맞을까 봐 걱정됐다.

그렇지만 어제 8시간 넘게 프레케스톨렌을 오르기 위해서 기차를 타고 왔는데 비가 온다고 호텔에 있을 수는 없는 일이었다. 서둘러서 어제 마트에서 산 과일, 초콜릿, 식수 등을 배낭에 챙겼다. 그리고 우산과 우의 하나씩을 배낭에 넣고 1층 레스토랑으로 내려가 아침 식사를 했다.

식사 후에는 버스 정류장으로 갔다. 잠시 후에 도착한 4번 버스를 타고 타우로 가는 페리선이 출발하는 항구 근처의 버스 정류장에서 내렸다.

프레이케스톨렌(Preikestolen)으로 가는 방법은 스타방에르 페리선 터미널에서 타우(Tau)까지 페리선을 타고 간 다음, 타우에서 프레이케스톨렌 등산로 입구 주차장까지 버스를 타고 가는 것이다. 타우에서 등산로 입구 주차장까지 운행하는 버스 회사는 '타이드(Tide)'와 '보레알(Boreal)' 두 곳이 있다. 버스는 2017년도를 기준으로 4월 8일부터 10월 1일까지 운행되고 있었다.

타이드(Tide)사(http://fjords.tide.no)는 타우로 가는 페리와 프레이케스톨렌(Preikestolen) 등산로 입구까지 가는 왕복 버스표를 인터넷으로 판매하고 있었는데 인터넷으로 구입 시 성인은 320NOK, 항구나 페리선 내에서 구입할 경우는 350NOK의 가격이었다. 우리 부부는 스타방에르 페리선 터미널 앞에서 타이드사 직원으로부터 왕복표를 구입했다.

우리는 스타방에르 항구에서 아침 8시에 출발하는 타우행 페리를 탔다. 승객들은 대부분 유럽인들이었다. 동양인들도 몇 명 보였지만 대부분 중국어를 쓰는 모습이었다.

빗방울은 계속 떨어졌다. 안개도 자욱하게 끼었다. 시야는 좋지 못했지만 페리선은 스타방에르 페리 터미널을 떠난 지 20여 분이 되자 타우에 도착했다.

타우항 터미널 앞에는 타이드 버스와 보레알 버스 두 대가 기다리고 있었다. 우리는 옆면에 웅장한 프레이케스톨렌의 모습이 그려진 타이드 버스를 탔다.

버스 운전기사는 검은색 안경을 낀 건장한 체격의 50대 아줌마였다. 비는 점점 더 주룩주룩 내렸다. 비가 너무 세차게 내려서 차에 탄 30여 명의 승객 모두가 걱정스러운 듯 조용히 밖만 쳐다보는 것 같았다.

우리가 탄 버스는 타우 근처의 마을들을 지나 10여 분 동안 꼬불꼬불한 산길을 올라가기 시작하더니 커다란 호수가 보이는 산 중턱 주차장에 우리를 내려 주었다.

비가 너무 많이 쏟아지니 사람들이 우비를 사기 위해서 주차장 근처에 있는 호텔 매점으로 들어가는 모습이 보였다. 나도 아내와 같이 아내 우비를 사기 위해서 호텔 안에 있는 매점으로 들어갔다.

아! 그런데 한국인 말소리가 들렸다. 붉은 고어텍스 잠바를 입은 젊은 여자였다. 한국 사람을 만나니 반가워서 서로 인사를 나눴다. 그녀는 런던에 머물고 있다고 하면서 어젯밤에 스타방에르에 비행기로 도착했다고 했다. 프레이케스톨렌 등산을 마치면 다시 비행기로 베르겐으로 가서 플롬 산악열차를 탈 계획이라고 하는 젊은 여자였다. 등산경험은 별로 없다고 했지만 표정이 무척 밝았다. 들뜬 모습의 우리나라 젊은 여자를 보니 움츠렸던 내 마음도 약간 펴진 것 같았다.

우리 부부는 9시 30분쯤 호텔 매점에서 나와 프레이케스톨렌을 오르기 시작했다.

등산로 입구에 있는 등산 안내원은 바위가 미끄럽다고 하면서 등산화를 신는 것이 좋겠다고 했다. 그 여자는 등산화를 빌려 신겠다고 다시 호텔 매점으로 돌아갔다. 트래킹화를 신고 있었던 우리 부부는 그대로 오르기로 했다.

등산로는 처음부터 가파른 바윗길이었다. 바윗길은 미끄러웠다. 비는 주룩주룩 내렸다. 자욱한 안개에 시야도 좋지 못했다. 나는 옛날에 등산 경험이 많았지만, 나이가 들고서는 오랫동안 등산을 하지 않았다. 더욱이 아내는 등산한 경험이 별로 없었다. 미끄럽고 가파른 바윗길을 오르려니 걱정이 앞섰다.

10여 분 정도 산을 올라갔다. 올라온 길을 뒤로 돌아보니 호텔 옆으로 커다란 호수가 보였다. 호수에는 비구름과 물안개가 자욱했다. 미끄러운 길을 다시 올라갔다.

비가 오는데도 프레이케스톨렌을 올라가는 사람들이 많이 보였다. 내 앞에는 의자처럼 생긴 등받이에 어린아이 두 명을 앉히고 등에 짊어지고 가는 젊은 부부가 보였다. 독일어를 쓰는 것을 보니 독일인 부부 같았다. 대단하다는 생각도 들었지만, 아무것도 모르는 어린아이가 부모 때문에 고생하는 것 같다는 생각도 들었다. 아이는 2~3살도 되지 않은 것 같았다. 아이는 포대기에 꼭꼭 싸여 있었다. 가끔 칭얼대는 소리가 들렸지만, 다행스럽게도 울음소리는 들리지 않았다.

우리 부부는 천천히 올라갔다. 올라갈수록 산 중턱에 물안개가 더욱 자욱했다. 높은 절벽에는 폭포수처럼 빗물이 쏟아지고 있었다. 비는 계속 내렸다. 움푹 파진 바위 계곡에는 호수처럼 많은 물이 찬 곳도 보였다. 길은 좁고 바윗길이라 미끄러웠다.

[프레이케스톨렌 등산 지도]

　처음에는 젊은 애들을 등에 지고 가는 독일인 부부를 앞질러 갈까 생각했지만 서두르지 않고 그들을 따라서 조심조심, 천천히 올라갔다. 미끄러운 바윗길을 혼자 걷는 것보다 그들과 같이 걷는 것이 좀 위안이 됐기 때문이다.

　등산을 시작한 지 한 시간쯤 지나자 돌밭길이 나타났다.

　큰 바위에 옆으로 프레이케스톨렌 등산 안내도가 보였다. 지도에 표시된 현재 위치는 등산로 입구로부터 약 2km 떨어진 지점이었다. 앞으로 약 3km 정도 더 올라가면 프레이케스톨렌 정상에 도착할 것 같았다.

　빗방울은 더욱더 줄기차게 떨어졌다. 40~50m 앞이 잘 보이지 않을 정도로 안개도 자욱했다. 급경사진 바위틈에서는 빗물들이 폭포처럼 떨어졌다.

　길도 미끄럽고 이젠 바람도 제법 세차게 불었다. 머릿속에는 복잡한 생각이 들기 시작했다. 잠시 생각해보니 '내가 왜 이렇게 위험스러운 길을 힘들게 올라가야 하는가?', '혹시 내가 쓸데없는 만용으로 정상

을 꼭 밟아야 한다는 강박감을 가진 사람이 아닌가?' 하는 생각이 머릿
속을 스쳐 지나가면서 내가 너무 여유가 없는 사람 같다는 생각도 들
었다. 그렇지만 지금 되돌아가는 것은 더 싫었다. 되돌아갈 것이면 처
음부터 올라오지 말았어야지, 중간에 돌아가는 것은 내 자존심이 허
락하지 않았다.

　1시간 30여 분이 지나자 거대한 바위 옆길로 들어섰다. 빗방울도 약
간 줄어들었다. 짙은 안개로 길은 잘 보이지 않았지만, 그 길 아래로 거
대한 절벽이 나타난 것 같았다. 위로 올라갈수록 내가 거대한 절벽 위
의 좁은 길을 걷는다는 것이 느껴졌다. 바로 1m도 되지 않는 곳이 수
백 미터 높이 위의 절벽이라고 생각하니 발이 점점 떨렸다.

　등산을 시작한 지 거의 2시간 만인 11시 30분쯤 드디어 프레이케스
톨렌에 도착했다.

　아! 나도 프레이케스톨렌까지 올라오게 되다니, 감개무량했다. 앞은
짙은 안개에 가려 전혀 보이지 않았다. 그곳에는 비를 흠뻑 맞은 채 우
비를 쓰고 있는 30~40여 명의 사람이 보였다. 모두 흥분해서 사진을

[프레이케스톨렌 등산로 모습]

찍기 바빴다. 대부분 서양인들이었지만 중국인들도 눈에 많이 눈에 띄었다.

나는 비를 쪼르륵 맞은 아내에게 웃으며 말했다.

"고집 센 나 때문에 고생이 많다!"

그러자 아내는 눈을 흘기면서 나에게 핀잔을 주었다.

"우리 나이에 여기까지 올라온 것만 해도 행복해야 하는 거야."

그렇다. 건강하지 못하면 이곳에 올라올 수조차 없는 것이 아닌가?

더욱이 60이 넘은 나이에 다리 한번 떨리지 않고 이곳까지 올라온 것만 해도 얼마나 다행한 일인가? 그리고 건강한 것만큼 행복한 일이 또 어디 있는가? 비록 날씨 탓에 604m의 프레이케스톨렌 바위 절벽 위에서 그 절벽 아래로 펼쳐진 뤼세피오르의 장엄한 풍경을 보지는 못했지만, 아직 건강하다는 것을 확인하니 다소 위안이 됐다.

우리 부부가 뒤따라서 올라갔던 젊은 독일인 부부도 어린아이들과 함께 바나나와 우유로 요기를 하는 모습이었다. 그러더니 애들을 한 명씩 안고 조심조심 우리 근처에서 셀카로 기념사진을 찍었다. 그래서 내가 그들에게 짧은 영어로 "사진을 찍어줄까요?" 하고 물었더니 고맙다는 말을 여러 차례 하면서 아이들을 하나씩 안고 미소를 지으며 자세를 취했다.

[프레이케스톨렌(펄핏 록)]

짙은 안개 때문에 604m의 프레이케스톨렌 절벽 위에서 뤼세피오르 (Lysefjord)의 모습을 볼 수 없어 아쉬웠다. 우리 부부도 주변에 있는 사람들처럼 프레이케스톨렌 절벽 근처에서 여러 차례 셀카 사진을 찍었다. 그리고 여러 사진으로 안개가 자욱한 프레이케스톨렌의 모습을 추억으로 남겼다. 30여 분 동안 프레이케스톨렌 정상에서 안개가 걷히길 기다렸지만, 안개는 걷히지 않았다. 배낭에 가지고 온 과일로 간단히 요기를 한 후 12시쯤부터 하산하기 시작했다.

하산 길은 빗물로 바위가 더 미끄러웠다. 우리는 조심조심 천천히 내려가기 시작했다. 그런데 많은 사람이 비를 흠뻑 맞으면서 올라오는 모습이 보였다. 그래도 모두들 흥분된 표정들이었다. 그중에는 중국인 같은 단체 관광객들도 많이 보였다. 아! 중국인들. 정말 중국인들을 이곳저곳에서 많이 본다는 생각이 들었다. 그런데 이곳 프레이케스톨렌에서도 중국인들을 보게 되다니 놀라웠다. 여자들도 많았다. 대부분 등산화도 신지 않은 사람들이었다.

바윗길이 미끄러워 조심조심 내려갔다. 우리 부부는 내려가면서도 올라오는 사람들을 위해서 큰 바위 옆으로 잠시 피해 주었다. 그런데 50대로 보이는 어떤 외국인 여자가 우리에게 "안녕하세유."라고 말했다. 수다스러운 스페인 아줌마들 같았다. 나는 미소만 보냈지만 생각할수록 재미있었다. 내가 우리나라 말로 뭐라고 말하지도 않았는데 어떻게 그 여자들은 내가 한국인이라는 것을 알았을까? 혹시 나를 보고 놀리는 것인가? 그녀와 함께 올라오던 사람들은 대부분 중국 사람들인데 어떻게 나를 한국 사람으로 알아차렸을까 생각하니 놀랍기도 하고, 한편으로는 이상하다는 생각도 들었다.

하긴 내가 보기에도 한국 사람들은 어딜 가나 표시가 난다. 나도 여행자이지만 등산이나 골프 때 입는 고급 옷차림, 혼자 있을 때는 조용하지만 여러 사람이 함께 모여 있을 때는 좀 소란스러운 사람을 보면 쉽게 그가 한국 사람인 것을 알아차릴 수 있다.

한 시간 여쯤 내려오자 저 멀리서 사이렌 소리가 들려 왔다. 산중에서 웬 사이렌 소리일까 생각하면서 10여 분 정도 아래로 내려가니 노르웨이 응급 구조원 한 명이 다리를 다친 젊은 중국인 여자를 부축하고 있는 것이 아닌가?

조금 있더니 구조대원 3명이 더 올라왔다. 다행히 등산로 입구 주차장과는 멀지 않은 거리였다. 등산 경험이 적은 관광객들에게는 좀 위험스러운 곳 같았는데 중국인들에게는 이곳도 단체 관광객들의 여행 코스 같았다.

우리 부부는 오후 1시 45쯤 프레이케스톨렌 등산로 입구 주차장에서 다시 타우로 돌아가는 버스를 탔다. 그리고 다시 타우에서 잠시 기다린 후 2시 30분쯤에 페리선을 타고 스타방에르로 돌아왔다. 다행히 스타방에르 시내 관광을 시작할 무렵에는 빗방울이 멈추었다.

스타방에르의 주요 관광명소는 여러 곳이 있지만, 스타방에르 항구 주변과 올드 스타방에르(Old Stavanger) 주변을 둘러보고, 호텔로 일찍 들어가서 쉬기로 했다.

우리 부부가 먼저 찾은 곳은 페리선 터미널 부근의 스타방에르 항구와 어시장이었다.

스타방에르 항구에는 커다란 크루즈선 여러 척이 정박해 있었다. 스타방에르 항구도 아름다웠다. 항구 주변에는 아름다운 목조 건물들도 많았다.

올드 스타방에르는 크루즈선들의 정박한 부두 바로 위 언덕에 목조 주택들이 모여 있는 곳이다. 이곳의 목조 주택은 대부분 18세기에 지어진 목조 주택들이라고 한다. 벽면은 대부분 흰색이고, 지붕은 검붉은 갈색으로 모두 비슷하다. 주택가로 이어지는 길들은 예쁜 돌로 포장된 옛날 길이다. 집마다 작은 정원이 있고, 창가에 놓인 예쁜 꽃들과 아름다운 커튼 장식을 보면 이 나라 사람들이 얼마나 정갈하게 살고 있는지 짐작할 수 있다.

 Self-Travel Tip ➤ *Google 검색창에서 검색해 보자!*

Preikestolen 가는 방법

1. Google 검색창에서 가는 방법(how to get to Preikestolen), Preikestolen 등과 같은 키워드로 검색해 본다. 영문 검색 내용이 해석이 어려운 경우 'Google 번역'을 이용하여 번역해서 의미를 파악한다.

① 노르웨이 관광청(https://www.visitnorway.com/)에서 제공하는 여행 정보를 참고하면 버

스, 페리로 가는 방법, 예약 웹사이트 주소, 요금(Stavanger에서 출발 시, 성인 350NOK), 시간표 등을 확인할 수 있다.

☞ Main hiking season: 4~10월, Ascent: 350m, Time: 4~5hour, t/r, 7.6㎞.

② fjordnorway.com(https://www.fjordnorway.com) 등 여러 웹사이트에서도 확인할 수 있다.

2. Preikestolen의 hiking season은 4월부터 10월까지이다. 등산로 입구 주차장에서 정상까지 등산 높이는 해발 약 350m, 등산 소요 시간은 4~5시간, 등산 거리는 약 7.6㎞이다.

3. Preikestolen로 가는 버스, 페리선을 운행하는 회사는 2곳이다. 예약 웹사이트 주소는 다음과 같다.

https://www.tide.no/buss/, https://www.pulpitrock.no/home/

4. 2개 회사 중 tide사(https://www.tide.no/buss/)의 버스, 페리선 시간표는 다음과 같다.

지금도 아쉬움이 남는
베르겐(Bergen) 여행

북유럽 여행을 시작한 지 어느덧 10일이 되었다. 시간이 너무 빨리 지나가는 것 같았다. 오늘은 이곳 스타방에르에서 아침 8시 45분에 출발하는 버스를 타고 베르겐(Bergen)으로 갈 예정이다. 베르겐에는 오후 1시 45분에 도착할 예정이니 약 5시간 동안 스타방에르에서 베르겐까지 노르웨이 시골길을 버스로 여행하는 것이었다.

내가 스타방에르에서 베르겐으로 가는 이유는 베르겐 관광 후 플롬 산악철도(Flåm Railway)를 타기 위해서는 먼저 베르겐에서 뮈르달(Myrdal)로 가는 열차를 타야 하기 때문이었다. 그런데 스타방에르에서 베르겐까지 거리는 약 200여 ㎞ 정도였다. 버스로는 5시간 이상 걸리는 거리였다. 그럼에도 불구하고 빠르고 편리한 비행기를 이용하지 않고 버스를 타는 이유는 스타방에르에서 베르겐 사이에 산재한 아름다운 피오르와 한적한 노르웨이 시골길을 버스를 타고 여행하며 감상하고 싶기 때문이었다.

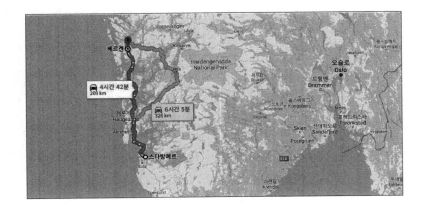

　우리 부부는 8시 45분에 출발하는 버스표를 예약했기 때문에 아침 식사를 서둘러 마친 후 체크아웃을 하고 호텔을 나섰다.

　날씨는 흐려서 곧 빗방울이 떨어질 것만 같았다.

　그렇지만 노르웨이 시골길을 버스를 타고 여행한다고 생각하니 어린 아이처럼 마음이 설렜다. 호텔을 나오면서 몇 번씩이나 내가 머물렀던 호텔을 뒤돌아봤다. 몇 년 지나면 어제저녁 저 호텔에서 석양을 본 기억을 회상할 것 같았다. 어제처럼 오늘도 성 스비툰 호텔 근처 버스 정류장에서 4번 버스를 탔다. 버스는 10분도 되지 않아서 스타방에르 버스 터미널에 도착했다.

　내가 예약한 버스는 8시 45분 베르겐행 kystbussen 버스였다. 버스 출발 시간은 30분 넘게 남았지만 벌써 많은 사람이 줄을 서 있었다. 줄을 선 사람들의 숫자를 보니 내가 미리 버스표를 인터넷으로 구입하기를 잘했다고 생각했다.

　버스나 철도 등 대중교통편은 보통 출발 3개월 전이 돼야 승차권을 발매하기 시작한다. 나는 북유럽 여행을 출발하기 두 달 전인 4월 20일에 국내에서 kystbussen 사이트에 접속해서 인터넷으로 베르겐행 버

노르웨이(Day 6~20)

스표를 구입해 두었다.

버스를 타기 위해서 아침 일찍 서두르지 않도록 아침 8시 45분에 출발하는 버스를 예약했다. 그러나 베르겐 도착 시각은 오후 1시 45분이니 장장 5시간 동안 버스를 타야 했다.

스타방에르에서 베르겐까지 버스 요금은 600NOK(약 80,000원)이다. 그러나 인터넷으로 예약하면 540NOK이다. 따라서 인터넷으로 버스표를 예약하면 60NOK를 절약할 수 있는 것이다.

버스 터미널에는 버스표 판매 창구가 보이지 않았다. 그러니 버스표를 사려면 인터넷이나 티켓 판매기를 통해서만 구입해야 한다.

사실 외국어가 서투른 여행자의 입장에서 보면 현지에서 버스표를 구입하는 것보다 인터넷으로 직접 구입하는 것이 편하다.

8시 30분이 되자 사람들이 버스에 승차하기 시작했다.

버스표를 인터넷으로 구입한 사람들은 프린트한 버스표를 보여 주거나 핸드폰을 운전사에게 보이면서 탔다. 그렇지 못한 사람은 운전사에게 현금이나 카드로 버스 요금을 지불했다. 나도 인터넷으로 버스표를 구입 후 프린트한 버스 승차권을 운전사에게 보여 주고 자리를 잡았다.

버스가 출발하려는데 할머니들 7~8명이 큰 가방을 들고 몰려왔다.

할머니들은 한 사람씩 운전사에게 현금을 주고 탔다. 그런데 할머니들은 운전사와 웬 수다가 많은지 모르겠다. 그렇지만 하나도 밉게 보이지 않았다. 제복 같은 옷을 입을 것을 보면 무슨 단체 모임에 참석하러 가는 것 같았다.

버스가 출발하자 빗방울이 쏟아졌다.

조금 지나자 다시 맑게 갠 푸른 하늘이 구름 사이로 보였다. 참 변덕스러운 날씨였다.

버스는 바다처럼 생긴 피오르 옆의 해안도로를 달렸다. 길가 주변으로 초록색 목초지가 이어지더니 그 사이로 예쁜 집들이 나타났다. 집의 벽 색깔은 대부분 흰색이었다. 지붕의 색깔은 엷은 붉은색이나 약간 검은색이 많은 것 같았다.

버스는 그림 같은 시골길을 달리더니 바다 같은 피오르 앞에 늘어선 차들 뒤에 멈춰 섰다. 지도를 펼쳐보니 모르타비카(Mortavika)라는 곳 같았다. 이곳에서 약 20여 분 정도 페리선을 타고 피오르를 건너면 아르스보겐(Arsvågen)이라는 곳에 도착한다.

정차해 있던 버스는 잠시 후 신호에 따라 뱃머리를 들어 올린 카페리선의 선창으로 들어갔다. 노르웨이의 배들은 사람을 실어 나르는 여객선이라기보다는 차를 실어 나르는 배 같은 느낌이었다. 그래서 카페리라고 부르는 것 같았다.

버스가 배 안에 정차하자 승객들이 버스에서 일제히 내려 배의 맨 위층 선실로 올라갔다. 우리도 다른 사람을 따라서 맨 위층의 선실로 올라갔다.

맨 위층의 선실에는 카페와 편의점이 있었다.

선실 밖으로 나와서 보니 배는 흰 물거품을 일으키며 피오르를 건너기 시작했다. 피오르는 마치 넓은 바다 같았다. 배가 속력을 내자 찬 바닷바람이 세게 불어왔다. 아내는 아름다운 풍경에 넋을 잃은 듯 사진을 찍더니 딸에게 전화를 걸었다. 페이스톡을 하면서 주변 풍경을 보여 주며, "지금 베르겐으로 가고 있다."고 하면서 페리선 주위를 돌면서 피오르 풍경을 스마트폰으로 보여 주는 것이었다.

다시 선실로 들와 커피를 파는 매점에 들어가 봤다. 매점에는 우리나라 부침개와 비슷한 것도 팔고 있었다. 호기심에 하나 샀다. 가격은 비싸지 않았지만 맛은 단 것을 제외하고는 우리나라 밀가루 부침개와 비슷했다. 밀가루에 햄을 얹어서 부친 것 같았다.

20여 분 정도 지나자 페리선 부두가 보였다. 승객들은 다시 버스에 올랐다.

버스는 카페리선이 부둣가에 도착하자마자 출발했다. 마치 잘 짜인 각본처럼 배와 차들이 움직였다. 다시 하늘에서 비가 쏟아졌다. 초여름 장마철 소나기 쏟아지듯 비가 오다 말기를 반복했다. 우리가 탄 버스는 터널 속을 지나고 섬과 섬 사이를 연결하는 아름다운 타원형의 긴 다리를 지나기도 했다. 다시 날씨가 개더니 뭉게구름 사이로 푸른 하늘이 보였다. 버스가 울창한 숲을 지나자 이번에는 마치 호수같이 잔잔한 피오르가 나타났다. 그 호수의 잔잔한 피오르 수면 아래에 비친 모습은 마치 거울 속의 모습 같았다.

버스는 서너 곳의 정류장에서 잠시 정차했다가 승객을 내리고, 다시 태우고 출발했다. 12시 15분쯤 샌드비크복(Sandvikvåg)에 도착하자 버스는 기다리고 있던 카페리선으로 들어갔다.

승객들은 다시 바다 같은 피오르가 잘 보이는 맨 위층 선실로 올라가서 카페나 편의점에서 커피나 음료수 등을 마시며 페리선이 할젬(Halhjem)이라는 곳에 도착할 때까지 기다렸다. 페리선이 할젬에 도착하자 다시 버스를 타고 Os sentrum, Nestun sentrum을 거쳐서 오후 1시 45분경에 베르겐 버스 터미널(Bergen bus stasjon)에 도착했다.

내가 베르겐에서 예약한 숙소는 베르겐 중앙역에서 5분 거리에 위치한 마켄 게스트하우스(Marken Gjestehuse)이었다. 베르겐 도착 다음 날 아침 일찍 뮈르달로 기차를 타고 떠나야 하기 때문에 베르겐 중앙역에서 가까운 곳에 숙소를 예약한 것이다.

 Self-Travel Tip ➤ *Google 검색창에서 검색해 보자!*

Stavanger-Bergen 교통편 찾는 방법

1. 교통편 찾는 방법은 Google 지도로 교통편 '길 찾기'를 하는 방법과 Google 검색창에서 직접 교통편을 검색해 보는 방법 등 크게 두 가지로 나누어 볼 수 있다.

2. Google 지도로 교통편 길 찾기 방법은 Google 지도 검색창에서 '출발지' Stavanger, '목적지' Bergen을 입력 후 대중교통으로 검색하는 것이다.

3. Google 검색창에서 직접 교통편을 검색하는 방법은 '가는 방법(how to get to)', '교통편(transport)', '버스편(bus)', '항공편(fligt)' 등과 같은 키워드로 검색해 보는 것이다.

    예) 'how get to Bergen from Stavanger', 'transport Stavanger to Bergen'

    ☞ rome2rio(www.rome2rio.com) 등과 같은 '교통편 가격 비교 사이트'를 참조하면, 버스. 비행기 등 교통수단별로 소요 시간, 교통 요금도 비교할 수 있다.

4. Stavanger에서 Bergen 가는 버스는 Kystbussen과 Nettbuss 두 회사가 있다.

    필자는 Kystbussen 버스(https://www.nor-way.no/) 승차권을 인터넷으로 예약했다.

    ☞ 예약 후 승차권을 프린트하여 버스 운전기사에게 보여주면 승차할 수 있다.

NOR-WAY Kystbussen				
:EARCH → **DEPARTURES** → PAYMENT → TICKET	Departure: **STAVANGER - BERGEN**			
‹ 6/23/2017	Lørdag 24.06.2017			6/25/2017 ›
○	Adult online: 540	Base price: 600	Time 07:45	Arrival 13:00	Travel time 5t 15min
◉	Adult online: 600	Base price: 600	Time 08:45	Arrival 13:45	Travel time 5t 0min
○	Adult online: 540	Base price: 600	Time 09:45	Arrival 15:30	Travel time 5t 45min

★ 베르겐(Bergen) 시내 관광 이야기

베르겐은 정말 아름다운 항구 도시였다.

플뢰엔(Floyen)산에 올라서 베르겐 항구 도시의 모습을 보면 많은 사람이 아름다운 항구의 모습에 넋을 잃고 만다. 인구 약 21만 명의 노르웨이 제2의 도시이고, 12세기에서 13세기까지는 노르웨이의 수도이기도 했던 베르겐은 멕시코 만류의 영향으로 연평균 275일가량 비가 내리고, 평균 강수량도 1,958㎜를 보이는 도시이지만 2월의 평균 기온이 1.3℃, 7월의 평균 기온은 15℃로 온화한 도시다.

관광 시기는 5월부터 10월까지 계속되는 여름철로, 이 시기에는 다양한 문화예술 행사가 많다. 또한 이곳은 피오르식 해안 관광의 출발점이 되는 곳이다.

이곳 베르겐에서는 후티루튼(hurtigruten)이라고 하는 노르웨이 연안 크루즈 여객선이 노르웨이 최북단 키르케네스(Kirkenes)를 향해서 매일 출항한다.

베르겐의 주요 관광지는 푸니쿨라(Funicular)라고 하는 등산 열차를 타고 플뢰엔산(Floyen)을 오르는 것과 브뤼겐 한자동맹 부두, 스톨체클라이벤(Stoltzekleiven)산, 그리고 케이블카를 타고 울리켄(Ulriken)산에 오르고, 베르겐 어시장(Fish Market)을 둘러보는 것이다.

그런데 스톨체클라이벤산은 우리나라 사람들에게는 잘 알려지지 않은 곳이다. 트립어드바이저(TripAdvisor)에 따르면 스톨체클라이벤은 항구 근처의 약 300m 높이의 산으로 20~30분만 오르면 베르겐의 아름다운 야경을 조망할 수 있는 곳으로 소개되고 있다. 그래서 베르겐 현지인들이나 베르겐을 방문하는 외국인들에게는 베르겐 인기 여행지

중 3순위에 랭크될 정도로 유명한 곳이다.

　사실 우리나라 사람들이 해외여행 정보를 얻는 방법은 주로 인터넷을 통해서도 얻겠지만 우리나라 여행사들이 제공하는 여행 정보를 통해서도 많이 얻게 된다.

　그런데 여행사 입장에서는 아무리 유명한 관광지라 하더라도 실제 상품은 여러 가지 기준에 의해서 선정할 것이다. 첫째로는 접근성이 좋아야 할 것이다. 왜냐하면 여행사 입장에서는 짧은 여행 시간을 효과적으로 활용하여 여행하기 위해서는 버스가 주차하기 힘든 곳, 위험한 곳은 단체 여행객들의 여행 코스로 잘 선정하지 않는다. 따라서 우리나라 여행사들은 베르겐을 여행할 경우 주로 플뢰엔산, 브뤼겐 한자동맹 부두, 베르겐 어시장을 둘러본다. 일정도 보통 반나절이 넘지 않는다.

　그러나 개별적으로 캠핑카나 자동차 여행이 많고, 또 시간이 넉넉한 외국인의 입장에서는 그들이 선호하는 여행지가 우리와는 좀 다른 것 같다. 따라서 좀 더 넓은 시각에서, 외국인들 입장에서 여행 정보를 얻고 싶을 때는 구글 등 인터넷을 통해서 주요 볼거리가 어느 곳인지 검색해 보게 되는 것이다.

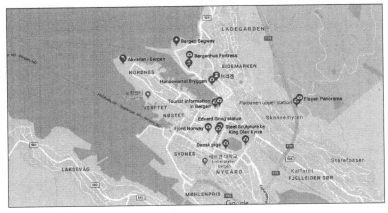

[구글 지도로 검색해 본 베르겐 주요 관광명소]

내가 숙소인 마켄 게스트하우스에서 체크인하고 숙소를 나선 시간은 오후 2시 30분이 지나서였다. 베르겐을 관광할 시간은 한나절밖에 되지 않을 것 같아서 서둘러서 베르겐 시내로 나선 것이다.

우선 푸니쿨라를 타고 플뢰엔산에 올라가 베르겐 시내를 조망하고, 베르겐 어시장과 항구 주변의 브뤼겐 한자동맹 부두를 둘러보기로 했다. 그리고 시간적으로 여유가 되면 스톨체클라이벤을 오르거나 케이블카를 타고 울리켄산에 올라가 베르겐 시내의 야경을 구경하기로 했다.

플뢰엔산을 올라갈 목적으로 시내 중심가를 향해서 걸었다.

그런데 베르겐 중앙역 근처를 지나려고 하는데 베르겐역 앞 광장에서 수많은 사람이 줄을 서서 무엇을 기다리고 있는 모습이 보였다.

가까이 가서 보니 무료로 음식과 음료수를 나누어 주고 있었다. 공짜로 음식을 얻어먹을 수 있다니 이처럼 좋은 일이 어디 있는가?

우리 부부도 줄을 섰다. 나누어 주는 것을 살펴보니 즉석에서 숯불에 구운 소시지를 구운 햄버거에 넣어 접시에 담아서 주고 있었다. 콜라 등 음료수도 무료로 나누어 주고 있었다. 알고 보니 역 앞에 위치한 'MENY'라는 대형 슈퍼마켓의 판촉 행사였다. 공짜로 음식을 먹으니 모두 즐거워했다. 주는 사람도 신이 난 것 같았다. 우리 부부도 한 접시를 받아먹고 다시 한 접시를 더 받아먹었다.

플뢰엔산에 오르기 위해서 푸니쿨라역을 찾아 나섰다.

핸드폰에 저장해서 가지고 온 지도를 가지고 푸니쿨라역을 찾아봤지만, 어느 방향에 역이 위치해 있는지 쉽게 알 수 없었다. 이럴 때는 자동차 내비게이션처럼 길을 안내해 주는 것이 있으면 얼마나 좋았을까?

그런데 바로 구글 지도가 자동차 내비게이션처럼 길을 안내해 준다. 그래서 스마트폰을 잘 사용하는 젊은이들은 구글 지도로 길을 잘 찾아간다. 그렇지만 나처럼 나이 든 사람들은 우선 스마트폰의 인터넷을 연결하기도 쉽지 않고, 구글 지도로 내비게이션처럼 길 찾기를 할 수 있다는 것을 아는 사람도 많지 않은 것 같다.

나도 구글 지도로 길을 찾을 수 있다는 사실을 몇 년 전까지만 해도 잘 몰랐다. 그런데 내가 2~3년 전에 스페인을 여행하려고 계획을 세울 때 작은딸이 "아빠! 이거 중요한 거야!"라고 하면서 구글(Google) 지도로 길 찾기 방법을 알려 주어 배우게 된 것이다.

구글 지도 사용법을 잘 알면 자동차 내비게이션처럼 길을 찾을 수 있다. 교통편도 조회할 수 있다. 정말 구글 지도로부터 다양한 정보를 얻을 수 있다. 여행자 입장에서는 길을 찾을 때 구글 지도가 정말 유용하다.

사실 구글 지도로 길을 찾는 방법은 스마트폰에 데이터 로밍으로 인터넷이 연결되기만 하면 쉽다. 우선 구글 지도상의 내 위치를 확인하고 내가 가고자 하는 목적지를 검색하기만 하면 내가 어떻게 갈지 그 경로가 표시된다. 앞으로 직진하라고 하기도 하고 좌측으로 가라고 하기도 한다. 마치 내비게이션처럼 경로를 안내해 주는 것이다.

그런데 이곳 베르겐에서는 이상하게도 데이터가 잘 연결되지 않았다. 그래서 우리 부부는 무작정 시내 중심가 방향으로 걸었던 것이다. 호수를 돌아가니 사람들이 많이 모여 있는 넓은 광장이 나타났다. 지나가는 사람에게 물어보니 푸니쿨라역은 그 광장 맞은편에 있다고 했다. 그곳을 향해서 걸어가다 보니 베르겐 어시장이 먼저 보였다.

베르겐 어시장은 베르겐 항구의 정면 광장에 있는 노천 어시장이다.
항구 도시답게 베르겐 어시장은 활기가 넘쳤다. 많은 관광객이 그곳
에 운집해 있었다. 파는 물건은 생선을 비롯해서 어패류 등 다양한 상
품들이 있었다. 그곳에는 내가 좋아하는 훈제 연어도 있었다. 그런데
훈제 연어 앞에 표시된 가격은 449NOK, 어떤 것은 599NOK였다. 우리
나라 돈으로 환산하면 63,000원에서 85,000원이었다. 간단한 해물 튀
김 한 접시도 170~180NOK였다. 노르웨이가 아무리 물가가 높다고 하
지만 너무 비싼 것 같았다.

훈제 연어를 생각하니 내가 오슬로에서 묵었던 오슬로 스캔딕 그렌
센 호텔 생각이 났다. 나는 그곳에서 매일 아침 조식으로 나온 훈제 연
어를 정말 맛있게 먹었다. 훈제 연어가 너무 맛있는 것 같아서 아내에
게 다른 것은 먹지 말고 훈제 연어를 실컷 먹으라고 했던 기억이 떠올
랐다. 정말 그곳의 아침 메뉴는 풍성하기도 했지만, 훈제 연어 맛을 지
금도 잊을 수 없다.

[베르겐항]

베르겐의 명소인 플뢰엔산을 올라가야 한다는 생각에 푸니쿨라 등산 열차가 출발하는 역인 플뢰이바넨(Fløibanen)으로 발길을 옮겼다. 어시장에서 100m밖에 떨어지지 않은 그곳에는 이미 200~300여 명이 줄을 서 있었다. 성인 1인당 왕복 요금은 90NOK(약 12,700원)였다. 플뢰엔산은 등산 열차 승강장 바로 옆에 있는 등산 코스를 따라서 올라가도 된다고 하지만 우리는 왕복표를 끊어서 푸니쿨라 등산 열차를 타고 320m 높이의 플뢰엔산 전망대로 올라갔다.

플뢰엔(Floyen)산 전망대에서 바라본 베르겐 시내의 모습은 정말 장관이었다.

그곳은 아름다운 베르겐 항구를 배경으로 기념사진을 찍는 관광객들로 북적거렸다. 우리나라와 중국인 단체 관광객들도 많이 보였다.

아내도 아름다운 베르겐 경치에 넋을 잃은 것 같았다. 스마트폰을 꺼내 딸과 페이스톡을 하면서 아름다운 베르겐의 이곳저곳을 보여 준다.

[베르겐 플뢰엔산 전망대]

그런데 나는 아내의 그런 모습이 딸아이의 마음에 상처를 주지 않을까 걱정도 됐다. 아무리 엄마라고 하지만 저렇게 자랑하면 집에 혼자 남아있는 딸아이의 마음이 서운하지 않을까 걱정됐다. 그렇지만 한편으로는 엄마는 안전하게 베르겐에 도착했으니 걱정하지 말라고 말하는 것 같기도 했다. 그것이 엄마의 마음이 아니겠는가?

오후 4시가 넘었지만 해는 아직 중천에 떠 있었다.

나는 아내만 좋다면 플뤼엔산에서 아름다운 베르겐 야경을 볼 수 있다는 스톨체클라이벤(Stoltzekleiven)까지 꼭 걸어가고 싶었다. 내가 파악한 정보로는 플뤼엔산에서 스톨체클라이벤까지는 약 40~50분 거리라고 했다. 거리상으로나 시간적으로 크게 무리라고 생각되지는 않았다. 그러나 산에 올라가는 것을 탐탁지 않게 생각하는 아내에게 300m 높이의 스톨체클라이벤에 올라가자고 직접 말할 수는 없었다. 그래서 나는 전망대에서 플뤼엔산 정상 방향으로 산책하는 것이 어떤지 의향을 물어봤다. 아내가 산책하다가 좋다고 하면 스톨체클라이벤까지 갈 셈이었다.

그런데 아내는 피곤하다고 하면서 가까운 곳까지만 걷자고 하는 것이 아닌가?

나는 정말 스톨체클라이벤산에 가고 싶었다.

그렇지만 아내가 피곤하다니 어쩔 수 없이 플뤼엔산 전망대 부근을 산책하고 나서 푸니쿨라 등산 열차를 타고 베르겐 항구 근처로 내려올 수밖에 없었다.

플뤼엔산 전망대에서 하산 후에는 푸니쿨라 등산 열차역 근처에 있는 브뤼겐 한자동맹 부둣가로 걸어갔다.

그곳은 베르겐의 옛 부두다. 14~16세기에 브뤼겐은 한자동맹이 이룩

한 해상 무역 제국을 이루는 데에 중요한 역할을 하였다고 한다. 그곳에는 매우 독특한 목조 건물들이 모여 있는데, 당시의 번영과 생활상을 엿볼 수 있었다.

그곳에서 조금만 걸으면 크루즈선들이 정박한 선착장이 있고. 그곳에서 조금만 더 가면 스톨체클라이벤을 올라갈 수 있는 등산로 입구도 나타난다는 것을 알고 있었다. 그렇지만 베르겐 시내 관광을 마치고 숙소인 마켄 게스트하우스로 돌아와야 했다.

숙소에 돌아왔지만 스톨체클라이벤을 올라가고 싶다는 생각은 내 머릿속에서 떠나지 않았다. 아내도 대충 눈치채고 있었던 것 같았다. 그래서 아내에게 스톨체클라이벤에 올라가고 싶다고 솔직히 이야기했다.

피곤하다면서 침대에 누워 있던 아내는 걱정스러운 눈빛이었다. 그렇지만 남편이 스톨체클라이벤산에 올라가고 싶다고 하니 어쩔 수 없다는 듯 빨리 다녀왔으면 좋겠다고 하면서 동의해 주었다.

나는 작은 등산배낭을 하나를 챙겨서 게스트하우스를 나왔다. 그리고 스톨체클라이벤 등산로 입구가 있는 곳을 향해서 걸어갔다.

시간은 이미 저녁 7시가 넘은 시각이었다. 그곳을 가려면 브뤼겐 한자동맹 부둣가를 지나서 크루즈선들이 정박해 있는 선착장 부근의 대로를 따라서 걸어가야 했다. 그런데 브뤼겐 부둣가를 지나 주택가 대로에 이르자 갑자기 하늘에서 빗방울이 세차게 떨어졌다. 그렇지만 스톨체클라이벤에 꼭 올라가야 한다는 생각은 멈춰지지 않았다.

스톨체클라이벤 등산로 입구가 있는 주택가로 들어섰다.

그런데 주변을 살펴보니 너무 조용했다. 주변은 주택가이지만 사람들이 좀처럼 보이지 않았다. 세차게 떨어지던 빗방울은 멈추었지만 약간 춥기까지 했다. 한적한 주택가를 홀로 걷자니 무서운 생각도 들기 시작했다. 계속 앞으로 가야 하나, 말아야 하나 마음속에서 갈등이 시작됐다.

스톨체클라이벤 등산로 입구에 다가갈수록 마음속의 갈등은 더 커졌다. 20~30분이면 올라갈 수 있다고 하지만 내가 왜 스톨체클라이벤에 집착하는지 이상한 생각도 들기 시작했다.

300m 높이의 산이라고 하지만 등산로는 매우 가팔랐다. 그런 등산로를 7시가 넘은 시각에 이곳에 사는 사람도 아닌 이방인이 혼자 오르다가 누구라도 만나게 되면 무서울 것 같다는 생각이 들었다. 게스트하우스에서 혼자 기다리고 있는 아내의 얼굴도 떠올랐다.

그래, 돌아가자! 돌아가자!

아쉽기는 했지만, 발길을 돌렸다.

거대한 폭포와 설산을 만난
플롬 산악철도 여행

오늘 나의 여행 일정은 아침 6시 52분에 베르겐에서 열차를 타고 뮈르달로 가는 것이다. 그리고 뮈르달에서 9시 40분에 출발하는 플롬 산악 철도로 환승한 후 플롬까지 플롬 산악 철도 여행을 한다.

플롬에 도착하면 바로 스테가스테인 전망대(Stegastein viewpoint) 버스 투어를 할 계획이다. 그 여행을 마치면 오후 3시 30분에 플롬에서 레이캉에르로 가는 페리선을 타고 송네피오르를 관광하면서 레이캉에르로 이동한 후, 레이캉에르에서 다시 버스를 타고 송달로 가서 송달 유스호스텔에서 하룻밤을 묵을 예정이다. 따라서 오늘은 시간적으로 무척 타이트하다. 어느 여행 일정 중 하나라도 어긋나면 곧바로 대체할 교통수단도 별로 없다. 따라서 긴장할 수밖에 없는 날이다.

아침 6시가 조금 지나더니 빗방울이 멈췄다.

창밖을 내다보니 너무 조용하다. 게스트하우스 주변에는 주택들도 많은데 길가에 돌아다니는 사람을 전혀 볼 수 없었다. 조용한 아침의 나라는 노르웨이라는 생각이 들었다.

아침 식사는 과일로 간단히 요기하고 서둘러 배낭을 챙겼다.

게스트 하우스에서 체크아웃하기 위해서 카운터로 갔지만 아무도 없었다. 몇 차례 초인종을 눌렀지만, 대답이 없었다. 할 수 없이 룸 키를 카운터 유리창 안으로 밀어 넣고 게스트 하우스를 나왔다.

게스트 하우스에서 베르겐역까지는 500여 m 정도의 거리였다. 걸어서 10분도 되지 않았다. 아침 6시 30분쯤 되자 베르겐역으로 많은 사람이 몰려들기 시작했다.

나는 유레일 스칸디나비아 패스를 이용해서 6시 52분에 베르겐에서 출발해서 뮈르달로 가는 기차를 탔다. 기차는 로컬(Local) 등급의 열차이므로 좌석을 예약할 필요는 없었다. 그냥 빈자리에 앉으면 되는 열차였다.

열차가 출발한 지 20~30분 정도 지나자 열차 승무원이 검표를 했다. 승무원은 나의 유레일 패스와 여권을 세심하게 확인하더니 돌려주었다. 나는 유레일 패스의 여행 일정표 기재란에 여행 일시와 출발지, 목적지를 미리 기재해 두었다.

기차는 고도를 점점 높여 산악 지역으로 올라갔다.

한 시간 30여 분이 지나자 열차는 보스(Voss)역에 도착했다. 보스역에서 단체 관광객이 많이 탔다. 아마 플롬(Flåm)에서 페리선을 타고 구

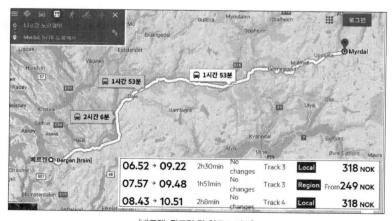

[베르겐, 뮈르달 간 철도 노선도]

드방엔(Gudvangen)까지 송네피오르를 관광한 후 구드방엔에서 버스를 타고 이곳 보스역까지 온 단체 관광객들 같았다. 그들은 이 열차를 타고 뮈르달(Myrdal)로 가서 우리들과 같이 플롬 산악철도(Flåm Railway)로 환승해서 플롬으로 되돌아가려는 관광객들 같았다.

기차가 보스역을 떠난 지 얼마 되지 않아 창밖으로 높은 설산들이 나타나기 시작했다.

비는 다시 쏟아지기 시작했다. 창밖에 맺힌 빗방울을 보니 비는 제법 많이 쏟아지는 것 같았다. 높은 설산 봉우리에 짙은 비구름이 덮여 있다.

그 아래의 큰 호숫가 근처에 있는 예쁜 집들이 스쳐 지나갔다. 날씨가 맑았으면 그림 같은 풍경이 연출되었을 것이다.

열차 안은 조용했지만 내 옆 좌석에 탄 젊은 부부 가족이 내 시선을 끌었다. 7~8세쯤 된 아이들은 쌍둥이 같았다. 둘은 서로 엄마의 무릎을 차지하기 위해서 장난을 치고 있었다. 내 눈에는 좀 심하게 엄마 무릎 다툼을 하는 것 같았지만 엄마는 큰 소리 없이 행복한 듯 아이들을 쳐다보면서 미소만 짓는다. 내가 보기에는 좀 힘들 것 같이 보였지만 엄마는 엄마의 무릎에 서로 기대려는 아이들의 응석을 다 받아준다. 남편도 대여섯 살쯤 되어 보이는 개구쟁이 아들을 끌어안고 창밖을 내다보면서 이 이야기, 저 이야기를 하는 것 같았다. 너무 화목해 보였다.

기차가 점점 고도를 높여 올라가자 높은 설산들 사이로 폭포들이 간간이 나타나기 시작했다. 창밖으로 보니 빗방울이 제법 많이 떨어지는 것 같았다. 기차 유리창은 짙은 안개에 점점 더 뿌옇게 되기 시작했다. 높은 산골짜기에는 제법 큰 물줄기가 폭포처럼 떨어진다.

기차는 9시 20분쯤 뮈르달역에 도착했다.

뮈르달역의 광장은 제법 컸다. 사람들은 열차에서 내리자 주변의 설산과 붉은색의 역사와 기차를 배경으로 기념사진 찍기에 분주했다. 조금 지나자 광장이 더 많은 관광객으로 북적거렸다. 관광버스들이 뮈르달역에서 플롬역까지 플롬 산악철도를 탈 수 있도록 많은 관광객을 태우고 도착한 듯했다.

9시 40분쯤 플롬 산악철도의 열차가 도착하자 사람들이 서둘러 기차에 올랐다.

플롬 산악철도는 노르웨이의 높은 산악 지역을 운행하는 철도다. 플롬 산악 철도를 이용하면 출발역인 뮈르달에서 송네피오르 깊숙한 곳에 위치한 플롬까지 약 20㎞ 정도의 거리를 철로를 따라 55여 분간 기차로 여행하면서 웅장한 규모의 설산, 천둥소리를 일으키며 떨어지는 폭포수 등 거친 노르웨이의 자연의 모습을 감상할 수 있다.

우리 부부가 탄 기차는 절벽 곁을 아슬아슬하게 지나가며 급경사 계곡 아래로 내려가는 것이 보였다. 기차가 급경사의 계곡을 돌자 높은 설산에서 거대한 하얀 물줄기들이 폭포를 이루며 떨어지는 모습이 보였다. 정말 정관이었다.

기차가 출발한 지 10여 분 정도 지나자 약 5분 정도 잠시 정차한다는 안내 방송이 나왔다. 그러더니 거대한 폭포 소리가 들렸다. 기차가 거대한 폭포 앞에 멈추자 승객들이 모두 기차에서 내리더니 하얀 물안개가 떨어지는 폭포 앞에서 기념사진을 찍는다. 모두들 거대한 폭포 모습에 흥분한 것 같았다. 나도 흥분됐다.

잠시 후 폭포 근처에서 여자 요정이 나타나더니 스피커에서 노랫소리가 들렸다. 짧은 시간이었지만 요정의 나라에 온 느낌이었다.

승객들이 기차에 오르자 기차는 다시 출발했다. 10시 45분쯤 기차

[키요스 폭포]

는 플롬역에 도착했다. 한 시간여 밖에 되지 않은 짧은 기차 여행이었지만 이상한 나라에 다녀온 것처럼 느껴졌다.

플롬 산악 열차에서 내리자마자 우리 부부는 서둘러서 스테가스테인 전망대로 가는 버스 투어 티켓을 사기 위해서 플롬 여행자 센터(Flåm Tickets&Visitor Center)로 갔다. 그곳은 이미 많은 여행자들로 꽉 차 있었다. 방금 크루즈선의 많은 관광객이 도착했는지 사무실 안에는 관광객들이 긴 줄을 이루고 있었다. 우리 부부도 무거운 배낭을 짊어지고 그들 뒤에 줄을 섰다.

그러나 줄은 좀처럼 줄어들지 않았다. 그들은 단지 표를 사는 것만이 아니었다. 어떤 투어, 어떤 액티비티가 있고, 비용은 얼마이고, 출발 시각은 언제이며, 투어가 종료되는 시간은 언제인지 등 하나에서 열까지 궁금한 것은 전부 묻는 것 같았다. 그러니 직원들이 한 사람, 한 사람의 질문에 응대하는 데 시간이 걸릴 수밖에 없는 것이었다. 그리고 직원들은 뒤에서 기다리는 사람들은 전혀 신경을 쓰지 않는 것 같았다. 줄을 선 사람도 자신의 차례가 돌아오면 뒤에 기다리는 사람들 전혀 신경 쓰지 않는 것 같았다. 사람들은 자신의 차례가 되면 마치 나의 권리처럼 느끼는 듯했다. 뒤에서 기다리는 사람들은 전혀 신경 쓰지 않는 모습이었다.

나는 11시에 스테가스테인(Stegastein) 전망대로 출발하는 버스를 타고 싶었다. 그런데 11시가 훌쩍 지났는데도 줄은 좀처럼 줄어들지 않았다. 더 늦어지면 스테가스테인 전망대로 가는 버스 투어를 포기하자고 생각하고 내 마음은 이미 체념 상태가 됐다. 다행히 내 앞에 선 사람들 5명은 한 가족인 듯 함께 표를 구매했다. 곧 내 차례가 되어 우리 부부는 12시에 출발하는 스테가스테인 전망대 버스 투어 왕복 티켓을 2장 샀다. 가격은 1인당 290NOK, 우리나라 돈으로 환산하면 4만 원이 넘는 금액이었다.

스테가스테인 전망대 버스 투어 티켓은 플롬 여행자 센터(www.visitflam.com)에서 인터넷으로 구입할 수 있다. 이렇게 어렵게 표를 사는 것을 알았더라면 내가 꼭 여행하고 싶은 투어는 여행 출발 전 국내에서 인터넷으로 구입하는 것이 좋았으리라는 생각이 들었다. 왜냐하면 크루즈선들이 도착해서 많은 관광객을 내려 주면 투어 티켓을 사기가 힘들기 때문이다.

스테가스테인 전망대 투어 버스는 하절기(6. 1~8. 31)의 경우 매일 아침 9시부터 17시까지 하루 9차례, 1시간 간격으로 운행된다. 스테가스테인 전망대는 해발 650m 높이에서 아름다운 에울란 피오르(Aurlandsfjord)를 볼 수 있다. 그곳으로 올라가는 길은 노르웨이 국립 관광 도로 중의 일부로 '눈 길'이라는 도로로도 잘 알려져 있다.

우리가 탄 버스는 20여 명이 타는 소형 관광버스였다. 버스는 12시에 출발했다. 좌석은 만석이었다. 버스에 타자 스페인 아줌마들의 수다로 버스 안이 요란스러웠다.

스테가스테인 전망대로 올라가는 길은 완전 급경사였고, 일방통행에 가까운 좁은 도로였다. 버스 운전사의 운전 기술은 정말 묘기에 가까웠다. 급경사 회전 길을 올라가다 전방에서 오는 차와 마주치면 좁은 급경사 도로를 후진했다. '혹시 브레이크라도 터지면 어떻게 하지?' 하면서 가슴이 조마조마했다.

목적지인 스테가스테인 전망대에 도착하자 승객들은 모두가 "와!" 하면서 버스 운전기사에게 모두 손뼉을 쳤다. 650m 높의 스테가스테인 전망대에서 바라본 에울란 피오르의 모습은 정말 장관이었다. 우리는 약 30여 분 정도 스테가스테인 전망대에서 시간을 보낸 후 다시 버스를 타고 하산했다.

[스테가스테인 전망대]

Flåm Railway 산악열차 예약 방법

1. Google 인터넷 검색창에서 'Flåm Railway'라는 검색어로 검색해 본다.
   ☞ Visit Flåm(www.visitflam.com/)에서 예약한다는 것을 알 수 있다.
2. Flåm Railway는 세계에서 가장 아름다운 철도 중 하나로 Myrdal역에서 Flåm역까지 Aurlandfjord의 안쪽 계곡을 약 20㎞ 운행하는 산악철도이다.
3. Flåm Railway는 'Fully booked' 되는 경우가 많으므로 가능한 일찍 예약해야 한다.

Norway in a nutshell

1. Norway in a nutshell은 노르웨이에서 가장 아름다운 피요르드인 송네 피오르의 풍경을 경험할 수 있는 기차, 버스, 페리를 이용할 수 있는 교통권 패스와 같은 여행 상품이다.. Norway in a nutshell은 https://www.norwaynutshell.com/에서 인터넷으로 예약할 수 있다.
2. Norway 철도 승차권은 보통 90일 전부터 발매되기 시작한다. 발매 초기에는 일부 한정 수량에 대해 mini price 요금이 적용되어 50~70%까지 할인되는 경우가 있다.
   따라서 조기 예약 가능 시 개별승차권 구입가격과 Norway in a nutshell 가격을 비교 후 구입하는 것이 바람직하다.

플롬에서 Leikanger까지
페리선 타고 여행한 송네 피오르

    스테가스테인 전망대에서 플롬으로 내려온 시간은 오후 1시 30분경이었다. 이제는 이곳 플롬(Flåm)에서 숙소를 예약한 송달(Sogndal)로 떠나야 할 차례가 됐다.

    그런데 플롬에서 송달로 가는 넷버스(Nettbuss, www.nettbuss.no)는 평일의 경우 플롬에서 약 8km 정도 떨어진 아울란(Aurland)에서 오후 2시 15분에 출발하는 버스가 있다. 그런데 일요일의 경우에는 가장 빠른 버스는 오후 3시 30분에 출발하는 버스밖에 없었다. 더군다나 아울란은 플롬에서 8km나 떨어져 있고, 출발 시간이 너무 늦어 타기 힘들 것으로 생각했다.

    교통편을 조회할 수 있는 트래블 플래너 사이트인 Kringom(www.kringom.no)를 통해서 플롬에서 송달로 가는 교통편을 조회했더니 다행스럽게도 플롬항(Flåm kai)에서 오후 3시 30분에 출발하는 피오르 크루즈 페리선을 탈 경우 레이캉에르(Leikanger)라는 곳에 오후 4시 30분쯤 도착하고, 그곳에서 곧바로 버스로 갈아탈 경우 'Sogndal skys-stasjon'이라는 곳에 오후 4시 55분에 도착할 수 있는 것이 아닌가?

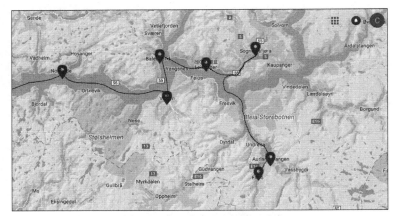

[플롬, 송달 주변 놀레드 페리선 운항 노선도]

　잘 알지 못하는 레이캉에르라는 곳에 간다니까 좀 부담스럽기도 했다. 그러나 레이캉에르로 페리선을 타고 가면 송내피오르(Sognefjord)를 관광할 수 있었다. 그래서 플롬항에서 오후 3시 30분에 출발하는 베르겐(Bergen)행 놀레드(NORLED) 피오르 크루즈선을 타기로 했다.

　나중에 알게 되었지만, 오후 3시 30분에 출발하는 베르겐행 피오르 크루즈선은 송네피오르 인 어 넛셀(Sognefjord in a nutshell)이라고 하는 여행 상품을 통해서도 이용이 가능하다. 노르웨이 인 어 넛셀(Norway in a nutshell)이라고도 하는 이 여행 상품은 피오르를 관광하기 위해 필요한 철도, 버스, 페리선 교통편을 한 번에 묶어서 판매하는 교통 패스 같은 여행 상품이다.

　레이캉에르행 피오르 크루즈선의 출발 시간은 1시간 이상 남아 있었다. 그래서 우리 부부는 플롬 항구 주변의 피오르를 산책했다. 플롬항 선착장에는 풀만투르(Pullmantur)호 등 거대한 크루즈선이 정박해 있었다. 특히 오후가 되자 많은 단체 관광객이 몰려들었다. 내 눈에는 중국인 단체 관광객들이 특히 많이 보였다.

오후 3시가 되자 베르겐행 놀레드 피오르 크루즈선의 승선이 시작되었다.

승객들은 대부분 외국인들이었는데 대략 100~200여 명이 넘는 것 같았다.

여행객들은 대부분 큰 여행 가방을 끌고 승선하는 외국인 단체 관광객들로 베르겐까지 가면서 송네피오르를 관광하기 위해서 승선하는 관광객들 같았다. 동양 사람은 우리 부부 외에는 몇 명 눈에 띄지 않았다.

우리 부부는 피오르 경치가 잘 보이는 선실 앞쪽 창가에 자리를 잡았다.

피오르 크루즈 페리선은 오후 3시 30분경 흰 물보라를 일으키며 플롬 항에서 출발했다. 속도가 대단히 빠른 쾌속정이었다.

1층 선수 갑판에 가보니 페리선이 고속으로 피오르를 질주하고 있어 바람이 너무 세차게 불었다. 세찬 바람을 피해 후미 갑판으로 갔더

[베르겐행 피오르 크루즈선 관광객들]

노르웨이(Day 6~20)

니 후미 갑판에는 이미 많은 사람이 모여 아름다운 송네피오르를 감상하고 있었다.

페리선은 흰 물거품을 일으키며 에메랄드빛 피오르 위를 쾌속으로 질주했다. 경치도 아름답지만, 마음도 무척 상쾌해졌다.

페리선은 출발한 지 약 10여 분도 되지 않아서 아울란이라는 곳에 도착하더니 몇 명의 승객을 내려놓고, 태우고 다시 잔잔한 피오르에 큰 물결을 일으키면서 질주하기 시작했다.

풍경은 정말 장관이었다.

지금이 6월 말 한여름인데, 멀리 보이는 고산 봉우리에는 아직도 흰 눈이 쌓여 있었다. 승객들은 모두 추운 겨울인 양 두꺼운 옷차림이었다. 페리선이 거대한 협곡으로 둘러싸인 피오르에 흰 물보라를 일으키며 쾌속으로 질주하자 물보라 사이로 작은 무지개가 떴다. 정말 평화로운 여행이라는 생각이 들었다.

한 시간여를 달리자 눈 덮인 설산들이 보였다. 그리고 그 왼편 눈 덮인 산 아래로 작은 마을이 보이기 시작했다. 내가 내려야 할 레이캉에르라는 것을 알 수 있었다.

레이캉에르는 주민 2,000~3,000여 명이 사는 작은 마을이다.

아름다운 피오르에 접해서 그런지 마을 모습도 조용하고 평화스러웠다.

플롬항의 선착장을 떠난 지 한 시간도 되지 않아서 페리선은 레이캉에르에 도착했다.

노르웨이 시골 오지(Flåm→Sogndal) 교통편 조회 방법

1. 교통편은 1차적으로 Google 지도 '길 찾기' 방법으로 출발지(Flåm)와 목적지(Sogndal)를 검색하면 알 수 있다. 그러나 오지 지역은 Google 지도로 교통편을 확인할 수 없다.

2. 그럴 경우 버스 회사나 Travel Planner를 찾는 것이 중요하다. 이를 알기 위해서는 Google 검색창에서 이동 방법(how to get to), 교통편(transport, Bus), 또는 ○○ 지역 Travel Planner 등과 같은 키워드로 검색해 보는 것이다.

   예) 'how to get to Sogndal from Flåm', 'transport Flåm to Sogndar' 등.

   ☞ 그러면 KRINGOM(http://www.kringom.no)와 같이 지역별 교통편을 알려주는 travel planners 웹사이트 주소나 버스 회사 웹사이트 주소를 알 수 있는 경우가 있다.

3. Flåm, Sogndal 지역의 교통편은 Kringom(http://www.kringom.no)이라는 Travel Planner 사이트를 이용하면 쉽게 조회할 수 있다.

4. KRINGOM(www.kringom.no/) 웹사이트에서 노르웨이어를 영어로 검색방식을 변경 후 교통편을 조회한다.

   ☞ 노르웨이어(Norsk)로 표시된 내용이 있을 경우 Google 번역으로 한글로 번역한다.

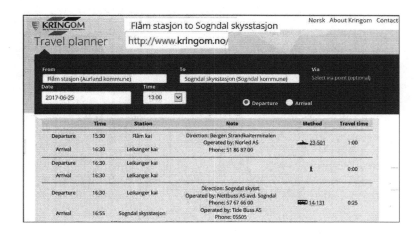

★ 아내가 살고 싶다고 했던 송달(Sogndal)

우리 부부는 레이캉에르 선착장 부근에서 대기하고 있던 버스를 탔다.

레이캉에르(Leikanger)에서 송달(Sogndal)까지 버스 요금은 66NOK였다. 거리는 약 23㎞인데 우리나라 돈으로 환산하면 약 9,400원이다. 버스는 송달을 향해서 출발했다. 버스에 탄 사람은 페리선에서 내린 10여 명뿐이었다. 하늘은 언제 비가 왔었냐는 듯 맑게 개었다. 뭉게구름 사이로 보이는 하늘 색깔이 너무 파랗다.

오후 4시 30분에 레이캉에르에서 출발한 버스는 10분도 되지 않아서 송달 버스 정류장(Sogndal skysstasjon)에 도착했다. 내가 예약한 숙소는 송달 유스호스텔(Sogndal Youth Hostel)이었다. 송달에 숙소를 정한 이유는 송달에서 올레순(Alesund)으로 가는 버스를 탈 수 있기 때문이었다.

송달 유스호스텔은 송달 버스 정류장에서 약 10분 거리에 있었다.

스마트폰에 있는 구글 지도로 호스텔로 가는 길을 쉽게 찾았다. 몇 번의 시행착오를 겪었지만, 이제는 구글 지도로 길 찾기가 점점 쉬워졌다. 물론 젊은이들에 비하면 아직도 아기가 걸음마를 걷는 수준에 불과할 것이다. 그렇지만 나이 든 사람들은 이런 것들을 한 번도 해 보지 않은 사람들이 의외로 많다. 나도 처음 구글 지도를 사용하려고 할 때는 매우 어렵게 생각했다. 그렇지만 몇 번 해 보니까 이제는 크게 어려운 것이 아니라는 것을 금세 알게 되었다. 사실 스마트폰에 인터넷을 연결할 줄만 안다면 구글 지도에 목적지를 입력하는 것이 그렇게 어려운 일은 아닐 것이다.

우리 부부는 구글 지도로 검색한 경로를 따라서 송달 유스호스텔을 찾아서 천천히 걸어갔다.

송달 피오르 주변에 있는 집들은 대부분 흰색의 목조 주택들이었다. 그런데 집들은 많은데 너무 조용했다. 간간이 지나가는 차들은 볼 수 있었지만, 시내를 걷는 사람들은 좀처럼 볼 수 없었다. 매일 수많은 사람과 부딪치며 살아온 나에게는 이곳 사람들은 어디에서 무엇을 하고 있는지 정말 궁금하지 않을 수 없었다.

송달 유스호스텔은 송달 마을 끝자락의 피오르를 건너기 직전에 있는 다리 근처의 언덕에 위치해 있었다. 호스텔 규모도 제법 큰 것 같았다. 사무실과 식당으로 사용하는 건물 외에도 숙소로만 사용되는 건물이 두세 채 더 있었다.

내가 배정받은 방은 2층에 있는 2인용 프라이빗 룸(Private Room)이었다. 바로 앞에 에메랄드빛 파란색의 피오르가 훤히 보였다. 침구도 깨끗하고 방도 넓었다. 마치 작은 리조트에 온 것 같은 기분이 들었다.

우리 부부는 체크인하고 송달 시내로 산책을 나섰다. 송달 시내를 향해서 걸었다. 마을이 너무 조용했다. '이곳 사람들은 무엇을 하고 있을까?', '집에 있을까?', '집에 있으면 무엇을 하고 있을까?', '가족들과 함께 있을까?' 정말 궁금해졌다.

"나는 이런 곳에서 살고 싶다!"

아내는 갑자기 이곳에 살 테니 생활비나 보내 달라고 했다.

물론 우스갯소리일 것이다. 그렇지만 우리는 아침마다 TV 뉴스를 보면서 미세 먼지, 교통 혼잡 같은 이야기를 얼마나 많이 들었는가? 또한 이른 아침에 전철을 타기 위해서 얼마나 바쁘게 지하철역으로 달려갔는가? 시간에 쫓기며 살아온 나 같은 사람들에게는 이곳은 천국 같은 느낌이 들었다. 나도 이곳에서 살고 싶어졌다. 늦잠도 실컷 자고 싶다.

송달의 매력은 조용함인 것 같았다. 그리고 깨끗한 공기일 것이다.

송달 마을 주변에는 바다와 같은 피오르가 있다. 피오르를 둘러싸고 있는 높은 산에는 흰 눈이 군데군데 덮여 있었다. 지금이 6월 말이 아닌가? 그런데도 현재의 기온은 15℃였다. 아무리 높아져도 20℃를 넘지 않을 것 같았다.

사실 우리나라에서는 6월 말 같으면 30℃가 넘는 한여름이다. 그런데 이곳 송달은 따뜻한 봄이 온 지 얼마 되지 않은 것 같았다. 집마다 굴뚝이 있는 것이 보였다. 그런데 에어컨이 설치된 집은 볼 수 없었다.

바다와 같은 피오르와 설산, 푸른 하늘과 맑은 공기, 그리고 예쁜 집들이 그림 같은 풍경을 연출하고 있지만, 송달의 매력은 조용함 그 자체였다. 사람들이 사는 동네 모습 그 자체에서 나오는 것이었다.

송달(Sogndal)의 도시 규모는 레이캉에르(Leikanger)보다는 약간 큰 것 같았다. 3,000~4,000명이 사는 우리나라 소규모 도시와 비슷한 것 같았다. 시내 중심가에는 커다란 슈퍼마켓과 상가도 있었다. 집마다 마당에는 예쁜 잔디도 깔려 있었다. 창가나 앞마당에 예쁜 꽃이 심어져 있는 것을 보면 이곳 사람들의 마음씨도 짐작이 되었다.

그러나 이곳에는 바쁘게 살아가는 사람들의 모습은 좀처럼 보이지 않았다. 사람이 사는 집들은 많은데 사람들은 좀처럼 볼 수 없었다. 누구에게는 게으르고 이상하게 보일지 모르겠지만, 치열한 생존 경쟁 속에서 살아온 사람들에게는 이곳이 당연히 살고 싶은 곳으로 생각될 만했다.

내일 올레순으로 갈 버스표를 사고 싶어 송달 버스 정류장으로 갔다. 그러나 버스표 판매 창구로 쓰였던 곳은 굳게 닫혀 있었다. 시간은 벌써 저녁 8시가 다 되었지만 해는 대낮인 듯 중천에 떠 있었다.

숙소로 돌아가는 길에 마트가 보였다.

아내는 신이 난 것 같았다. 나도 마트에 가는 것을 좋아한다. 포도주에 소시지, 안주, 그리고 과일을 사고 싶었다. 그러나 필요한 것이라도 너무 많이 사면 짐이 되는 것 아닌가? 그래서 약간 걱정이 됐다. 그런데 아내는 1.5L짜리 물이 있는 곳으로 가더니 "물은 한 병이면 될까? 아니면 두 병이면 될까?" 하고 물병을 들어 내게 보여 주었다. 그리고 두 병을 샀다. 그래, 사자. 방금 구운 먹음직스러운 빵도 할인 판매를 하고 있었다. 편의점 가격의 1/4 정도였다.

귀로에 어떤 부부가 창가에서 다정히 식사를 하는 레스토랑이 보였다. 들어가고 싶었지만, 손에 든 빵 봉투를 보니 레스토랑으로 들어가는 발걸음이 멈춰졌다.

 Self-Travel Tip ➤ *Google 검색창에서 검색해 보자!*

Sogndal의 관광명소, 즐길 거리, 숙소

1. Sogndal은 피오르 마을로서 주변에 Jostedalsbreen National Park, 뵈이야빙하(Boyabreen Boeyabreen Glacier) 등이 있다. 따라서 송어낚시, 빙하 탐험 등과 같이 각종 Activities를 즐길 수 있다.
2. Activities 종류, 내용, 예약처 전화번호나 e-mail 번호 등 여행 정보는 Sogndal Tourist Office(en.sognefjord.no/)이나 Tripadvisor(www.tripadvisor.co.kr)를 통해서 확인할 수 있다.

3. 필자가 묵은 Sogndal Youth Hostel은 호텔 못지않게 시설이 양호했다.

[송달 유스호스텔]

Sogndal에 대한 더 상세한 여행 정보를 알고 싶은 경우 Sogndal의 관광명소(Attractions), 즐길 거리(thing to do), 숙소(to stay) 등과 같은 키워드로 Google 검색창에서 조회해 본다.

송달(Sogndal)에서
올레순(Alesund) 가는 길

노르웨이 여행 7일째 되는 날.

오늘은 이곳 송달을 떠나서 올레순으로 갈 예정이다.

이른 새벽에 작은딸과 통화하는 아내의 목소리를 듣고 깼다.

날은 밝았지만 6시가 넘지 않은 듯 밖은 조용했다. 전화를 마친 아내는 산책을 하고 오겠다고 하면서 밖으로 나갔다.

나는 배낭을 챙겼다.

끼욱끼욱—

밖을 내다보니 피오르 위를 날고 있는 갈매기의 울음소리 같은 것이 들려왔다.

정말 고요한 아침이었다. 밖으로 산책하러 나갔던 아내가 돌아왔다.

"그래, 사람 좀 봤어?"

나는 이곳이 너무 조용하고 한적한 곳이라고 생각되어 아내가 이곳 사람들을 봤는지가 먼저 궁금했다.

"딱 한 사람 봤어!"

너무 이른 아침인가? 아침 7시가 다 된 것 같은데 사람들을 좀처럼 보기가 힘드니 참 이상한 마을 같았다.

그만큼 여유가 있어서 그럴까? 아니면 너무 이른 시각이라 그럴까?

[송달 피오르 선착장]

매일 이른 아침부터 바쁘게 살아온 사람에게는 정말 이상하게 보일 정도로 한적했다. 사실 진정으로 조용한 아침의 나라는 여기 노르웨이라고 여겨졌다.

아침 식사를 하기 위해서 피오르 근처의 레스토랑이 있는 건물로 내려갔다.

레스토랑에는 벌써 10여 명이 자리를 잡고 아침 식사를 하고 있었다. 우리 부부도 피오르가 보이는 창가에 자리를 잡았다. 접시를 들고 음식을 담아서 자리로 가는데 출입문을 열고 들어오는 낯익은 얼굴과 마주쳤다. 바로 며칠 전 프레케스톨렌을 하이킹할 때 우중(雨中)에 만났던 젊은 한국인 여자가 아닌가? 런던에 머물고 있다면서 잠시 시간을 내서 노르웨이로 여행 왔다고 하던 바로 젊은 그 여자였다.

"어머, 여기 어떻게 왔어요?" 하면서 그 여자가 먼저 우리를 반겨 주었다.

우리 부부도 서로 인연이 깊다면서 크게 웃었다.

그 여자는 송달에서 빙하 트래킹을 하기 위해서 어젯밤에 도착했다고 했다. 당차고 자신감 넘치며 쾌활한 여자 같다는 생각이 들었다. 사실 자신감이 넘치는 요즘 젊은이들을 보면 부럽다.

우리는 같이 자리를 잡고 식사를 했다. 그러면서 그동안 어떻게 베르겐과 플롬을 여행했는지에 관해 이야기를 나누었다.

이곳 호스텔의 식사 메뉴는 웬만한 호텔 이상으로 좋은 것 같았다.

차려진 음식도 깔끔했다. 종업원들도 수시로 커피포트에 커피를 채워 주었다. 과일도 있고 빵도 아침에 구운 듯 먹을 만했다. 그런데 그 젊은 여자는 9시쯤 이곳 송달에서 빙하를 체험하러 출발한다고 하면서 서둘러 밖으로 나갔다.

오늘 우리 부부는 이곳 송달에서 낮 12시 15분 출발하는 버스를 타고 올레순으로 간다. 버스를 타려면 두세 시간 이상 남았지만, 배낭을 챙겨 체크아웃하고 천천히 버스 터미널로 걸어갔다.

사실 우리 부부는 아침 일찍 버스를 타고 올레순으로 떠나고 싶었다. 그렇지만 아침 일찍 출발하는 버스가 없었다. 반나절이나 특별히 할 일이 없이 시간을 보내야 한다고 생각하니 시간이 아깝다는 생각이 든다. 그럴 수밖에 없는 이유는 노르웨이는 국토 면적에 비해 인구밀도가 낮다. 특히 높은 산과 피오르가 많기 때문에 대중교통편이 매우 적은 것 같다.

오늘 송달에서 올레순으로 가는 길도 사람이 많이 살지 않는 산골 오지를 통과해야 한다. 바다처럼 넓은 피오르도 건너야 한다. 따라서 버스 등 대중교통편이 극히 드문 것 같다. 있다고 해도 하루에 한두 편밖에 없는 경우가 많고 여러 차례 환승을 해야 하는 경우도 많다. 따라서 노르웨이 시골 오지를 여행하려면 대중교통편의 운행 시간을 아

노르웨이(Day 6~20)

는 것이 매우 중요하다.

　내가 송달에서 올레순으로 가는 버스가 있다는 것을 알게 된 것은 바로 KRINGOM(http://www.kringom.no/)와 같은 트래블 플래너 사이트 덕분이었다. 물론 모르는 것이 있다면 구글 등 인터넷 검색창에서 검색하면 된다. 그러나 인터넷에 익숙하지 않은 나이 든 50~60대 은퇴자들은 이런 방법이 있다는 것을 모르는 사람들이 많은 것 같았다.

　KRINGOM(http://www.KRINGOM.no)이라는 트래블 플래너 사이트를 통해서 이날 내가 송달에서 올레순까지 가는 버스 시간표를 조회한 결과 내가 가야 할 여정은 세 번이나 버스를 갈아타야 하는 복잡한 여정이었다.

　우선 12시 15분에 송달 버스 터미널에서 23-522번 버스를 타고 뷔르키엘로(Byrkjelo)라는 곳으로 가야 한다. 그리고 뷔르키엘로에서 13시 40분에 NW431번 버스로 갈아타고 스트린(Stryn rutebilstasjon)이라는 곳으로 가는 것이다. 그리고 15시 20분에 스트린에서 올레순행 23-520번 버스를 타면 18시 40분에 올레순 터미널(Ålesund rutebilstasjon)에 도착한다는 것이다.

　그러나 나는 아직 버스표를 사지 못한 상태였다. 그래서 조금 일찍 송달 버스 터미널로 갔다.

　송달 버스 터미널 안에는 2~3명의 승객이 앉아 있었다. 버스 터미널 매표소로 쓰였던 곳에는 안경원이 들어서 있었고, 'Imformasjon'이라고 쓰인 곳은 화살표로 전광판만 가리킬 뿐 문은 굳게 닫혀 있었다.

　나는 버스표를 구매하고 싶어서 버스 터미널 이곳저곳을 살펴봤지만, 버스표를 파는 매표창구는 보이지 않았다. 걱정이 돼서 정차되어 있는 한 버스로 가서 운전기사에게 물었더니 그 버스 운전기사는 버스를 타고 버스표를 구매하면 된다고 했다.

우리 부부는 버스 터미널 안에서 버스가 오기를 기다렸다.

오랜 기다림 끝에 우리가 탈 버스가 도착했다.

버스에 오르면서 나는 나의 여행 목적지를 알려주는 송달(Sogndal)에
서 올레순(Ålesund)까지의 버스 시간표 사본을 버스 운전기사에게 건
넸다. 버스 운전기사는 내가 건넨 버스 시간표를 보고 내게 버스표를
발급해 주었다.

그렇게 하면 내가 운전기사에게 영어로 "올레순으로 간다."고 굳이 말
할 필요가 없다. 사실 나도 영어를 썩 잘하지 못하지만 이런 방법이 배
낭여행, 자유여행을 쉽게 할 수 있는 방법이라고 생각한다.

사실 영어를 못 하는 것은 노르웨이 버스 운전기사도 나와 비슷한 처
지일지도 모른다. 따라서 서로 영어를 못하는 사람끼리 의사소통을 할
수 있는 방법은 바로 의사소통을 쉽게 할 수 있는 버스 시간표나 지도
를 가지고 다니는 것이다.

[송달에서 샤이로 가는 도로 풍경]

그렇지만 모든 것을 종이로 프린트해서 가지고 다닐 수는 없다. 그래서 나는 필요한 여행 정보를 사진 파일(jpg)로 만들어 스마트폰에 저장해서 가지고 다닌다. 그러면 종이로 인쇄된 프린트물처럼 무게를 걱정하거나 분실할 걱정을 할 필요도 없다. 오늘처럼 버스표를 구입하고 싶을 때는 스마트폰을 꺼내 내가 구입하고자는 버스 시간표를 운전기사에게 보여 줄 수도 있는 것이다. 그러나 송달에서 올레순까지의 버스 시간표는 너무 중요한 것 같아 버스 시간표를 프린트해서 한 장 휴대했던 것이다.

버스 운전기사는 내가 건넨 버스 시간표를 보더니 돋보기를 꺼내서 운전기사 옆에 설치된 버스표 발권 기계로 버스표를 발급해 주었다. 우선 송달에서 스케이(Skei)까지는 23-522번 버스로, 스케이에서 스트린(Stryn)까지는 NW431번 버스로, 그리고 스트린에서 올레순까지는 23-520번 버스를 탈 수 있는 3장의 긴 버스표였다. 따라서 버스를 두 번 갈아타야 했다. 한 번은 스케이에서, 또 한 번은 스트린에서 버스를 갈아타야 했다. 버스 회사가 다른 곳도 있었다. 제시간에 맞게 환승할 수 있을지 걱정이 돼서 나는 버스 운전기사에게 서투른 영어로 환승 버스를 잘 탈 수 있도록 도와 달라고 부탁했다.

내가 첫 번째로 탈 스케이까지 가는 23-522번 버스는 송달 버스 터미널에서 12시 15분에 출발했다.

버스가 고개를 몇 번 넘더니 내 눈앞에 흰 눈으로 뒤덮인 높은 설산이 나타났다. 자동차가 달리는 길가에는 노랗게 핀 야생화들의 물결이 이어졌다. 높은 산에는 아직도 하얀 눈이 덮여 있었다. 정말 그림 같은 모습이 펼쳐졌다.

버스가 40여 분 정도를 달리자 높은 설산과 구름 사이로 웅장한 빙하가 나타났다. 그 주변에는 많은 캠핑카도 보였다. 아! 저곳이 오늘 아침에 식당에서 만났던 젊은 한국 여자가 간다고 했던 뵈이야 빙하(Bøyabreen Glacier)인 것 같았다. '렌터카로 이 길을 여행한다면 캠핑장에서 쉬면서 웅장한 뵈이야 빙하도 탐험할 수 있어 얼마나 좋을까?'라는 생각이 들었다.

"여보! 우리 노르웨이 한 번 더 오자! 응?"

아내도 버스를 타고 가면서 그냥 지나쳐 가는 것이 무척 아쉬운 것 같았다.

"그래! 다시 한번 오지 뭐…."

지나가는 소리로 말했지만 나도 정말 이 길을 렌터카로 여행하고 싶어졌다.

버스가 긴 터널을 지나자 이번에는 오른쪽에 커다란 호수와 웅장한 설산들이 나타났다. 아름다운 풍경들이 파노라마처럼 이어졌다. '정말 렌터카를 타고 자유롭게 이곳 노르웨이를 여행한다면 얼마나 좋을까?' 하는 생각이 들었다.

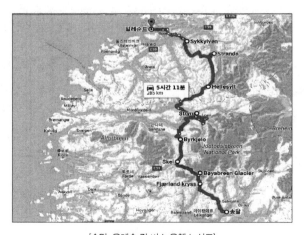

[송달, 올레순 간 버스 운행 노선도]

버스가 스케이 부근 캠핑장 근처에 있는 정류장에 서자 젊은 남녀 두 명이 탔다. 악센트가 특이한 영어를 사용하는 것을 보니 영국 사람들 같다는 느낌이 들었다. 덥수룩한 노란 수염이 달린 남자는 버스 운전기사에게 "올레순!"이라고 외쳤다.

'올레순에 간다고?'

나는 속으로 동지를 만났다고 생각했다.

버스 운전기사가 내게 주었던 버스표와 같이 그 남자에게도 긴 버스표를 끊어서 주는 것을 보니 그들도 올레순으로 가는 것 같았다. 저 친구들을 따라서 버스를 갈아타면 올레순으로 가는 것은 문제없을 것 같았다. 긴장하고 있었던 마음도 좀 풀렸다.

버스는 10여 분 정도를 더 달려 스케이(Skei) 버스 터미널에 도착했다. 버스 운전기사는 이곳에서 환승해야 한다면서 내리라고 했다. 그러면서 스트린(Stryn)으로 가는 버스가 곧 도착할 것이라 하면서 우리를 안심시켜 주었다. 스트린으로 가는 환승 버스는 연착한 모양이었다. 이곳 버스들은 승객들이 서로 다른 버스로 환승할 수 있도록 기다려 주는 것 같았다.

나는 버스에서 내려서 노란 수염이 덥수룩한 영국 남자에게 물었다.

"I'm going to Alesund. Are you going to Alesund?"

"Of course!"

서로 파안대소를 했다. 그리고 그와 나는 서로 두 손을 마주치며 하이파이브를 했다.

사실 나도 제대로 버스를 갈아타고 올레순까지 갈 수 있을까 하면서 걱정하고 있었다. 그 친구도 걱정하고 있었던 것 같았다. 왜냐하면 이곳에는 운행하는 버스도 별로 없는데 두 번씩이나 갈아타야 한다. 그런데 혹시 우리가 늦게 도착하면 버스가 우리를 기다리고 있을지도 걱정이 됐고, 또 어떤 버스로 환승해야 하는지도 잘 알 수 없었기 때문이었다.

오후 1시 20분이 되자 스트린으로 가는 버스가 왔다. 그 버스는 우리들 4명을 태우고 스트린을 향해서 출발했다. 스트린에서 우리들은 올레순으로 가는 버스로 다시 갈아타야 했다.

하늘에서 빗방울이 떨어졌다. 버스는 스케이 시내를 지난 후에 높은 산길을 오르르기 시작했다. 차창 밖을 돌아보니 뒤편에 카다란 호수가 보였다. 버스가 고도를 높일수록 나무들의 키는 점점 작아졌다.

오른편 멀리에 웅장한 설산들이 보였다. 지도를 보니 요스테달스브렌 국립공원(Jostedalsbreen National Park) 같았다.

버스는 다시 굽이굽이 산을 돌아 내려오더니 커다란 호수 같은 피오르 옆을 달렸다. 한 시간여를 달린 끝에 우리가 탄 버스는 스트린에 도착했다.

우리 부부는 스트린에서 30여 분을 기다린 후 올레순으로 가는 버스로 갈아탔다. 그곳에서 영국인으로 보이는 젊은 여자 한 명이 스케이 캠핑장 근처에서 탄 젊은 영국 남녀 2명과 같이 버스에 올라탔다. 그런데 스트린에서 탄 여자는 노란 턱수염이 달린 영국 남자가 앉은 좌석의 통로 건너편 좌석에 앉더니 그 노란 턱수염이 달린 남자와 수다를 떨기 시작했다.

노란 턱수염이 달린 영국 남자 옆에는 그의 여자 친구나 부인으로 보이는 여자가 앉아 있었지만, 그는 자신의 옆에 앉아있는 여자는 아랑곳하지 않는다. 그는 새로 만난 그 여자와 정말 수다스럽게 이야기를 했다.

야, 야…?

야, 야…!

정말 부부처럼 짝짜꿍이 잘도 맞았다. 이곳에서 처음 만난 사람들 같
은데 자신의 여자 친구를 옆에 앉혀두고 새로 만난 여자에게 관심을 표
하다니, 뒷좌석에 앉아있는 내가 다 민망했다. 그런데 그 여자의 말이
끝이 없었다. 그러면 노란 턱수염이 달린 남자는 잘도 맞장구를 쳤다.

야, 야…?

야, 야…!

두 사람의 수다는 끝없이 계속됐다.

그런데 노란 턱수염이 달린 남자 옆에 앉아 있는 여자 친구는 아무
말 없이 조용히 창문 밖만 쳐다보고만 있었다. 그 여자 친구도 질투가
나겠지만 달리는 버스라 자리를 박차고 내릴 수도 없는 것 아니었을까?

두 사람의 수다는 두 시간 이상 이어졌다.

나는 아내에게 내가 저러면 질투가 나지 않느냐고 물었더니 아내는
쓸데없는 것에 관심을 둔다고 핀잔을 준다.

버스가 페리선을 타고 피오르를 건너 올레순에 거의 도착할 때까지
도 두 사람의 수다는 이어졌다. 버스는 18시쯤에 올레순 시내로 들어
섰다.

스트린에서 탄 여자가 먼저 내렸다. 그런데 아무 말 없이 가방을 들
고 내렸다. 그렇게 서로 이야기를 나누었으면 서로 잘 가라고 인사라도
해야 할 텐데 인사도 없었다. 정말 쿨하다고 생각해야 할지 이들의 문
화를 좀처럼 이해할 수 없었다.

노란 턱수염이 달린 영국인 남자와 그의 여자 친구도 올레순 버스 터미널에 도착하기 바로 직전 정거장에서 내렸다.

우리 부부는 올레순 버스 터미널(Ålesund rutebilstasjon)에서 내렸다.

올레순에서 내가 예약한 숙소는 올레순 유스호스텔(Ålesund Youth Hostel)이었다. 우리가 내린 버스 터미널에서 700여 m 정도 떨어진 곳에 위치해 있었다. 올레순 유스호스텔은 버스 터미널에서 가까운 시내 중심가에 있어서 위치적으로 탁월했다. 그렇지만 오래된 건물이라 그런지 시설은 내 기대에는 못 미쳤다.

Ålesund Youth Hostel
필자 숙박일 기준 2 Person Pravate Room은 94.4 EURO였다.　필자 숙소평가 : ★★☆☆☆

 Self-Travel Tip ➤ *Google 검색창에서 검색해 보자!*

Sogndal-Ålesund 교통편 확인 방법

1. 사람이 많이 살지 않는 노르웨이 지방의 오지 지역은 Google 지도로 교통편을 알 수 없는 경우가 많다.
2. Google 지도로 교통편을 확인할 수 없는 경우 지역별 교통편 운행 시간을 알려주

는 travel planners의 웹사이트 주소나 버스 회사 웹사이트 주소를 확인하는 것이 중요하다.

  ☞ 버스 회사나 travel planners의 웹사이트 주소를 알기 위해서 Google 검색창에서 '이동 방법(how to get to)', '교통편(transport)', '버스(bus)', 또는 '○○지역 travel planners' 등과 같은 키워드로 검색해 본다.

3. 영문 해석이 어려운 경우 검색된 문장을 복사하여, 'Google 번역'에 붙여넣기 하면 쉽게 번역할 수 있다.

4. Sogndal-Ålesund 교통편 및 버스 운행 시간은 travel planners인 KRINGOM(http://www.kringom.no/) 웹사이트에서 확인할 수 있다.

Sogndal skysstasjon to Ålesund rutebilstasjon

	Date	Time	Station	Changes	Travel time
Departure	Mon 26.06	12:15	Sogndal skysstasjon	2	6:25
Arrival	Mon 26.06	18:40	Ålesund rutebilstasjon		

	Time	Station	Note	Method	Travel time
Departure	12:15	Sogndal skysstasjon	Platform: 5 Direction: Skei Førde Måløy Operated by: Firda Billag Buss AS Phone: 57 72 50 00	23-S22	1:25
Arrival	13:40	Byrkjelo			
Departure	13:40	Byrkjelo	Direction: Stryn rutebilstasjon Operated by: NOR-WAY Bussekspress AS Phone: 815 44 444	NW431	1:10
Arrival	14:50	Stryn rutebilstasjon			
Departure	14:50	Stryn rutebilstasjon		🚶	0:00
Arrival	14:50	Stryn rutebilstasjon			
Departure	15:20	Stryn rutebilstasjon	Platform: 3 Direction: Hellesylt Stranda Ålesund Operated by: Firda Billag Buss AS Phone: 57 72 50 00	23-S20	3:20
Arrival	18:40	Ålesund rutebilstasjon			

5. 중요한 버스 시간표는 사진 파일(jpg)로 만들어 휴대폰이나 태블릿 PC에 찾기 쉽도록 폴더를 만들어 저장해 둔다.

★ 환상적인 석양을 꿈꾸었던 올레순(Ålesund)

올레순(Ålesund)은 노르웨이 북서부에 위치한 인구 약 45,000명의 항구 도시다.

이곳은 '새로운 예술(New Art)'이란 의미를 지닌 '아르누보(Art Nouveau)'의 도시라고 불린다. 1904년에 큰불이 나서 영국, 오스트리아 등 세계 각국에서 온 많은 건축가가 아르누보 건축 양식의 아름다운 건물을 지으며 올레순의 재건을 도왔다고 한다. 마을을 거닐기만 해도 마치 아름다운 건축 박물관 같은 느낌이 들었다.

내가 노르웨이 여행 계획을 처음 세울 때는 플롬에서 게이랑게르 피오르 관광을 위해서 곧바로 헬레쉴트(Hellesylt)로 이동할 계획이었다. 그런데 노르웨이 여행 정보를 수집하면서 올레순과 선모어 지역(Sunnmøre area)이 노르웨이 관광청(https://www.visitnorway.com)에서 선정한 10대 볼거리(Top 10 places in Norway) 중 하나라는 것을 알게 되었다. 그래서 올레순에 대해서 관심을 갖게 된 것이다. 더욱이 저녁노을로 붉게 물든 올레순의 아름다운 석양 모습은 동화 속의 그림같이 느껴졌다.

또한 올레순에 대한 여행 정보를 수집하면 할수록 올레순은 내게 더욱 매력적인 도시로 느껴졌다. 왜냐하면 올레순에는 도심에서 멀지 않은 곳에 아름다운 섬 산행지가 많은 것 같았기 때문이다.

사실 나는 한동안 등산을 좋아했다. 봄이면 멀리 우리나라 남쪽 바다의 섬들을 찾아 등산을 하곤 했다. 그런데 올레순에도 도심에서 약 4~5㎞ 정도 떨어진 곳에 314m 높이의 Sukkertoppen(the Sugar Top)이라는 곳이 있다는 것을 알게 됐다. 올레순의 피엘스투아 전망대(Fjellstua Viewpoint)는 노르웨이의 대표적인 랜드마크로도 소개되고 있다.

그렇지만 Sukkertoppen 정상에 올라가서 아름다운 올레순을 둘러싸고 있는 푸른 바다를 보고 싶다는 생각도 있었기 때문에 올레순까지의 교통편이 매우 불편해도 송달(Sogndal)을 거쳐서 이곳까지 오게 된 것이었다.

호스텔을 나선 시각은 저녁 7시가 훌쩍 넘은 시각이었다.

그렇지만 하늘에서는 비구름 사이로 햇빛이 비치고 있었다. 해가 질려면 아직도 많은 시간이 남은 것 같았다. 좀 늦은 시간이지만 피엘스투아 전망대에 올라가서 올레순 도시의 아름다운 석양을 먼저 감상하고 싶었다.

구글 지도를 보니 올레순 유스호스텔 근처에 있는 공원의 뒤편으로 바로 피엘스투아 전망대로 올라가는 등산로의 입구가 있었다. 공원에는 산책을 나온 사람들의 모습이 보였다. 아내와 같이 서둘러 공원으로 들어갔다.

공원에는 부부로 보이는 사람, 가족으로 보이는 4~5명의 사람이 공원 위쪽으로 올라가고 있었다. 우리도 그들을 쫓아갔다. 10여 분도 되지 않아서 피엘스투아 전망대로 올라가는 등산로 입구가 나타났다.

우리 부부는 천천히 돌계단을 오르기 시작했다.

돌계단은 약간 급경사 바윗길에 만들어진 지그재그 형태의 좁은 길이었다. 우리 앞에는 현지인인 듯한 서너 명이 올라가고 있었다. 20여 분 정도를 올라가자 레스토랑 겸 전망대로 사용되는 건물이 보였다.

건물 옥상의 피엘스투아 전망대에서 본 올레순의 모습은 정말 장관이었다. 마치 도시가 물 위에 떠 있는 것 같았다. 그 가운데는 아름다운 아르누보 양식의 건물들도 보였다. 그런데 왠지 마음이 쓸쓸했다.

[피엘스투아 전망대에서 바라본 올레순]

　이러한 장관을 지켜보는 사람은 현지인들로 보이는 10여 명뿐이었다.
그런데 모두 찬바람에 몸을 움츠린 모습이었다.

　하늘에는 곧 소나기가 쏟아질 듯 비구름이 잔뜩 끼어 있었다.

　구름 사이로 밝은 빛이 비치기는 했지만 기대했던 붉은 노을은 볼
수 없었다.

　세찬 바닷바람이 불어 몸이 움츠려졌다. 내 눈앞에는 장관이 펼쳐졌
지만 쓸쓸한 생각마저 들었다. 하긴 저녁 8시가 가까운 시각인데 대
부분의 관광객은 이 시각에 이곳에 올라올 생각도 하지 않을 것이다.

　전망대에서 내려와서 숲을 산책하는 사람들을 따라서 조금 산책하
기로 했다. 호기심이 발동한 것이었다. 그런데 조금 걷자 검은 구름이
끼더니 소나기가 쏟아졌다. 날씨가 정말 변덕스럽게 느껴졌다.

　아! 그런데 수평선 한가운데에 오색 무지개가 떠 있는 것이 아닌가?

　해는 아직 떠 있는 것 같았지만 이미 시간은 저녁 9시가 넘은 것 같
았다. 서둘러 발길을 숙소로 돌렸다.

노르웨이(Day 6~20)

올레순에서 알게 된
엄마의 마음

올레순(Ålesund) 운하 부근에 위치한 건물들

지난밤은 무척 불편하게 잤다.

밤 10시가 넘도록 밖이 훤하기도 했지만, 움직일 때마다 침대에서 삐걱거리는 소리가 나서 무척 신경이 쓰였다. 나이 든 사람이 젊은 사람들과 같이 도미토리 룸에 묵는다는 것이 쉽지 않다는 것을 느꼈다.

아침 일찍 유스호스텔에서 제공하는 아침을 먹기 위해서 식당으로 내려갔다. 아침 식사는 비교적 간단한 메뉴였다. 식사 중 50대 미국 여자와 캐나다 여자의 수다가 요란스러웠다.

아침 식사를 마치고 일어서는 아내는 먹다 남은 요구르트 2개를 손에 집어 든다.

"당신이 먹을 것 찾으면 줄려고…"

약간 웃음이 나왔다. 아내는 나의 눈치가 보였던 것 같다.

사실 나는 아내가 항상 챙겨 주는 것으로 잘 먹고 편하게 여행을 다니고 있다. 아내는 내가 물을 마시고 싶어 하면 언제나 생수를 꺼내 준다.

오늘 오후에는 게이랑게르 피오르(Geiranger Fjord) 관광을 위해서 올레순에서 헬레쉴트(Hellesylt)로 떠날 예정이다. 헬레쉴트로 가는 버스는 아침 9시에 출발하는 버스로부터 저녁 7시에 출발하는 버스까지 하루 네 차례 운행한다. 우리 부부는 오후 2시 55분에 출발하는 버스를 타기로 하고 그때까지 올레순 시내를 관광하기로 했다.

아침 식사를 마친 후 서둘러 유스호스텔에서 체크아웃했다.

배낭을 라커룸에 맡기기 위해서 호스텔을 나와 올레순 버스 터미널로 향했다.

어제는 빗방울이 떨어지는 궂은 날씨였지만 오늘은 다행히 날씨가 조금 좋아진 것 같다.

밤새 크루즈선 두 척이 새로 항구에 도착한 듯했다. 버스 터미널 근처에 있는 크루즈선 터미널에서 많은 관광객이 하선하는 모습이 보였다.

우리 부부는 버스 터미널로 들어가서 라커룸에 배낭을 맡겼다(요금 40NOK). 그리고 아르누보 건축 양식의 예쁜 건물들이 많이 모여 있는 시내 중심가를 지나서 헤사(Hessa)섬을 향해서 걸었다.

사실 내 속마음은 아내 모르게 시내 중심가에서 약 4~5㎞ 떨어진 헤사섬까지 가고 싶었다. 왜냐하면 그곳에는 푸른 바다와 아름다운 올레순 도시 모습을 한눈에 조망할 수 있는 314m 높이의 Sukkertoppen이 있었기 때문이다.

그곳까지는 올레순 시내 중심가에서 4~5㎞ 거리에 불과했고, 314m 높이의 Sukkertoppen을 오르는 것도 2~3시간이면 충분할 것으로 여겨졌다. 그렇지만 계속된 강행군으로 피로해진 아내에게 314m나 되는 Sukkertoppen을 등산하자고 하는 것이 좀 눈치가 보였다. 나는 아내의 컨디션이 좋아지면 아내에게 말하고, 그렇지 못하면 헤사섬으로 산책 삼아 가다가 되돌아올 셈이었다.

올레순 시내 중심가로 들어서자 노란색, 붉은색들의 예쁜 건물들이 아침 햇빛을 받고 더욱 선명하게 보였다. 아르누보 양식이라고 하는 건물이 모여 있는 시내 중심가를 지나 대로로 들어서자 멀리 떨어진 언덕 위에 큰 교회가 보였다. 교회 앞에서는 여행사 가이드의 설명을 듣고 있는 외국인 단체 관광객들의 모습도 보였다. 그곳으로 가보니 바로 올레순 교회(Ålesund Church)라는 것을 알 수 있었다. 교회는 너무 이른 시간 탓인지 문은 열지 않았지만, 교회 옆에 있는 묘지가 내 눈길을 끌었다.

[올레순 교회]

묘지에는 비석마다 이름이 쓰여 있었다. 비석 중에 가까이 보이는 비석 하나가 내 눈길을 끌었다.

Age Lergrovik ★ 1969. 8. 26 +2012. 12. 20

남자인지 여자인지 모르겠지만 'Age Lergrovik'라는 사람이 43세의 젊은 나이에 저세상으로 떠난 것 같았다. 그것도 크리스마스를 며칠 앞두고 저세상으로 떠난 듯했다.

43세라면 젊은 나이 아닌가?

사랑하는 아이들도 있었을 것이고, 하고 싶은 일도 많이 남았을 것 같다는 생각이 들자 안타까운 마음이 들었다.

사실 죽음은 피할 수 없는 일이다. 죽음을 앞두고 후회해 봐야 무슨 소용이 있겠는가? 하고 싶은 일들이 있다면 뒤로 미루지 말고 지금 이 시간을 소중히 사용하는 것이 제일 중요하다는 생각이 들었다.

교회를 지나 주택가 언덕에 오르자 우렁찬 뱃고동이 들렸다. 거대한 크루즈선 한 척이 들어오고 있었다. 주택가를 따라서 헤사섬이 있는 방향으로 계속 걸어갔다. 아내의 발걸음이 점점 느려지는 것 같았다. 잠시 쉴 생각으로 바다가 보이는 언덕의 작은 공원으로 올라갔다. 바로 100여 m 앞에는 헤사섬으로 건너가는 다리도 보이고, Sukkertoppen의 정상 모습도 선명하게 보였다. 그렇지만 더 이상 가는 것은 아내에게 무리라는 생각이 들었다. '한두 시간이면 충분히 올라갈 수 있었을 텐데' 하는 아쉬움도 들었지만, 발길을 돌리는 것이 맞겠다는 생각이 들었다. 그래서 아내에게 헤사섬으로 건너가는 다리까지만 걷고 다시 시내로 되돌아가자고 했다.

아내에게 우리가 지금 헤사섬 방향을 향해서 걷고 있다는 사실을 숨긴 것이 좀 미안했다. 하지만 "산만 보면 올라가려 한다."라고 하는 말은 듣지 않아서 다행이었다.

헤사섬으로 가는 다리를 건넜다가 되돌아오는데 앞에 커다란 슈퍼마켓이 보였다.

"여보! 저기 당신이 좋아하는 슈퍼마켓 있다!"

내 말에 아내는 좀 뜨끔한 것 같은 눈빛이었다. 나는 혹시 아내의 자존심을 건드린 것 같아서 웃으면서 얼버무렸다.

사실 슈퍼마켓에 가도 크게 살 것이 없었다. 목마르면 가까운 편의점을 이용하는 것이 편하다. 물론 편의점에서는 작은 생수 한 병값이 20크로네가 넘는다. 우리나라 돈으로 치면 0.33리터 작은 생수 한 병값이 3천 원인 것이다. 그렇지만 가까운 편의점에서 사는 것도 나쁘지 않다고 생각했다. 왜냐하면 아무리 대형 마트에서 1.5리터짜리 큰 생수 한 병값을 10NOK(약 1,500원)만 받는다고 해도 1,500원짜리 생수 한 병을 사기 위해서 멀리 있는 대형 마트까지 찾아가려면 수고스럽기 때문이었다. 물론 비용은 좀 절약할 수 있을 것이다.

여행하면서 레스토랑에서 식사하는 것도 마찬가지다.

설사 한 끼 식삿값이 5만 원이 넘는다고 하더라도 분위기 좋은 레스토랑이면 나는 그런 곳에서 식사도 하고 싶다. 나는 한 끼 식삿값 5만원을 단순히 음식값으로만 따질 것이 아니라고 생각한다. 왜냐하면 분위기가 좋은 곳이라면 분위기 좋은 장소의 가격도 음식값에 포함되어 있다고 생각하기 때문이다.

그런데 아내와 내 생각은 좀 다르다.

아내는 가능하면 가깝지만 비싼 편의점보다 멀리 떨어져 있어도 가격이 저렴한 대형마트를 가고 싶어 한다. 그리고 내가 생각하기에 필요한 양보다 늘 더 많이 산다. 필요할 때를 대비해서 미리 준비하는 것같다. 물론 필요한 때를 대비해서 준비하는 일은 좋은 일이다. 그렇지만 무거운 것을 가지고 다닐 때 힘든 것은 생각하지 않는 것 같다. 그래서 나는 좀 못마땅하게 생각한 때도 한두 번이 아니었다.

"엄마는 가족들 굶기지 않으려고 하는 것이지. 그런 거 몰라요? 당연한 거죠!"

아내는 기분이 언짢은 것 같았다. 그리고 빠르게 말을 이었다.

"내가 이렇게 알뜰하게 살았으니까 당신이 지금까지 잘 먹고 잘 살고 있는 줄 알아요!"

아내의 얼굴은 약간 상기된 표정이었다. 그러면서 아내의 말이 계속 이어졌다.

"자식들 굶기지 않고, 가족들 하루 세 끼 먹이는 것이 엄마의 마음이에요. 알았어요?"

나는 그 말을 듣고 조금 뜨끔해졌다.

사실 아내의 말이 맞는 말 같다. 사랑하는 자식들이 먹을 것이 없고 배고프다고 하면 얼마나 슬픈 일인가? 알뜰하게 자식들을 굶기지 않기 위해서 먹을 것을 준비해 두는 것도 사실 따지고 보면 엄마의 본능일 것이다. 동물들도 그러지 않는가? 그런데 그런 것을 모르고 나는 내가 편한 것만 생각해 왔으니 아내가 기분이 언짢을 수밖에 없었을 것이다.

마트에서 살 것은 별로 없었다. 그렇지만 과일과 생수를 좀 넉넉하게 사서 배낭에 넣었다. 그리고 다시 올레순 시내 중심가로 나왔다. 올레순 시내 중심가는 많은 관광객으로 붐비고 있었다.

어제저녁의 한산한 모습과는 전혀 달라 보였다. 모두 크루즈선에서 내린 관광객들 같았다. 나도 그들과 같이 유겐드 스타일(Jugend style)으로 지어졌다고 하는 예쁜 건물들이 모여 있는 올레순 시내 중심가 골목길을 걸었다.

그렇지만 내 머릿속에서는 다시 어제 올라갔다 왔던 피엘스투아 전망대에서 본 올레순의 모습이 지워지지 않았다. 사실 어제저녁에 피엘스투아 전망대에서 보았던 올레순의 모습은 내가 그동안 상상했던 모습이 아니었다. 늦은 저녁 시간이고, 빗방울도 떨어졌고, 춥기까지 했다. 사람도 별로 없어서 너무 쓸쓸해 보였다. 그 모습을 그대로 간직하고 올레순을 떠난다면 어렵게 이곳까지 먼 길을 꿈꾸고 왔던 추억이 잊혀질 것 같았다. 그래서 아내에게 다시 피엘스투아 전망대에 올라가자고 제의했다.

아내는 피곤한 듯 어제 올라갔던 곳을 왜 다시 힘들게 올라가야 하냐고 하면서 시큰둥한 반응이었다. 그렇지만 내가 몇 차례 조르자 아내는 마지못한 듯 올라가자고 동의해 주었다. 다행히 하늘에서는 따뜻

[올레순(Ålesund) 항구 모습]

한 햇볕이 내리쬐고 있었다.

피엘스투아 전망대로 올라가는 등산로는 관광객들로 매우 붐볐다.

피엘스투아 전망대에서 본 올레순의 모습은 어제와 전혀 다른 분위기였다. 관광객들로 분비기도 했지만 피엘스투아 전망대에서 본 올레순 시가지의 모습은 마치 푸른 바다 위에 예쁜 도시가 떠 있는 것 같았다. 그리고 그 뒤편 피오르 건너로는 흰 눈이 쌓인 높은 산맥들의 모습이 선명하게 보였다.

아내도 어제와 다른 모습에 기분이 업된 듯했다. 아내는 집에 있는 작은딸과 카카오톡으로 페이스톡을 했다. 그러면서 스마트폰 카메라로 올레순의 이곳저곳을 보여 주면서 즐거워했다. 아내의 마음은 온통 집에 있는 딸에게 가 있는 것 같았다.

이제 올레순을 떠나도 될 것 같다는 생각이 들었다.

흥분된 마음을 가라앉히고 천천히 돌계단을 내려가다가 40대로 보이는 우리나라 남자 한 명을 만났다. 오래간만에 우리나라 사람을 만

나니 반가웠다. 친구와 자동차 여행 중이라고 하는 그는 노르웨이 풍광이 스위스 못지않다고 하고 즐거운 여행이 되라면서 우리 부부의 여행을 격려해 준다.

 Self-Travel Tip ➤ *Google 검색창에서 검색해 보자!*

Ålesund의 즐길 거리, Ålesund의 Activities

1. 즐길 거리(to do), Activities in Ålesund 등과 같은 키워드로 Google 검색창에서 검색해 본다.
2. Tripadviser의 여행 정보는 여행자들의 인기도 랭킹순위에 따라서 편집되어 있다.
   따라서 초보 여행자들이 Activites 결정 시 유용하다.

★ 게이랑게르 피오르 크루즈의 출발점 헬레쉴트(Hellesylt)로 가는 길

[올레순 주변의 높은 산맥들]

오후 2시 55분경 헬레쉴트(Hellesylt)로 가는 넷버스(Nettbuss)를 탔다. 버스는 어제 올레순으로 왔던 길로 되돌아가는 것 같았다.

버스는 Magerholm Ferjekai에 도착하자 기다리고 있던 카페리선으로 들어갔다. 그리고 약 10여 분 정도 배와 함께 피오르를 건넜다.

피오르를 건너자 높은 산 고봉에 하얀 눈이 남아 있는 설산들이 나타났다. 그 아래 골짜기에는 아름다운 호수들이 이어졌다.

나는 아름다운 설산 모습에 빠져 여러 차례 카메라 셔터를 눌렀다.

그런데 내가 앉은 자리 건너편에 어린 아기를 안고 있는 젊은 노르웨이 여인이 나를 보면서 반대편 왼쪽 창문을 보라고 손으로 가리켰다. 왼편을 보니 어제 보지 못했던 거대하고 웅장한 바위산이 보였다.

노르웨이의 젊은 여인에게 고맙기도 했지만 갓 태어난 어린아이를 안고 있는 그 여인의 모습이 왠지 애처롭게 보였다. 나이도 20살을 크게 넘지 않은 것 같았다.

버스는 어제 멈추었던 스트란다(Stranda)에도 잠시 정차하더니 승객을 싣고 다시 헬레쉴트 방향으로 출발했다. 나는 운전기사에게 헬레쉴트 유스호스텔 앞에 내려 달라고 부탁했다. 헬레쉴트 유스호스텔은 헬레쉴트 마을에 도착하기 500~600여 m 전에 있는 언덕에 있다. 따라서 헬레쉴트 마을에서 내려 헬레쉴트 유스호스텔로 가려면 10여 분 이상 언덕길을 올라가야 했기 때문에 그렇게 부탁했던 것이다.

우리 부부는 헬레쉴트 호스텔(Hellesylt hostel) 프런트로 들어가 체크인을 했다. 트윈룸 1박 숙박비는 645NOK였다. 우리나라 돈으로 환산하면 약 9만 원 수준이었다. 10% 숙박비 우대를 받기 위해서 여권과 유스호스텔 회원증을 프런트 직원에게 제시했다. 그런데 그 직원은 10% 회원 우대를 아는지 모르는지 645NOK를 모두 결제한다. 내가 유스호스텔 회원임을 다시 한번 밝히니 그 직원은 떨떠름한 표정을 지으며 10%를 할인해 준다.

나는 그 직원에게 피오르가 보이는 방을 부탁했다. 그렇지만 그 직원은 손님이 많은 철이라면서 피오르와 반대편에 있는 구석진 방을 배정해 주는 것이다.

[올레순, 헬레쉴트 간 버스 운행 노선도]

[헬레쉴트로 가는 길의 풍경]

손님도 많지 않은 것 같은데, 내가 유스호스텔 회원이라고 하면서 호스텔 숙박료 10% 우대를 요구한 것이 그 직원의 심사를 불쾌하게 만든 것 같았다.

안내받은 방은 2층 침대가 놓인 트윈룸이었다. 그럭저럭 잘만 한 것 같았다.

나는 한국 유스호스텔 연맹(www.youthhostel.or.kr/) 사이트를 통해서 헬레쉴트 호스텔을 예약했다. 그런데 나중에 알게 됐지만 게이랑게르에서 달스니바(Dalsnibba) 전망대 버스 투어를 하기 위해서는 가능한 한 게이랑게르(Geiranger)에서 숙소를 정하는 것이 유리한 듯했다. 왜냐하면 크루즈선들이 게이랑게르에 도착해서 관광객들이 몰려오면 달스니바 전망대 버스 투어 티켓을 구입하는 것이 힘들기 때문이다.

우리 부부는 배낭을 정리하고 헬레쉴트 마을로 산책하러 나갔다.

신선한 공기, 서늘한 산바람을 맞으니 기분이 너무 좋다.

헬레쉴트는 약 250여 명이 사는 작은 산골 피오르 마을이라고 한다. 정말 조용한 산골 마을이었다. 우리 부부는 내일 아침 이곳에서 게이랑게르로 가는 피오르 크루즈 페리선을 탈 예정이다.

도로를 따라서 페리선 선착장이 있는 헬레쉴트 마을로 걸어 내려갔다.

길가에는 노란 야생화들이 이어졌다. 도로를 따라서 조금 더 내려가자 우렁찬 폭포 소리가 들려왔다. 헬레쉴트 폭포(Hellesyltfossen)였다. 마을 위쪽의 높은 골짜기에서 빙하가 녹은 물이 헬레쉴트 마을 앞의 피오르로 떨어지는 폭포였다. 정말 장관이었다.

마을로 들어서자 집마다 창가에 예쁜 꽃과 커튼이 장식되어 있었다. 어떤 집에는 'ANOS 1892'라고 글을 써놓은 것이 보였다. 집을 지은 지 120년이 넘었다는 이야기 같은데 아직도 새집 같았다.

저녁 시간이 지났지만 해는 아직 떠 있다. 그런데 마을은 너무 한적했다.

멀리 보이는 슈퍼마켓에 있는 한두 사람을 제외하고는 사람들을 좀처럼 볼 수 없었다.

큰 물보라와 웅장한 폭포 소리를 내면서 떨어지는 헬레쉴트 폭포 앞으로 가 보았다. 폭포는 정말 장관이었다.

조금 있더니 페리선 선착장에 페리선 한 척이 도착했다. 일본인 단체 관광객 약 30~40명이 가이드를 따라서 우리가 서 있는 폭포 앞으로 조심스럽게 걸어온다. 거의 70~80대의 나이 든 사람들이었다. 그들 중 걷는 데 불편하지 않은 사람들은 폭포를 배경으로 기념사진을 찍는다. 그렇지만 정말 나이가 많아 보이는 몇몇 할머니는 구부러진 허리를 펴고 묵묵히 폭포를 바라볼 뿐이다. 사실 그런 나이가 되면 사진을 찍어도 볼 시간도 많지 않을 것이다. 나도 나이가 들어가지만 그런 모습이 왠지 안타깝게만 보였다.

오늘 저녁 식사로는 라면을 끓여 먹고 싶었다.

호스텔로 돌아오는 길에 슈퍼에 들러서 누들 등 저녁거리를 샀다. 호스텔 주방에 들어서니 외국인 청년 한 명이 스파게티를 만드는 것 같다. 나도 슈퍼에서 사 가지고 온 누들과 집에서 가져온 라면 수프로 라면을 끓였다. 오랫동안 맡아보지 못했던 얼큰한 라면 냄새가 식당을 가득 메웠다. 그 라면 냄새가 내 입맛을 크게 돋우었지만, 라면 냄새를 처음 맡아 본 젊은 외국인에게는 좀 미안스러웠다.

창밖에서 들어오는 저녁 공기가 정말 신선했다.

포도주 한 잔을 마셨더니 취기가 올라온다. 오늘 하루의 여정을 회상해 보니 오늘도 기억해야 할 추억거리가 너무 많은 것 같다.

[언덕에 위치한 헬레쉴트 호텔]

Self-Travel Tip ➤ *Google 검색창에서 검색해 보자!*

Ålesund-Hellesylt 이동 교통편

1. 노르웨이 오지 지역은 Google 지도로 교통편을 알 수 없는 경우가 많다. 따라서 버스 교통편 유무와 버스 운행 시간을 알기 위해서는 버스 회사나 해당 지역 주민의 교통편의를 위해 만들어 놓은 travel planners 웹사이트 주소를 아는 것이 중요하다.
2. 버스 회사나 travel planners를 알기 위해서 Google 검색창에 이동 방법(How to get to), 교통편(Transpor), 버스(bus), ○○지역 travel planners 등과 같은 키워드로 교통편을 검색해 본다.
3. Ålesund에서 Hellesylt으로 가는 교통편은 해당 지역의 travel planners인 KRINGOM(http://www.kringom.no/) 에서 교통편 유무 및 운행 시간을 조회할 수 있다.

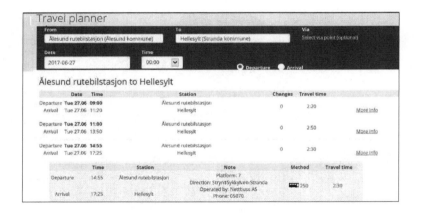

4. 하절기에는 Ålesund-Geiranger를 운행하는 관광버스가 있다.
   ☞ Google 검색창에서 ålesund geiranger buss라는 키워드로 검색하면 관광버스 회사 사이트 주소를 확인할 수 있다.

피오르 크루즈선을 타고 여행한
게이랑게르 피오르

[헬레쉴트]

잠에서 깨어 보니 밖이 너무 조용했다.

창문을 열어보니 매우 시원한 공기가 들어왔다.

오늘은 이곳 헬레쉬트에서 아침 8시에 피오르 크루즈 페리선을 타고 약 1시간 동안 게이랑게르 피오르(Geirangerfjord) 관광을 할 예정이다. 그 여행이 끝나면 게이랑게르에서 12시 25분 버스를 타고 트롤스티겐 (Trollstigen)을 통과하여 온달스네스(Åndalsnes)까지 가는 골든 루트 버스 여행을 할 계획이다.

그리고 온달스네스에 도착하면 오후 4시 37분에 출발하는 라우마 철도(Rauma Railway) 열차를 타고 돔바스(Dombås)로 간 다음, 그곳에서 다시 열차를 바꾸어 타고 트론헤임(Trondheim)으로 가서 트론헤임 공항에 있는 공항 호텔에서 하룻밤을 묵는다.

버스나 기차, 페리선 등 어느 것 하나라도 놓치면 대체할 교통수단이 별로 없다. 따라서 정말 긴장할 수밖에 없는 날이다.

호스텔에서 제공하는 아침 식사를 위해서 식당을 찾았다.

한참 이리 갔다, 저리 갔다 하다가 관광버스 운전기사의 도움으로 2층에 있는 식당에 찾아 들어갔다. 2층 식당에는 유리 찬장 속에 10명분의 아침 식사가 비닐에 덮여 있었다. 그렇다면 어제 프런트 직원이 내게 숙박 손님이 많기 때문에 피오르가 보이는 방을 줄 수 없다고 한 말은 거짓말임이 드러났다.

페리선 출발 시각은 8시이므로 서둘러서 식사를 마쳤다. 그리고 페리선이 출발하는 선착장으로 갔다. 마침 멀리서 대형 크루즈선이 검은 연기를 뿜으며 들어오더니 헬리쉴트 선착장이 있는 곳으로 들어와서 정박한다.

게이랑게르행 페리선의 승객은 이른 아침이라 그런지 20여 명에 불과했다. 우리 부부는 국내에서 미리 예약한 페리선 예약 확인서(Booking Confirmation)를 제시하고 승선했다.

페리선은 8시 정각에 출발했다.

잔잔한 피오르 수면에 타원형 물결을 일으키며 페리선은 게이랑게르를 향해서 앞으로 나아갔다. 높은 산 중턱에는 흰 구름이 걸쳐 있었다. 정말 장관이었다. 약 10여 분 정도를 지나자 페리선은 우회전하면서 좁은 게이랑게르 피오르로 진입했다. 뒤로 되돌아보자 V자 대협곡의 높은 고봉 위에 흰 구름이 걸쳐 장관을 연출하고 있었다.

　게이랑게르 피오르는 노르웨이 관광청(visitnorway.com)에서 선정한 꼭 가 봐야 할 여행지 10곳(Top 10 places to go in Norway) 중 5번째로 선정된 곳이다. 2,000m 높이의 뫼레오 그롬스달 산맥 사이에서 게이랑게르 마을로 이어지는 16㎞의 게이랑게르 피오르는 세븐 시스터즈, 브라이들 베일, 수터(구혼자) 폭포와 같은 웅장한 폭포들이 수심 300m인 피오르로 떨어지는 장관을 연출하고 있다. 그래서 여름마다 수많은 관광객이 아름다운 게이랑게르 피오르를 보기 위해서 유람선을 타고 찾아온다고 한다.

[게이랑게르 피오르]

    페리선이 헬레쉬트를 떠난 지 50여 분 정도 지나자 거대한 폭포들이 나타났다. 7개의 폭포가 인접해 있는 것을 보니 세븐 시스터즈 폭포 같다.

[게이랑게르 세븐 시스터즈 폭포]

거대한 폭포수가 떨어지면서 일으키는 물안개가 아름다운 무지개를 만들고 있었다.

우리를 태운 페리선은 9시 5분쯤 거대한 크루즈선 두 척이 정박해 있는 게이랑게르 페리선 선착장에 도착했다. 마침 게이랑게르에는 크루즈선 두 척이 수많은 관광객을 땅 위에 풀어 놓고 있었다.

우리 부부는 배낭을 맡겨 놓기 위해서 게이랑게르 관광 안내소(Gei-ranger Tourist Information Office)에 들어갔다. 그 안에는 발 디딜 틈이 없을 정도로 수많은 사람이 운집해 있었다. 크루즈선 관광객들이 몰려든 것이다.

그런데 이곳에서는 달스니바(Dalsnibba) 전망대 버스 투어 티켓도 팔고 있는 것이 아닌가?

사실 나는 달스니바 전망대에 오르고 싶었지만, 내가 게이랑게르를 여행하는 날인 오늘은 마침 공휴일로 지정되어 있었다. 그런데 달스니바 전망대 버스 투어 티켓을 팔고 있는 것을 보고 곧바로 줄을 섰다. 줄은 좀처럼 줄어들지 않는다. 그러나 9시 15분 출발 버스 티켓은 금세 매진되었다. 안타까운 마음에 그곳에 멍하니 서 있었지만 어떻게 할 도리가 없었다. 왜냐하면 내가 9시 15분에 출발하는 버스를 타지 못하면 12시 25분에 출발하는 온달스네스로 가는 버스를 탈 수 없기 때문이다.

달스니바 전망대 버스 투어는 포기하는 수밖에 없었다.

내 추측으로는 거대한 크루즈선 두 척이 들어오니까 공휴일로 지정되었던 달스니바 전망대 버스 투어를 운행하기로 한 것 같았다.

 Self-Travel Tip ➤ *Google 검색창에서 검색해 보자!*

Geiranger Fjord 페리선 예약 방법

1. Google 검색창에서 'geiranger fjord ferry' 등과 같은 키워드로 검색해 본다.
   ☞ 페리선 예약 사이트의 주소는(https://booking.visitflam.com)이다.
2. 위 사이트에서 Ferry cruise Geiranger-Hellesylt라는 제목의 내용을 확인 후 인터넷으로 예약한다.
   • 페리선 운행시즌(2017): 4. 1~10. 31.
   • 운행 횟수: 계절별로 3회(4월)에서 8회(5. 20~9. 10) 운행.

Dalsnibba 버스 투어 예약 방법

1. Google 검색창에서 'Dalsnibba'라는 키워드로 검색해서 'Dalsnibba' 버스 투어 사이트를 확인한다.
   - ☞ Dalsnibba 예약 사이트(www.dalsnibba.no)
   - Prices 2018: adults 395NOK.
   - Season 2018: 5~9월(투어는 매일 실시하는 것은 아님).
2. 크루즈선이 들어오면 현지에서 'Dalsnibba' 버스 투어 티켓을 사기 힘들다.
   - ☞ 'Dalsnibba'는 국내에서 미리 인터넷으로 티켓을 구매하는 것이 바람직하다.

★ 게이랑게르 프리달스유벳(Flydalsjuvet) 트래킹

우리 부부는 게이랑게르 주변을 잠시 트래킹하기로 하고 배낭을 관광 안내소에 맡겼다. 요금은 40NOK였다.

사실 나는 여행을 떠나기 전에 달스니바 전망대 버스 투어가 불가능할 것으로 생각하고 게이랑게르 주변을 잠시 트래킹하기로 했다. 그래서 게이랑게르 주변의 트래킹 지도를 수집해 놓았다.

내가 세운 트래킹 목표는 프리달스유벳(Flydalsjuvet) 전망대였다.

그렇지만 12시 25분에 트롤스티겐(Trollstigen)을 통과해서 온달스네스까지 운행하는 골든 루트 버스를 타야 했기 때문에 한 시간만 게이랑게르 주변을 트래킹한 후 되돌아오기로 했다.

프리달스유벳 전망대로 올라가는 길은 지그재그 형태의 가파른 경사길이었다. 그 길은 수시로 대형버스가 지나갔다. 따라서 우리 부부는 대형버스를 피해서 길가로 잠시 피하거나 길가 옆에 난 등산로를 따라 걸어서 올라가야 했다.

한 시간 여 동안의 트래킹 후 되돌아보니 게이랑게르 피오르의 전체 모습이 보였다. 산 중턱에서 본 게이랑게르 피오르의 모습은 장관이었다.

그러나 더 쾌감을 느끼게 한 것은 맑은 공기였다.

30~40분 정도만 더 올라가면 프리달스유벳 전망대에 도착할 것 같았지만 12시 25분 출발 온달스네스로 가는 버스를 타야 한다는 생각에 다시 게이랑게르 선착장이 있는 곳으로 다시 발길을 돌렸다.

[프리달스유벳 트래킹 길에서 본 게이랑게르]

하산길은 도로 옆 숲속으로 난 등산로 오솔길을 따라서 내려왔다.

배낭을 찾기 위해서 게이랑게르 관광 안내소(Tourist Information office)로 들어갔다. 그곳은 아직도 발 디딜 틈도 없을 정도로 붐비고 있었다. 크루즈선에서 내린 여행객들이 더 많이 몰려든 것이었다.

나는 내가 맡긴 배낭을 찾기 위해서 줄을 섰다. 그런데 줄은 좀처럼 줄어들지 않았다. 상담하는 사람들이 단지 티켓만 사는 것이 아닌 것 같았다. 무슨 투어가 있고, 그것은 언제 출발하고, 또 언제 끝이 나는지, 그리고 투어 비용은 얼마나 되는지 하나에서 열까지 세세한 것을 묻는 것 같았다.

상담하는 관광객들은 자신의 차례가 돌아오면 자신의 권리를 얻은 듯 뒤에서 기다리는 사람에 대해서는 조금도 신경을 쓰지 않는 것 같다. 직원들도 관광객들이 묻는 것에 대하여 하나하나 친절하게 상담해 준다. 친절한 사람들이라고 해야 할지, 융통성이 없는 사람이라고 말해야 할지 도저히 알 수 없었다.

내 마음은 버스 시간을 놓칠까 점점 급해졌다.

내 앞에서 줄을 서 있는 외국인 여자는 배낭을 맡기려고 온 것 같았다. 그런데 몰려든 사람에 밀려서 줄에서 옆으로 밀려났다. 나는 그녀에게 서투른 영어로 말했다.

"You first! next me!"

그녀는 내 말을 알아차렸는지 "Thank you!"라고 대답하면서도 큰 눈을 껌뻑이면서 말을 빠르게 했다.

"Meny, Meny Questions!"

그러더니 얼굴을 찡그렸다. 외국인인 그녀가 보기에도 배낭 하나를 맡기는 데도 이렇게 오래도록 줄을 서서 기다린다는 사실에 기가 찬 것 같았다.

그녀의 차례가 와서 내 배낭도 함께 찾아서 버스 정류장으로 달려갔다.

게이랑게르, 트롤스티겐, 온달스네스의 골든 루트를 운행하는 220번 버스 정류장은 게이랑게르 관광 안내소에서 약 50m 떨어진 대로변에 있었다.

Self-Travel Tip ➤ *Google 검색창에서 검색해 보자!*

Geiranger Activities 정보 찾는 방법

1. 먼저 Google 검색창에서 즐길 거리(Things to Do), 액티비티(Activities in) 등과 같은 키워드로 검색해 본다.
   예) 'Things to Do in Geiranger', 'Activities in Geiranger'
2. 검색해보면 대부분의 관련 여행 정보는 TripAdvisor나 Tourist Information Centre에서 얻게 되는 경우가 많다.
3. 따라서 TripAdvisor(www.tripadvisor.co.kr/)나 Geiranger Tourist Information 사이트(www.fjordnorway.com/geiranger/)에서 직접 Geiranger의 Activities 정보를 찾는 것도 한 방법이다.
4. TripAdvisor(www.tripadvisor.co.kr/)는 Activities 인기도 랭킹 순위로 편집되어 있다.
   리뷰가 많은 Activities의 리뷰를 참고하면 어떤 투어나 Activities에 참여하는 것이 좋은지 참고자료가 된다.
5. 현지인이 주관하는 등산이나 Tour, Activities를 예약하고자 할 경우 TripAdvisor의 상세정보를 클릭하면 예약 전화번호나 e-mail, 웹사이트 주소를 알 수 있다.
6. 등산이나 트래킹에 관한 상세한 지도를 찾고 싶을 경우 geiranger mountain climbing map pdf와 같이 pdf 파일로 찾으면 상세한 등산 지도를 찾을 수 있다.

Geiranger-Trollstigen,
골든 루트 버스 여행

    노르웨이는 정말 웅장한 산, 아름다운 피오르, 멋진 바다 경치가 가득한 나라 같다. 그런데 어떤 도로는 너무 놀라운 자연의 경이로움을 제공한다고 해서 '골든 루트(Golden Route)'라는 이름이 붙여진 도로가 있다. 바로 게이랑게르(Geiranger)와 트롤스티겐(Trollstigen) 간의 루트라고 알려진 도로다. 이 106㎞의 골든 루트 도로는 흰 눈 이 덮여 있는 빙하 계곡과 에메랄드빛 초록 피오르가 원시적인 자연의 아름다움을 보여 준다.

    골든 루트라고 불리는 이 게이랑게르, 트롤스티겐 간 루트는 하절기인 매년 6월 하순에서 8월 말까지 약 3개월 동안 온달스네스에서 게이랑게르까지 왕복 버스가 하루 2차례 운행된다. 따라서 게이랑게르, 트롤스티겐 간 루트는 하절기가 아니면 여행하기 어려운 곳이다.

    그래서 우리 부부는 게이랑게르, 트롤스티겐 간 루트를 여행하기 위해서 북유럽 여행 일정을 조정해야 했다.

    우리 부부가 게이랑게르 관광 안내소(Tourist Information office)에서 배낭을 찾은 후 게이랑게르, 트롤스티겐, 온달스네스의 골든 루트를 운행하는 220번 버스 정류장으로 가자 그곳에는 이미 많은 사람이 모여 있었다. 한국인 모녀를 비롯해서 중국인, 동남아 사람들도 몇 명 보였다.

그런데 그곳에서 또 낯익은 사람이 보이는 것이 아닌가?

프레케스톨렌을 등산할 때도 만났고, 송달에서도 만났던 바로 영국 런던에 머물고 있다는 젊은 여자였다. 아내와 그 여자는 서로 인연이 깊다면서 깔깔댔다.

12시 20분쯤 버스가 정류장에 도착했다.

우리 부부는 그녀와 버스 중간 부분에 자리를 잡고 그동안 어떻게 여행을 했는지 서로 이야기를 나누었다. 우리는 오늘 올레순을 떠나서 이곳에 왔는데 그녀는 반대로 온달스네스에 도착하면 올레순으로 간다고 했다.

버스는 12시 25분, 정시에 출발했다.

게이랑게르, 트롤스티겐 간 루트에는 이글 로드(Eagle Road)와 트롤스티겐 헤어핀(Trollstigen Hairpin) 도로가 유명하다. 우리가 탄 버스는 게이랑게르 마을을 출발한 직후 높은 산악 지역을 향해서 꼬불꼬불한 급경사 길을 올라가기 시작했다. 바로 이글 로드였다. 정상으로 올라가니 웅장한 게이랑게르 피오르를 버스에서도 볼 수 있었다.

[Geiranger-Trollstigen National Touristn Rroute]

[이글 로드 전망대 부근]

버스가 산 정상을 넘자 흰 눈이 덮인 거대한 빙하 고원 아래로 에메 랄드빛 그린 호수가 나타났다. 높은 설산 아래 노란 야생화가 가득한 초지가 이어졌다.

우리가 탄 버스는 게이랑게르를 출발한 지 30여 분이 지나자 커다 란 호수 같은 커다란 큰 피오르 앞에 멈춰 섰다. 에디스달(Eidsdal)이란 곳이었다.

버스는 그곳에서 피오르를 건너기 위해서 10여 분 이상 기다린 후 도착한 페리선을 타고 피오르를 건너 린네르(Linge)라는 곳으로 갔다.

[트롤스티겐 가는 길]

우리가 탄 버스는 트롤스티겐 고원을 향해서 달렸다.

피오르를 건너자 흰 눈이 덮인 설산 아래로 초록빛의 산림지대가 나타나더니 고원으로 올라갈수록 흰 눈이 덮인 높은 빙하 골짜기와 에메랄드 그린색의 호수들이 나타나기 시작했다. 버스에서 바라본 밖의 풍경은 정말 사람들이 살기 힘든 설원의 고원지대였다. 보이는 것은 거대한 암석의 고봉과 흰 눈이 덮인 설산들뿐이었다. 빙하 골짜기에는 검푸른 호수 등 원시 자연의 장엄한 모습이 그대로 남아 있었다. 볼수록 대자연의 신비감이 경외감마저 불러일으켰다.

우리가 탄 버스는 오후 2시 20분쯤 수많은 자동차와 관광버스들이 주차해 있는 트롤스티겐 관광 안내소(Trollstigen Visit Center) 주차장에 도착했다.

버스 운전기사는 그곳에서 약 20여 분간 정차한다면서 트롤스티겐 전망대까지는 약 5분 거리라고 안내해 주었다.

우리 부부는 서둘러서 트롤스티겐 전망대가 있는 곳을 향해 걸어갔다.

트롤스티겐 전망대에서 바라본 트롤스티겐 헤어핀 도로의 모습은 정말 장관이었다. 머리핀처럼 생긴 11개의 급경사진 굴곡부로 이루어진 도로로 개미처럼 작은 자동차들이 올라오는 모습이 보였다. 그 도로 옆으로 흰 눈이 쌓인 고봉에서는 빙하가 녹은 물이 거대한 폭포가 되어 골짜기로 떨어지고 있었다. 스티 폭포(Stigfossen)였다. 다시 버스를 탔다.

[트롤스티겐]

버스는 온달스네스(Åndalsnes)를 향해서 숨 막힐 듯이 꼬불꼬불한 급경사의 트롤스티겐 헤어핀 도로를 천천히 내려갔다. 몇 차례 굴곡진 급경사의 좁은 도로를 돌자 버스 위에서 우렁찬 폭포수가 떨어지는 소리가 들렸다.

트롤스티겐을 떠난 버스는 오후 3시 30분쯤 온달스네스역에 도착했

노르웨이(Day 6~20)

다. 온달스네스역 근처 앞바다에는 거대한 퀸 엘리자베스(Queen Eliza-beth)호가 정박해 있었다. 트롤스티겐 주차장에서 보았던 수많은 관광버스가 바로 퀸 엘리자베스호 크루즈선으로 관광객들을 실어 나르고 있는 것 같았다.

게이랑에르에서 만났던 젊은 여자는 올레순으로 떠난다고 하면서 온달스네스역 앞에서 작별 인사를 하고 우리와 헤어졌다.

 Self-Travel Tip ➤ *Google 검색창에서 검색해 보자!*

Geiranger-Trollstigen-Åndalsnes 버스 예약 방법

1. Google 검색창에서 'Geiranger-Trollstigen-Åndalsnes'라는 키워드로 검색해 본다.
   ☞ 버스 티켓 예약 사이트(https://destinasjon-alesund-and-sunnmore.trekksoft.com)
2. Geiranger-Trollstigen-Åndalsnes 버스는 6. 26일부터 8. 20까지 여름철에만 하루 2차례 운행된다.
   • 요금: 성인 478NOK(2017년 기준)
3. 버스는 Trollstigen에서 잠시 관광할 수 있도록 약 25분간 정차한다.

🚌 **220 GEIRANGER-TROLLSTIGEN-ÅNDALSNES**
Geiranger-Dalsnibba and connection to Oslo.   *

Km		D	D	D	D	D
24	Frå Geiranger		1225	...	...	1810	..
34 |	Ørnesvingen v/utsikten		1250f	...	...	1830f	..
50 Til	Eidsdal		1315	...	...	1855	..
	🚢 from Eidsdal		1320	...		1900	..
50	Frå Linge		1330	...	...	1910	..
57	Valldal		1340	...	...	1930	..
96	Trollstigen		1420	...	...	2010	..
96	Trollstigen		1445	...	...	2020	..
112 Til	Åndalsnes jbst.		1520	...	...	2055	..
	🚌 dep. to Ålesund		1630		...	...	
	🚌 to Molde		1550d		...	...	
	🚌 to Oslo/Trondheim		1531		...	...	

Notes:
d) Daily except Saturdays.
f) Stop for photographing.
* Booking in advance at Geiranger tourist office.

D = Daily x = Except 6 = Saturday 7 = Sunday

★ 라우마 철도(Rauma Railway)를 타고 간 트론헤임(Trondheim)

[라우마 레일웨이 열차]

온달스네스(Åndalsnes)는 인구 약 3천여 명의 작은 도시다.

높은 설산과 초록색 피오르로 둘러싸여 있는 도시다. 커다란 크루즈 선이 도착해서 그런지 시내 중심가는 관광객들로 붐볐다.

우리 부부의 다음 여행지는 로포텐 제도(Lofoten Islands)였다.

따라서 처음 여행 계획을 세울 때는 이곳 온달스네스에서 오후 4시 30분에 출발하는 야간열차를 타고 보되(Bodø)로 이동한 후, 다음 날 아침 보되에서 로포텐 제도의 모스케네스(Moskenes)행 카페리선(www.torghatten-nord.no)을 탈 계획이었다.

그러나 트론헤임(Trondheim)에서 보되로 가는 열차는 노선을 보수 공사 중이라고 했다. 그래서 급하게 로포텐 제도행 항공권을 구입하고 항공편이 있는 트론헤임으로 가게 된 것이다.

트론헤임으로 가는 기차의 출발 시각은 오후 4시 37분이었다. 우선 4

시 37분에 출발하는 기차를 타고 돔바스(Dombås)로 가서 그곳에서 다시 6시 8분에 출발하는 트론헤임행 기차로 갈아타야 했다.

그런데 온달스네스와 돔바스를 잇는 철도는 풍경 열차로 유명한 라우마 철도(Rauma Railway) 열차라서 노르웨이의 어떤 풍경이 펼쳐질지 기대가 컸다.

온달스네스역은 종착역이라 정말 한산했다.

역사 내에는 열차 출발 시각을 알리는 전광판만 있을 뿐 기차표를 파는 매표소도 없었다. 안내가 필요할 경우 조회해 보라는 듯 작은 노트북 한 대가 폐쇄된 매표소 창구 앞에 놓여있을 뿐이었다.

우리 부부는 유레일 패스로 오후 6시 37분에 온달스네스에서 돔바스로 가는 라우마 철도 열차를 탔다.

라우마 철도는 온달스네스에서 돔바스를 매일 4번 운행한다고 한다. 소요 시간은 약 1시간 40분이다. 우리가 탄 열차는 차량은 4칸이 연결된 비교적 작은 열차였다.

열차는 출발한 지 10여 분이 지나자 호수 지역을 지나더니 높고 웅장한 바위산 아래의 깊은 협곡을 통과하기 시작했다. 기차는 고도를 높이면서 웅장한 바위산 아래의 계곡들을 돌면서 달렸다. 기차가 협곡을 통과하자 이번에는 울창한 산림지대가 나타나더니 멀리로는 흰 눈이 쌓인 산맥, 가까이로는 초록색의 초원이 보이는 풍경으로 바뀌었다.

1시간 40분여를 달린 기차는 오후 5시 57분에 돔바스(Dombås)역에 도착했다.

돔바스역은 고지대의 작은 산골 역 같았다. 기차역 주변에는 벌목해 온 목재들을 쌓아둔 곳만 보일 뿐, 사람들이 사는 집들은 좀처럼 볼 수 없었다.

그곳에 내린 승객들 대부분은 곧바로 도착한 오슬로행 기차를 타고 떠났다. 남아있는 승객들 40~50여 명은 노르웨이 북쪽인 보되나 트론헤임으로 가는 승객들 같았다.

나는 그곳에서 10여 분 정도를 기다린 후 6시 8분에 출발하는 트론헤임행 기차로 갈아타야 했다. 그런데 잘못하면 트론헤임행 기차를 놓치는 큰 사건이 벌어질 뻔했다. 왜냐하면 나는 10분 후에 바로 트론헤임행 기차로 환승해야 한다는 것을 모르고 30~40분 정도를 기다려도 되는 줄로 착각하고 있었다. 그래서 역사 안의 화장실로 들어갔던 것이다. 그런데 다시 밖으로 나와서 보니 아내가 나에게 소리치고 있었다.

"여보! 저기 기차가 들어와요!"

순간 나는 저 기차가 트론헤임으로 가는 기차일지도 모른다고 생각했다. 왜냐하면 그 기차는 오슬로 방향 선로에서 들어오고 있었기 때문이다. 그러면 트론헤임을 거쳐서 보되로 가는 기차밖에 없다고 생각했다.

나는 아내와 함께 기차가 멈추는 정류장 앞에 서 있는 철도 승무원한테 달려가 물었다. 그런데 그는 이 기차가 트론헤임으로 가는 기차라고 대답하는 것이 아닌가?

우리 부부는 헐레벌떡 기차에 올라탔다. 기차는 우리가 타자마자 출발했다.

지금도 그때를 생각하면 아찔하다. 만일 그때 그 기차를 놓쳤다면 어떤 일이 벌어졌을까?

사람도 별로 없는 산골 작은 역에서 하룻밤을 어떻게 보냈을지도 모르겠지만, 다음 날 기차를 타고 트론헤임에 찾아간다고 해도 로포텐 제도로 가는 비행기 편을 구할 수 있을지도 의문이었기 때문이다.

트론헤임으로 가는 2시간 30분 동안 아내와 나는 이 기차를 놓치지 않은 것을 얼마나 다행스럽게 생각했는지 모른다.

　내가 트론헤임에 예약한 호텔은 레디슨 블루 호텔(Radisson Blu Hotel, Trondheim Airport)이었다. 바로 트론헤임 공항 내에 있는 호텔이었다.

　내가 트론헤임 공항 내에 있는 호텔을 예약한 이유는 다음 날 아침 6시 25분 트론헤임 공항에서 로포텐 제도로 출발하는 첫 비행기를 타야 했기 때문이었다.

　사실 트론헤임도 노르웨이 10대 관광지 중 한 도시다. 나도 트론헤임을 여행하고 싶었다. 그러나 트론헤임 공항이 트론헤임 시내 중심가에서 30~40㎞ 떨어진 데다가 아침 6시 25분에 출발하는 첫 비행기를 타기 위해서는 트론헤임 시내에서 머무를 수가 없었다.

Self-Travel Tip ➤ *Google 검색창에서 검색해 보자!*

해외 항공권(예: Trondheim-Leknes) 구입 방법

1. 먼저 국제항공권 가격 비교 사이트에서 항공권 구입 가능 여부를 확인한다.

   예) wichbudget(http://www.whichbudget.com/), skyscanner(https://www.skyscanner.net/).

2. Google 검색창에서 Flight ○○ to ○○ 등과 같은 키워드로 해당 구간(Trondheim-Le-knes)의 운항 항공사를 찾아본다.

   ☞ ref: GoEuro.com 등.

3. 검색한 결과 Trondheim-Leknes 구간의 경우 SAS(www.flysas.com/en/us/)와 Widerøe(www.wideroe.no/en) 두 항공사에서 함께 항공권을 판매한다는 것을 확인할 수 있다.

4. Trondheim-Bodø-Leknes 항공권은 Widerøe라는 항공사 웹사이트에서 직접 인터넷으로 직접 구입했다. 구입가격: 수수료 포함 1인당 146유로.

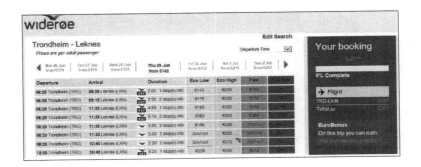

5. 항공권 가격을 수차례 반복적으로 검색하면 항공권 가격이 올라가는 경우가 많다.

   ☞ 해외 항공사에서 항공편 가격을 조회할 경우 시크릿 모드 또는 비공개 브라우징 모드로 항공편을 검색하는 것이 바람직하다. (ref: How to Book the Cheapest Flight Possible to Anywhere by Jen Avery)

로포텐 제도(Lofoten Islands), 그 섬에 가다

로포텐 제도(Lofoten Islands)는 노르웨이 북부 해안에 위치한 섬들이다. 그 섬들은 나르비크(Narvik)의 서쪽에 위치해 있고, 북극권(Artic Circle)에서도 북쪽으로 약 200km 정도 떨어져 있다.

로포텐 제도는 5개의 큰 섬과 여러 개의 작은 섬으로 구성되어 있다. 빙하시대 해안 지역의 일부가 파도나 빙하의 침식을 받아 육지에서 분리되면서 형성되었다고 한다. 따라서 해안 피오르의 풍광이 매우 아름다운 곳으로 알려져 있다.

오늘 일정은 아침 6시 25분에 우선 트론헤임 공항에서 SAS 항공편으로 보되(Bodø)로 가서 다시 위데뢰에(Widerøe) 비행기로 갈아타고 로포텐 제도의 레크네스(Leknes) 공항으로 가는 것이다.

그리고 아침 8시 25분 로포텐 제도의 레크네스 공항에 도착하면 버스를 타고 숙소가 있는 로포텐 제도 최남단의 어촌 마을인 오(Å)로 가서 예약한 유스호스텔에서 체크인하고, 다시 버스를 타고 해안 피오르로 유명한 레이네(Reine)라는 곳으로 가서 아름다운 피오르 마을인 레이네와 레이네 피오르(Reine fjord)를 관광하는 것이다.

[항공편으로 로포텐 제도로 가는 방법]

　사실 로포텐 제도는 내가 오랫동안 꿈꾸어 왔던 곳이다. 그렇지만 내 머릿속은 복잡한 생각들로 가득했다.

　왜냐하면 이곳까지 힘들게 온 것을 생각하면 '로포텐 제도(Lofoten Islands)의 오(Å)까지도 또 어떻게 찾아갈 수 있을까?' 하는 생각으로 걱정이 가득했기 때문이다. 사실 노르웨이는 지방 오지로 갈수록 교통편이 매우 적다.

　내가 묵고 있는 레디슨 블루 호텔도 트론헤임 공항 청사와 불과 100여 m밖에 떨어져 있지 않다. 그렇지만 빡빡한 여행 일정을 생각하면 아침부터 서두르지 않을 수 없었다.

　레디슨 블루 호텔은 아침 일찍 비행기를 타는 사람들을 위해서 아침 식사 시간이 5시부터였다. 나는 호텔에서 공항으로 가는 시간을 단축하기 위해서 배낭을 꾸려서 먼저 호텔 프런트로 내려가서 체크아웃한 후 식사하면 조금이라도 시간을 단축할 수 있을 것으로 생각했다.

　그런데 아내는 나의 이 같은 서두름을 아주 못마땅하게 생각하는 것 같았다. 그렇지만 나는 프런트로 먼저 내려가서 빨리 체크아웃을 하고 싶었다.

"여보! 내가 먼저 체크아웃하고 있을 테니 빨리 내려와!"

"맘대로 하세요!"

아내의 목소리가 약간 심상치 않았다. 그렇지만 나는 배낭을 메고 호텔 객실을 나와서 1층 프런트로 내려갔다. 그러나 프런트 앞에는 사람이 별로 없었다. 아침 식당으로 사용되는 레스토랑 근처 소파에 3~4명이 앉아서 핸드폰을 보고 있을 뿐이었다.

나는 불현듯 옛날에 워싱턴을 여행하면서 일어났던 사건이 생각났다. 무슨 이유에서인지 모르겠지만 "나 먼저 갈 거야."라고 아내에게 말했던 적이 있다. 아내는 그때 자신을 내버려 두고 나 혼자 간다는 말이 자신의 자존심을 상하게 했던 말로 인식했던 것 같다. 요즘도 그때의 이야기를 가끔 꺼낸다. 바로 그때의 사건이 불현듯 내 머릿속을 스친 것이다. 나는 서둘러 다시 5층 호텔 객실로 올라갔다.

아내는 아직도 태연하게 머리를 빗고 있었다. 그러면서 아내는 나를 쳐다보면서 한마디를 던졌다.

"아니, 먼저 간다는 사람이 왜 올라왔어요?"

"당신하고 같이 가고 싶어서…"

나는 태연히 얼버무렸지만, 아내는 화가 난 듯했다.

이번에도 아내의 자존심에 상처를 입힌 것 같았다. 내가 빨리 호텔 객실로 올라온 것이 그나마 다행인 것 같았다. 그렇지 않았으면 아내로부터 두고두고 원망을 들었을 것이다.

나의 서두름에 아내도 아침 5시가 되자 식당이 있는 1층 레스토랑으로 내려가 주었다. 레스토랑 앞에는 수십여 명이 큰 여행 가방을 옆에 놓고 줄을 지어서 서 있었다. 5시가 되자 레스토랑 앞을 가로막고 있던

[로포텐 제도를 운항하는 위데뢰에 항공]

차단 줄이 치워지고 입장이 시작됐다

　나도 서둘러 식당으로 들어가서 식사를 마치고 호텔을 체크아웃하고 100여 m 떨어진 트론헤임 공항 청사로 갔다.

　로포텐 제도로 가는 항공권은 SAS라는 항공사와 위데뢰에(Widerøe)라는 두 항공사가 공동으로 판매한다. 내가 예약한 곳은 위데뢰에라는 노르웨이 항공사였지만 트론헤임에서 보되까지는 SAS 항공기를 타고, 보되에서 로포텐 제도의 레크네스까지는 위데뢰에 항공기를 탈 예정이다. 항공사 간에 경쟁할 필요가 없으므로 항공 요금은 상대적으로 비싼 편이었다. 내가 예약한 항공편 중 항공편이 많은 트롬쇠에서 스웨덴 스톡홀름(Stockholm)으로 가는 SAS 항공편의 1인당 항공 요금은 126유로(약 16만 4천 원)에 불과했다. 그렇지만 트론헤임과 로포텐 제도 레크네스 구간의 항공 요금은 146유로(약 18만 1천 원)에 달했다. 더욱이 한낮에 출발하는 로포텐 제도 레크네스행 항공 요금은 230유로(약 29만 3천 원)에 달했다. 그래서 나는 항공료가 저렴한 아침 비행기를 이용하기로 하고 6시 25분에 출발하는 아침 첫 비행기를 예약한 것이었다.

우리가 공항에 도착한 시각은 5시 30분경이었다.

벌써 탑승창구 앞에는 많은 사람이 줄을 서 있었다. 그러나 탑승수속 창구는 'Check-in'이라고 표시되어 있지 않고 'Baggage Drop'이라고 표시되어 있었다. 탑승수속은 승객들이 직접 체크인 자동화 기계를 이용해서 하거나 온라인 체크인을 유도하는 것 같았다. 탑승수속 창구에서는 단지 짐만 부치도록 하는 것 같았다.

나도 위데뢰에 항공편을 예약했을 때 'Online check-in-22 hours before departure'라고 표기되어 있어서 약간 부담스러웠다. 그러나 전날 밤 스마트폰으로 위데뢰에 홈페이지에서 직접 온라인으로 체크인 해 보았더니 크게 어렵지 않았다. 따라서 나는 탑승수속을 마쳤으므로 'Baggage drop'이라고 표시된 창구에서 손으로 들고 갈 작은 배낭을 제외하고 큰 배낭은 짐으로 부쳤다.

그리고 두 장의 탑승권(boarding pass)을 받았다. 하나는 트론헤임에서 보되까지 가는 SAS 항공의 탑승권, 또 하나는 보되에서 로포텐 제도의 레크네스까지 가는 위데뢰에 항공의 탑승권이었다. 그런데 좌석 번호가 모두 표기되어 있지 않았다. 승객들이 알아서 빈자리를 찾아서 자유롭게 타는 듯했다.

아침 6시부터 보되(Bodø)로 가는 SAS 비행기 탑승이 시작됐다.

1층 게이트 밖으로 나가자 비행장에는 작은 제트 비행기가 우리를 기다리고 있었다.

우리가 탄 보되로 가는 SAS 항공기는 작은 비행기였다. 좌석은 가운데 통로를 사이에 두고 두 개씩 모두 4개 좌석으로 구성되어 있었다. 키 큰 사람은 똑바로 일어서면 머리가 기내 선반에 닿을 정도로 천장이 낮았다.

아침 첫 비행기 같았는데 약 100여 명 정도가 탈 수 있을 비행기 좌석은 빈 좌석이 하나도 없었다.

우리가 탄 SAS 비행기는 6시 25분 정시에 보되를 향해서 이륙했다.

하늘은 정말 맑았다. 창가에서 밖을 내다보니 푸른 호수, 흰 눈이 덮인 산들이 보이더니 아름다운 해안선이 이어졌다. 비행기는 해안선을 따라서 북쪽으로 비행하는 것 같았다. 비행한 지 한 시간도 되지 않은 7시 24분쯤 보되 공항에 착륙했다.

우리 부부는 보되 공항에서 약 40여 분 정도를 기다린 후 아침 8시쯤 로포텐 제도의 레크네스(Leknes)로 가는 위데뢰에(Widerøe) 비행기를 탔다. 우리가 탄 위데뢰에 비행기는 로포텐 제도의 레크네스 공항을 경유해서 Stokmarknes로 가는 비행기였다. 그런데 그 비행기는 약 40여 명이 탈 수 있는 더 작은 소형 프로펠러 비행기였다. 너무 신기한 경험이라 나는 비행기 앞에서 기념사진 몇 장을 찍었다. 아내는 내가 너무 어린애 같다면서 비행기 앞에서 사진 찍는 것에 대해서 못마땅해하는 눈치였다. 비행기 출입구 옆에 있던 50대 여자 승무원도 내가 비행기 앞에서 기념 촬영하는 것을 보고 있는 것 같았다. 탑승객 중 동양인은 오직 우리 부부뿐이었고, 나는 사진을 몇 장 촬영하느라 맨 마지막에 탑승했기 때문에 통로 옆에 남아 있던 빈자리에 앉아야 했다.

우리가 탄 프로펠러 비행기가 보되 공항을 이륙하자 곧 푸른 바다가 나타났다. 내가 오랫동안 꿈꾸어 왔던 로포텐 제도로 향하고 있는 것이었다. 몇 년 전부터 꿈꾸었던 로포텐 제도 여행. 이제 곧 현실이 된다

[로포텐 제도는 보되에서 항공편으로 20분 정도 소요된다]

고 생각하니 감회가 새로웠다. 내 머릿속에는 레이네(Reine), 부네스 비치(Bunes Beach), 람베르그 비치(Ramberg Beach), 그리고 숙소가 있는 어촌 마을 오(Å)의 모습이 그려졌다. 비행기 창문을 통해서 밖의 모습을 사진으로 찍고 싶었지만 통로 좌석이라서 불가능했다.

비행기가 정상 비행 고도에 오른 듯 좌석 안전띠를 풀어도 괜찮다는 등이 켜졌다. 그런데 50대 여자 승무원이 내게 다가와서는 나에게 사진 촬영을 원하면 승무원 옆에 있는 빈 좌석에 앉으라고 말하고 되돌아가는 것이 아닌가?

나는 승무원 옆 출입구 근처 좌석으로 가서 앉았다.

비행기 창문을 통해서 밖을 내다보니 커다란 비행기 프로펠러가 돌아가는 모습이 보였다. 그리고 아래에는 푸른 바다가 펼쳐져 있었다. 잠시 후 흰 구름 사이로 큰 섬이 나타나더니 볼록하게 솟은 화강암의 웅장한 산봉우리들이 보였다. 멀리 보이는 고산 봉우리에는 6월 말인데 아직도 흰 눈이 쌓여있었다.

조금 지나 우리가 탄 비행기는 초록 바다와 그 위에 우뚝 솟은 거대하고 웅장한 바위산 옆을 지나갔다. 바닷가 해안선 곳곳에는 울긋불긋한 작은 집들의 모습도 보였다. 그림 같은 풍경이었다. 평화로운 풍경이었다.

나는 그 모습을 잊어버리지 않도록 여러 번 카메라 셔터를 눌렀다.

정말 황홀감에 빠진 순간이었다.

비행기는 보되 공항을 이륙한 지 20여 분이 지난 8시 25분경에 레크네스 공항에 도착했다.

우리와 같이 레크네스 공항에 내린 사람은 탑승객 40여 명 중 10여 명 정도에 불과했다. 나머지 승객들은 그 자리에 계속 앉아 있었다. 그들은 Stokmarknes로 계속 가는 승객들 같았다.

나는 출입구에 바로 옆 좌석에 앉아 있었기 때문에 트랩에서 제일 먼저 내려서 레크네스 공항 청사 내로 걸어 들어갔다.

 Self-Travel Tip ➤ *Google 검색창에서 검색해 보자!*

로포텐 제도(Lofoten Islands) 가는 방법

1. Google 검색창에서 가는 방법(how to get to), 또는 항공편(flight) 등과 같은 키워드로 검색해 보자.
   ☞ how to get to Lofoten Islands from ○○.
   ☞ 영문 검색내용은 'Google 번역'에 복사 후 번역하면 쉽게 의미를 파악할 수 있다.
2. 항공편으로 Lofoten Islands 가는 방법
   ① Lofoten에는 Leknes 및 Svolvær 두 개의 공항이 있다. 대부분의 항공편은 Home-Oslo-Bodø-Leknes/Svolvær로서 Bodø 공항을 경유하여 Lofoten으로 가게 된다.
   ② Bodø-Leknes/Svolvær 구간은 Wideroe 항공사가 매일 운행하며, 2017년 봄부터

는 Widerøe 항공사가 Oslo에서 주 2~3회 직항편을 운행한다. 티켓은 Widerøe(www.wideroe.no/en), SAS 항공(www.flysas.com/)로부터도 구입할 수 있다.

3. Ferry로 가는 방법

   ① Bodø-Moskenes: Torghatten Nord(ww.torghatten-nord.no/)이 여름철 high season에는 매일 3~4회 운항한다.

   ② Bodø-Stamsund/Svolvær: Hurtigruten(www.hurtigruten.com/)이 운항된다. 요금이 비싸다. 최근 Hurtigruten의 영업정책 변경으로 port to port ticket은 전화나 e-mail로만 구입 가능하다. (출항 시간: Bodø 15:00-Stamsund 도착 19:00, Svolvær 도착 21:00)

4. Bus로 가는 방법

   ① Bodø와 Narvik에서 가는 버스가 있다.

   ② 버스 운행 시간은 177nordland(https://www.177nordland.no)에서 조회 가능하다.

★ 아직도 미스터리한 배낭 이야기

[레크네스 공항]

레크네스 공항(Leknes Airport, 노르웨이어로는 Leknes lufthavn)은 정말 작았다. 조용한 시골 간이역 같은 느낌이었다. 공항 청사 내에 있는 사람은 우리 부부와 함께 비행기에서 내린 10여 명과 그들을 기다리는 사람들 몇 명뿐인 것 같았다.

수화물을 찾는 곳에 가 보니 내가 트론헤임 공항에서 부친 배낭도 바로 나왔다. 배낭을 찾았으니 이제는 예약한 숙소가 있는 로포텐 제도 최남단 어촌 마을 오(Å)로 가는 일만 남았다.

아! 그런데 손에 들고 탔던 작은 배낭을 비행기에 두고 내린 것 같았다.

왜냐하면 트론헤임 공항에서 탑승수속을 하면서 큰 배낭은 부치고 작은 배낭은 어깨에 메고 들어간 것이 기억나는데 지금 내 손에는 작은 배낭이 없는 것이다.

그 배낭 속에는 무엇보다도 추울 때나 빗방울이 떨어지면 입으려고 가지고 다니던 '고어텍스 상의'가 들어 있었다.

"여보! 지금이라도 비행기로 가서 찾아봅시다!"

아내는 아직 비행기가 이륙하지 않았을지도 모르니 지금이라도 비행기로 가서 찾아보자고 했다. 그렇지만 말이 쉽지, 비행기로 가서 배낭을 찾는 것은 불가능해 보였다.

아내는 "정신을 어디에 놓고 다니냐?"고 하면서 핀잔을 주더니 상심한 나를 안심시켜 달래 준다.

"내가 상의 하나 사 줄게. 걱정하지 마!"

나는 어쩔 수 없이 큰 배낭만 메고 공항 밖으로 나서야 했다.

우리의 다음 일정은 버스나 택시를 타고 레크네스 시내로 가서 버스를 타고 숙소가 있는 오로 가는 것이었다. 그런데 공항 청사 밖으로 나와 보니 넓은 공항 앞 광장에 주차한 차량이 몇 대 보이지 않았다. 더군다나 택시는 한 대도 없었다.

내가 노르란(Nordland) 지역의 트래블 플래너(www.177nordland.no)를 통해서 미리 알아둔 레크네스 공항에서 오로 가는 버스는 9시 7분에 레크네스 공항 정류장에서 18-751번 버스를 타고 레크네스 시내 중심 가로 가는 것이었다. 그리고 그곳에서 9시 20분에 출발하는 18-752번 버스를 타고 로포텐 제도 최남단의 어촌 마을인 오로 가는 것이었다. 그런데 레크네스 공항 정류장에서 9시 7분에 출발하는 18-751번 버스를 타려면 30~40분 이상 기다려야 했다.

구글 지도를 보니 레크네스 공항과 레크네스 시내 중심가까지의 거리는 약 1.7km에 불과했다. 걸어서 가도 20분 거리였다. 18-751번 버스가 9시 7분에 온다고 했지만, 버스 정류장이 어디에 있는지 안내 표시도 없었다. 누구한테 물어볼 사람도 없는 것이다. 시간도 30~40분 이상 남은 것 같아서 레크네스 시내까지 걸어서 가도 9시 20분에 출발하는 19-742번 버스를 충분히 탈 수 있을 것 같았다.

그래서 걸어서 가기로 했다. 걸으면서 로포텐(Lofoten)의 신선한 공기도 마시고, 로포텐의 모습도 제대로 느낄 수 있을 것 같았기 때문이다. 사실 우리 부부는 800km에 달하는 스페인 순례자의 길을 걸었던 경험이 있다. 그래서 1.7km는 정말 가까운 거리라고 생각했다.

레크네스 공항(Leknes Airport)의 넓은 공항 광장을 지나 차가 다니는 대로에 들어섰다. 다행히 레크네스 시내로 가는 대로 옆에는 차도와 별도로 인도가 있었다. 길가 주변에는 온통 노란 야생화들이 덮여 있다. 우리 부부는 그 길을 따라서 천천히 걸어갔다. 차들만 가끔 대로를 지나갈 뿐, 사람들은 보이지 않았다. 너무 조용하고 한적하다는 느낌이 들었다.

조금 전 비가 내린 후 날씨가 갠 듯했다. 평탄하게 이어진 초원 위에 우뚝 솟아난 산봉우리 꼭대기에는 흰 구름이 걸쳐 있고 높은 화강암 바위산 봉우리 사이에 흰 눈이 쌓여 있는 모습을 보니 신세계에 온 듯한 느낌이 들었다.

로포텐의 이국적인 풍경은 내 기분을 무척 상쾌하게 했다. 그렇지만 무엇보다도 로포텐에 무사히 도착했다는 안도감이 나를 더욱더 기쁘게 했다.

그런데 내가 걷는 길에는 현지인들의 모습은 전혀 보이지 않았다. 너무 한적한 모습이었다. 아무도 보이지 않는 길을 낯선 동양인 두 사람이 배낭을 메고 걷는다고 생각하니, 혹시 현지인들이 지나가다가 우리 부부를 보게 되면 이상한 사람들이라고 생각할지도 모르겠다는 불안한 마음도 든다. 그러면서 버스나 콜택시를 타는 것이 좋았을 것 같다는 생각도 들었다.

조금 걷자 약간 추위가 느껴졌다.

걷던 길을 잠시 멈추고 배낭에 넣어둔 바람막이 상의라도 꺼내서 입겠다는 생각에 배낭을 열었다.

아! 그런데 웬일인가?

내가 잃어버렸다고 생각했던 작은 배낭이 그 큰 배낭 속에 있는 것이 아닌가?

오늘 아침 트론헤임 공항에서 탑승수속을 하면서 큰 배낭은 부치고 작은 배낭은 어깨에 멘 기억이 분명히 머릿속에 남아 있었다. 트론헤임 공항의 보안 검색대를 통과할 때도 호주머니 속에 있던 휴대품을 작은 배낭에 넣고 통과했던 기억도 있다.

또한 SAS 비행기 앞에서 아내의 핀잔을 받으면서 그 작은 배낭을 짊어지고 사진도 찍었다. 핸드폰 속 사진에는 내가 그때 작은 배낭을 메고 SAS 비행기 앞에서 찍은 사진도 있지 않은가? 그런데 레크네스 공항에 도착하고 나서는 내 손에 작은 배낭이 없었던 것이다.

그러면 어떻게 작은 배낭이 큰 배낭에 들어가게 된 것일까?

보되 공항에서 SAS 비행기 선반에 내가 놓고 내린 작은 배낭을 승무원들이 내가 수화물로 부친 큰 배낭에 넣어준 것인가? 아니면 레크네스로 오는 위데뢰에 경비행기 속에서 앞자리로 이동할 때 비행기 선반에 놓아둔 것을 승무원들이 찾아서 내가 수화물로 부친 큰 배낭에 넣어 준 것인가?

아무리 생각해 봐도 이상하다는 생각만 들 뿐이었다.

어쨌든 분실했다고 생각했던 고어텍스 상의를 찾아서 기뻤다.

내 작은 배낭을 찾아 주려고 애썼을 것 같은 나이 든 노르웨이 승무원 아줌마들에게 감사한 마음이 든다. 아내는 "다행이다."라고 말하면서도 어떻게 사람이 이렇게 정신이 없느냐고 또다시 핀잔을 준다.

Lofoten(예: Leknes Airport→Å) BUS 운행 시간 알아보는 방법

1. 노르웨이 지방 오지 지역은 Bus 운행회수가 매우 적다. 하루 1~2회도 안 되는 경우가 많다. 따라서 Bus 은행 시간을 알아두는 것이 매우 중요하다.

2. 교통편은 Google 지도로 알 수 있지만, 노르웨이 오지 지역은 Google 지도로 알 수 없는 경우가 많다. 그럴 경우 Bus 회사의 웹사이트나 지역 주민의 교통편의를 위해서 만들어 놓은 travel planners 웹사이트 주소를 알면 쉽게 조회할 수 있다.

   ① 따라서 Google 검색창에서 이동 방법(How to get to Å From Leknes Airport), 버스편(Bus Leknes Airport to Å), ○○지역 travel planner 등과 같은 키워드로 검색해 본다.

   ② 그러면 Nordland 지역의 버스 운행 시간표를 알려주는 travel planners 사이트를 확인할 수 있다. (177nordland: www.177nordland.no)

3. 177nordland(www.177nordland.no)에서 Leknes Airport→Å 버스 운행 시간을 조회한다.
   ☞ 버스 요금, 환승버스 번호도 알 수 있다.

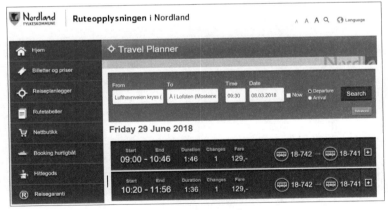

[www.177nordland.no]

4. Bus 번호별로 노선도를 알면 여행 계획을 세우기가 쉽다. Bus 노선도는 travel planner 177nordland에서 Bus 번호를 클릭하면 조회할 수 있다.

5. 중요한 버스 시간표는 컴퓨터에 내장된 '그림판' 프로그램에 복사, 붙여넣기. 자르기 등의 방법으로 간단하게 편집 후 찾기 쉽도록 날짜별로 폴더들 만들어 스마트폰이나 태블릿 PC에 저장해 둔다.

★ 로포텐 제도 최남단 어촌 마을 오(A)로 가다

[오로 가는 길]

노르웨이 로포텐 제도도 대중교통편이 매우 적다. 로포텐 제도 서쪽 끝의 작은 어촌 마을 오(A)를 찾아가는 교통편 역시 하루에 몇 편 되지 않는다.

노르웨이의 다른 지방도 비슷하지만, 노르웨이 배낭여행을 하려면 버스, 페리 등 대중교통편의 운행 시간표를 잘 아는 것이 매우 중요하다. 그러면 어떻게 버스 등 대중교통편의 시간을 알 수 있을까?

나는 알고 싶은 것이 있으면 구글(Google)이나 구글(Google) 지도 검색창에서 검색해서 내게 필요한 여행 정보를 찾는다. 그래서 배낭여행을 하려는 사람들에게 우스갯소리로 "배낭여행에 관하여 물어보고 싶은 것이 있으면 구글에 물어보라."고 말한다.

예를 들면 로포텐 제도 레크네스 공항에서 로포텐 제도 최남단 어촌 마을 오로 간다면 어떻게 갈 수 있을까?

나는 보통 두 가지 방법을 사용한다.

첫 번째 방법은 구글 지도의 '길 찾기'로 교통편을 조회해 보는 방법이다.

구글 지도로 '길 찾기'를 하는 방법은 출발 지점에 'Leknes Airport(노르웨이어로 Leknes lufthavn)', 목적 지점에 'Å'를 입력한 후에 '길 찾기'를 해 보는 것이다. 그런데 구글 지도로 교통편을 모두 조회할 수 있는 것은 아니다.

교통편을 알 수 있는 두 번째 방법으로는 구글 등 인터넷 검색창에서 교통편을 직접 검색해 보는 방법이 있다.

예컨대 레크네스 공항(Leknes lufthavn)에서 로포텐 제도 최남단 어촌 마을 오로 가는 버스편을 알고 싶다면 'Bus to Å from Leknes' 또는 'how to get to Å from Leknes' 등과 같은 키워드로 검색해 보는 것이다. 레크네스에서 오로 가는 버스 시간표를 알려 주는 사람도 있지만 'Nordland(www.177nordland.no)'라는 노르란 지역의 버스 시간표를 조회할 수 있는 트래블 플래너 사이트를 찾게 되는 경우도 있다.

내가 레크네스에서 로포텐 제도 최남단 마을 오로 가는 버스 시간 표를 알게 된 것은 바로 이 방법을 통해서였다. 검색된 영어 문장의 해석이 어려우면 복사하여 '구글 번역'에서 우리나라 말로 번역하면 된다.

레크네스(Leknes)는 인구 3천여 명이 사는 작은 도시였다. 시내 중심부의 큰 대로를 중심으로 상가나 주택이 듬성듬성 들어선 모습이 우리나라 면 소재지와 비슷한 것 같았다. 버스 정류장은 큰 대로에 있는 주유소 뒤편에 있었다.

아침 9시가 되자 서너 대의 버스가 도착했다. 버스에서 내린 승객 중 일부는 다른 버스로 갈아타기도 하는 것을 보면 이곳은 마치 버스 환승 역할을 하는 정류장이 된 것 같았다.

우리 부부는 이곳에서 로포텐 제도 최남단 마을 오(Å)로 가는 18-752번 버스를 탔다.

버스 요금은 126NOK였다. 승차 거리를 기준으로 버스 요금이 정해진다고 하지만, 고작 66㎞ 정도를 가는 데 126NOK라면 우리나라 돈으로 약 17,700원이었다. 정말 노르웨이 버스 요금은 비싼 것 같다고 다시금 느꼈다.

9시 20분이 되자 버스가 출발했다.

버스가 레크네스 시내를 벗어나자 환상적인 풍경이 펼쳐졌다.

길가 주변은 흰색, 노란색 등 온갖 야생화들로 덮여 있었다. 로포텐 제도는 이제 긴 겨울에 움츠렸던 온갖 잡초들과 야생화들이 따뜻한 햇빛을 받고, 새 생명을 잇기 위해서 분주하게 꽃을 피우고 있는 것 같았다.

다시 넓은 초원이 나타났다. 커다란 호수 같은 피오르 해안선에 듬성듬성 집들이 보였다. 그 뒤편에 우뚝 솟은 거대한 화강암 바위 봉우리 사이에는 아직도 흰 눈이 쌓여 있다. 조금 전 비가 온 후 갠 듯 높은 산 중턱에는 구름이 걸쳐 있다. 마치 동화 속의 나라에 온 듯 신비스러운 풍경이었다.

우리를 태운 버스는 야생화로 뒤덮인 초원과 초록빛 호수, 그리고 웅장한 바위산으로 둘러싸인 골짜기에 난 대로를 따라서 로포텐 제도 서쪽 끝 작은 어촌 마을인 오(Å)를 향해서 달렸다. 보이는 것은 호숫가 근처에 주차된 캠핑카들뿐이었다. 사람들은 좀처럼 찾아볼 수 없었다. 조용하고 한적한 모습이었다.

버스가 30여 분 정도 달리자 오른편으로 낯익은 해변이 나타났다. 내일모레 여행 예정인 람베르그 비치(Ramberg Beach)라는 것을 직감했다. 왜냐하면 타원형의 흰 백사장의 람베르그 비치 사진을 북유럽 여행을 떠나기 전에 이미 몇 번 보고 저곳을 여행하기로 결심했기 때문이다. 바닷물은 초록빛이었다.

버스가 레크네스(Leknes)를 출발한 지 한 시간 정도가 되자 타원형의 커다란 다리가 나타났다. 그 위에는 자전거를 타고 다니는 한 사람이 보였다. 바로 오른쪽에는 바다 같은 피오르와 그 위에 우뚝 솟은 화강암의 웅장한 바위산들의 모습이 나타났다. 그곳이 레이네(Reine)라고 생각되었지만, 버스는 순식간에 그곳을 지나갔다.

버스는 바닷가 옆으로 난 꼬불꼬불한 해안도로를 따라서 10여 분 달린 후 로포텐 최남단 어촌 마을 오(Å)에 도착했다.

내가 예약한 호스텔은 호스텔-로포텐 오(Hostel-Lofoten Å)였다. 체크인하기에는 너무 이른 시간이라 프런트에 배낭만 맡기고 나왔다.

Hostel-Lofoten Å

호스텔 숙박료는 2 bed private room 기준 1일 65.6 유로 수준이었다. 한국유스호텔연맹 사이트(http://www.youthhostel.or.k)r/) 를 통해서 국내에서 인터넷으로 예약했다. 숙소평가 ; ★★★☆☆

Self-Travel Tip ➤ *Google 검색창에서 검색해 보자!*

Lofoten Islands의 볼거리, 관광명소, 즐길 거리 찾는 방법

1. Google 검색창에서 Lofoten Islands의 볼거리(to see, to visit), 관광명소(attraction), 또는 즐길 거리(thing to do) 등과 같은 키워드로 검색해 본다.

   ☞ to see in Lofoten/top attraction in Lofoten/thing to do in Lofoten.

2. 여행 정보들이 해당 지역의 tourist information office나 Tripadviser를 통해서 얻게 되는 경우가 많다.

   ☞ Lofoten Islands의 tourist information office: Lofoten.info(https://lofoten.info/lofoten)

3. Tripadviser의 여행 정보는 유형별로 구분할 수 있고, 인기도 랭킹 순위로 분류할 수 있기 때문에 초보자가 여행지 선택 시 유용하다.

   ☞ 웹사이트 주소, 위치나 지도 정보도 수록되어 있기 때문에 상세정보를 클릭하면 opening hour, 입장료, 연락처 전화번호도 알 수 있어 예약이 필요한 경우 유용하고, 지도정보를 클릭하면 Google 지도상의 길 찾기로 전환되므로 찾아가기 쉽다.

4. Tripadvisor가 추천하는 Lofoten Islands의 관광명소

5. Lofoten의 등산, 하이킹에 관심이 있다면 'hiking on lofoten' 이라고 검색해 본다.

   ☞ 등산·사진 사이트 중 68NORTH(http://www.68north.com)가 참고할 만하다.

레이네 피오르 위의 거대한 바위산
레이네브링겐 하이킹

[로포텐 제도 레이네]

　내가 로포텐 제도를 여행하기로 결심하게 된 것은 우연히 본 몇 장의 사진 때문이다. 하나는 노르웨이에서 가장 아름답다고 알려진 레이네(Reine) 마을의 사진이었고, 또 하나의 사진은 448m 높이의 레이네브링겐(Reinebringen) 정상에서 바라본 레이네 피오르(Reinefjord)의 모습을 찍은 사진이었다.

　레이네는 300여 명이 사는 작은 어촌 마을이라고 한다.

레이네 피오르와 거대한 화강암으로 된 봉우리들로 둘러싸여 있는 레이네 마을은 노르웨이에서 가장 아름다운 마을이라는 평판을 받고 있다. 이런 레이네 마을의 모습이나 레이네 피오르의 모습은 노르웨이 관광 안내 책자의 첫 페이지에 자주 등장한다.

나는 노르웨이 여행을 꿈꾸면서 언젠가는 레이네를 꼭 여행하리라고 다짐했다.

우리 부부는 오(Å)에 있는 유스호스텔에 배낭을 맡긴 후 11시 40분쯤 버스를 타고 레이네로 향했다. 레이네는 바로 오늘 아침 레크네스 공항에서 오에 있는 유스호스텔로 버스를 타고 오면서 지나온 곳이었다.

레이네는 로포텐 제도의 최남단 어촌 마을인 오에서 약 10㎞ 떨어진 곳에 있었다.

레이네 마을 입구 버스 정류장에서 내려서 본 레이네 마을의 모습은 정말 아름다웠다. 레이네 피오르라고 하는 바다 같은 피오르와 그 피오르 위에 우뚝 솟은 거대한 화강암 봉우리들, 그리고 해안가에 있는 울긋불긋한 집들의 모습은 정말 장관이었다. 사실 6월 말이면 무더운 한여름이 시작되는 시기다. 그렇지만 이곳 레이네 피오르 위에 우뚝 솟은 거대한 화강암 봉우리들 사이에는 아직도 흰 눈이 남아 있었다. 정말 그림 같은 풍경이었다.

레이네(Reine)는 정말 작은 마을이었다.

우리 부부는 레이네 마을 입구 버스 정류장에서 레이네 마을을 향해서 천천히 걸었다. 시간은 12시가 조금 지난 때였다.

내가 로포텐 제도에 온 이유는 물론 해안 피오르 마을로 유명한 레이네 마을과 레이네 피오르를 관광하기 위해서였다.

그렇지만 내 마음속에는 레이네 피오르 위에 우뚝 솟은 거대한 바위산인 레이네브링겐 정상에 올라가서 아름다운 레이네브링겐과 레이네 마을을 보고 싶은 마음도 있었기 때문이다. 왜냐하면 나는 한때 등산을 좋아하기도 했고, 레이네브링겐은 노르웨이 여행 책자에서 자주 봤던 유명한 산이기 때문이었다.

그러나 아내에게 로포텐 제도의 여행 계획을 자세히 설명하지는 못했다. 더구나 아내는 20여 일 동안의 연이은 강행군으로 피로가 쌓인 데다가 발도 약간 불편해 보였다.

특히 오늘은 이른 새벽에 일어나 트론헤임에서 로포텐 제도까지 비행기를 타고 오면서 약간 힘들어하는 모습도 봤다. 따라서 448m나 되는 가파른 레이네브링겐을 하이킹하자고 말할 수는 없었다.

그래서 레이네 마을 이곳저곳을 산책하면서 아름다운 레이네 마을의 모습만 카메라에 담을 수밖에 없었다. 그런데 야생화로 뒤덮인 레이네 마을 입구의 버스 정류장 근처 도로에서 오 방향으로 걷는 젊은 남녀 한 쌍이 보였다. 얼핏 내 느낌에는 레이네브링겐을 등산하러 가는 사람처럼 보였다. 왜냐하면 그곳에서 멀지 않은 지하차도 옆의 인도를 따라서 조금 더 올라가면 레이네브링겐으로 향하는 등산로 입구가 있다는 것을 알고 있었기 때문이다.

그리고 등산복 차림새의 젊은 남자 한 명이 카메라를 들고 앞서가는 한 쌍의 남녀 40~50m 뒤에서 그들을 따라서 걸어가는 것이 보였다. 그 남자도 등산복 차림새와 카메라를 멘 것을 보면 틀림없이 레이네브링겐에 올라가는 사람 같았다.

"여보! 저 사람들, 레이네브링겐에 등산하러 가는 사람 같아."

"우리도 저 사람들이 올라가면 따라서 올라갈까?"

나는 아내에게 레이네브링겐을 등산할 의향이 있는지 조심스럽게 물었다.

"그럽시다! 여기까지 왔는데…"

아내의 입에서 의외의 대답이 나왔다. 그러면서 자신 때문에 레이네브링겐을 못 올라갔다는 말은 듣고 싶지 않다고 하면서 내가 제의한 레이네브링겐 등산에 동의해 주는 것이었다.

나는 나의 욕심 때문에 아내의 동의를 받았지만, 높이가 448m나 되는 가파른 레이네브링겐을 아내가 등산할 수 있을지 정말 걱정되었다. 그러면서도 내 발길은 레이네브링겐 등산로 입구 쪽으로 향했다.

레이네브링겐 등산로 입구에 가서 보니 너무 위험한 등산길이니 조심하라는 안내문도 있었다. 그렇지만 우리 부부는 천천히 448m 높이의 레이네브링겐의 정상을 향해서 올라가기 시작했다.

448m 높이의 레이네브링겐 등산길은 정말 무서울 정도로 가파른 등산길이었다. 레이네 마을과 레이네 피오르를 둘러싸고 있는 거대하고 가파른 화강암 바위산이 레이네브링겐이었으니 그럴 수밖에 없었다.

등산길에는 돌도 많았다. 그래서 매우 미끄러웠다.

뒤를 돌아보면 너무 가파른 절벽이었기 때문에 공포심도 솟구쳤다.

30분쯤 올라가고 나서 보니 앞으로 가는 것도 힘들고 뒤로 내려가는 것은 더 무서워졌다. 정말 마음속은 진퇴양난이었다.

가끔 정상에 올라갔다가 내려오는 사람을 보고 "앞으로 얼마나 더 가면 정상이냐?"고 내가 서투른 영어로 물어보면 그들은 한결같이 "조금만 더 올라가면 정상이다."라고 하거나 "20~30분만 올라가면 정상이다."라고 했다. 정말 사실인지 아닌지 모르겠지만 뒤로 내려갈 수도 없어서 정상을 향해서 천천히 올라갈 수밖에 없었다. 그런데 오히려 아내는 힘이 나는 듯 나보다 앞장서 먼저 올라갔다.

나는 걱정이 됐다.

그래서 아내에게 천천히 같이 가자고 소리쳤다. 그렇지만 아내는 내 말을 들었는지, 못 들었는지 묵묵부답이었다. 그러면서 앞으로 계속 올라가기만 했다.

바위가 많은 험한 등산길 곳곳에는 온갖 야생화들의 천지였다.

뒤돌아보면 푸른 바다가 펼쳐져 있었다. 야생화와 푸른 바다를 종이 위에 옮겨 놓으면 한 폭의 수채화가 될 것 같았다. 나의 가슴속에는 두려운 마음이 가득했지만, 손에 들고 있었던 카메라의 셔터를 여러 번 눌렀다.

[레이네브링겐 정상에서 바라본 레이네와 레이네 피오르]

당신이 꿈꾸던 30일간의
북유럽 여행

우리 부부는 약 1시간 30여 분 만에 448m 높이의 레이네브링겐 정상에 오른 것 같다. 정상에는 4~5명이 이미 올라와 있었다. 모두 한결같이 상기된 표정들이었다.

나는 마지막 바위를 붙들고 다리를 부들부들 떨면서 레이네브링겐 정상에 올라섰다. 레이네브링겐 정상에서 본 레이네 피오르의 모습은 한마디로 할 말을 잃게 만드는 풍경이었다. 아내도 아름다운 레이네 피오르의 모습에 흥분한 것 같았다. 나도 표현할 수 없는 감정이 솟구쳤다.

아! 레이네브링겐에 왔구나!

다리가 점점 더 후들후들 떨렸다. 바로 1m 앞은 수백 미터의 절벽이었다.

그런데 먼저 올라와 있던 여자 두 명이 다시 아래로 내려가려고 하는 것 같았다. '혹시 그들이 먼저 내려가고 내가 맨 마지막으로 절벽 길을 내려가다 사고가 나면 어떻게 해야 할까?' 하는 무서운 생각이 머릿속을 스쳐 갔다.

서둘러서 정상을 배경으로 증명사진을 찍기 시작했다.

정상에 올라와서 레이네 피오르와 레이네 마을의 아름다운 모습을 보면서 잠시라도 즐기지도 못하고 허둥지둥 증명사진을 찍기에만 바빴다.

이런 동양인의 이상한 모습을 보고 있었던 외국인들은 속으로 웃었을지도 모르겠다.

우리 부부가 한참 셀카 사진을 찍고 있는 사이 등산복을 입은 젊은 외국인 여자 둘이 먼저 하산하기 시작했다. 그래서 우리 부부도 사진을 찍는 것을 멈추고 서둘러 하산하기 시작했다. 만일 우리가 맨 뒤에서 내려오다 사고라도 나면 어떻게 하나 걱정이 됐기 때문이다.

하산길은 그래도 예상보다 수월했다.

정상에 대여섯 명이 남아 있었기 때문에 우선 심적으로 여유가 생겼다. 그리고 정상에 올라갈 때는 그렇게 무섭게 보였던 하산 길도 자세를 뒤로 눕히고, 나뭇가지나 돌을 손으로 잡고 내려가니 올라갈 때 보다 힘이 덜 들었다.

올라갈 때 미처 보지 못했던 야생화와 푸른 바다도 자세히 볼 수 있었다. 전망대에서는 사진을 찍는 여유도 가질 수 있었다.

중간쯤 내려오자 여러 명의 등산객이 올라오는 모습이 보였다. 점심시간이 지나고 오후가 되자 많은 사람이 올라오기 시작한 것 같았다. 우리가 레이네브링겐으로 올라갔던 시간이 점심시간 무렵이기 때문에 등산객들이 적었던 것이라고 생각되자 더 여유가 생겼다.

등산객들은 대부분이 노르웨이 등 유럽 사람들이었다.

그렇지만 젊은 중국인들도 큰 소리를 내며 무리 지어 오기 시작했다. 중국인들이 어떻게 이곳까지 알고 찾아왔을까 궁금하기도 했지만 10억 명이 넘는 인구를 가진 나라라는 것을 생각하면 놀랄 일도 아닌 것 같았다. 이제 중국인을 무시할 수 없는 세상이 된 것 같다는 생각이 들었다.

그런데 중국인들 중에는 젊은 아가씨들도 많았다. 옷은 등산복에 등산화까지 갖춘 것 같지만 등산 경험이 많지 않은 사람들일 텐데 내가 올라갔던 정상까지 그 위험한 길을 무사히 올라갔다 내려올 수 있을지 정말 걱정이 됐다.

우리나라 백두대간을 종주한 내 경험으로 비추어 보면 등산 경험이 많지 않은 사람이 레이네브링겐을 등산하는 것은 바람직스럽지 못한 것 같다. 우선 등산 초보자가 올라가기에는 등산로가 너무 가파르고 위험하다. 등산로 입구는 암석 길이고, 매우 위험하다고 쓰여 있는 등산 안내 표지판도 보인다.

레이네브링겐 정상에서 본 모습은 정말 아름다웠다. 그렇지만 그만큼 위험성도 크다는 것을 느꼈다.

이번 레이네브링겐 등산을 마치고 앞으로 나는 더 이상 위험한 등산은 그만하기로 했다. 나이가 들수록 겁이 많아진다고 한다. 나도 이제 나이도 들어서 그런 것 같다.

아름다운 부네스 비치(Bunes Beach) 트래킹

노르웨이 로포텐 여행 두 번째 날인 6월 30일, 우리 부부는 부네스 비치(Bunes Beach)로 가는 트래킹 길을 걷기로 했다.

내가 부네스 비치 트래킹 길이 있다는 것은 여행 정보 사이트 트립어드바이저(www.tripadvisor.com)와 로포텐 제도의 등산 여행 정보를 소개하는 'Lofoten Islands Photography(www.68north.com)'라는 곳을 통해서 알게 됐다.

부네스 비치는 로포텐 제도의 아름다운 피오르 마을 레이네에서 출발하는 페리로만 갈 수 있다. 따라서 사람의 발길이 닿은 경우가 많지 않았던 것 같다. 그래서 일부 등산객이나 트래킹을 하는 사람들에게만 알려져 있다.

가는 방법은 레이네에서 페리선을 타고 빈스타드(Vindstad)로 가서 부네스 비치까지 편도로 약 2.8㎞, 왕복로 약 5.6㎞ 되는 코스로서 트래킹 소요 시간은 약 2시간에서 3시간 정도 소요된다.

우리 부부는 6월 29일 아침 8시에 레이네에서 출발하는 첫 배를 타고 빈스타드로 가서 그곳에서 부네스 비치까지 가서 2시간 동안 트래킹을 하고, 다시 빈스타드에서 10시 15분에 출발하는 배를 타고 레이네로 돌아오기로 했다. 이날 오후에는 숙소가 있는 오에서 잠시 관광하

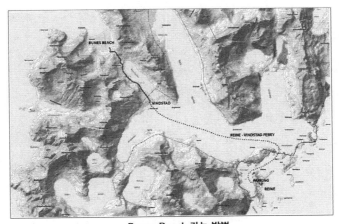

Bunes Beach 가는 방법

Bunes Beach는 Reine에서 페리선을 타고 Vindstad로 가서 편도 약 2.8km 걸어야 한다.

고 쉬고 싶기 때문이었다.

우리 부부는 아침 6시 30분에 오를 출발하는 버스를 타고 레이네로 갔다.

레이네에 도착한 시간은 대략 7시였기 때문에 레이네 페리선 선착장 근처에서 한 시간 정도를 기다려야 했다.

전날에도 봤지만 레이네는 정말 아름다운 곳이라고 생각됐다.

자연경관도 아름답지만 선선한 바람이 불어 기분이 무척 상쾌했다. 이른 아침이라서 그런지 춥게 느껴져서 두툼한 겉옷을 입어야 했다.

아침 7시 30분이 지나자 레이네 페리선 선착장에 외국인 부부 2명이 도착했다. 그리고 또 한 가족으로 보이는 5명이 무거운 배낭을 짊어지고 도착했고, 자전거 여행을 하는 독일인 아가씨, 좀 수다스러운 노르웨이 아줌마 4명 등 약 20여 명이 모여들었다. 동양인은 우리 부부뿐이었다.

빈스타드행 페리선은 'Reinefjorden.no'에서 4월부터 10월까지 하루에 3차례 운행되는 것 같다.

빈스타드행 페리선을 타면 레이네로 돌아올 때에는 키르케피오르 (Kirkefjord)를 거쳐서 돌아오기 때문에 아름다운 로포텐 제도의 해안 피오르를 관광할 수도 있다.

우리가 탄 페리선은 아침 8시에 레이네 페리선 선착장에서 출발했다.

페리선에서 본 레이네 피오르의 모습은 정말 아름다웠다. 피오르 위에 우뚝 솟은 거대한 화강암 봉우리들의 모습은 정말 장관이었다.

페리선은 레이네 선착장을 떠난 지 20여 분 만에 빈스타드에 도착했다.

노르웨이 아줌마 4명이 앞장서서 걷기 시작했다. 우리 부부도 그들을 뒤쫓아서 걸었다.

가끔 나타나는 길가의 예쁜 집들은 너무 조용했다. 어떤 집에는 빨래가 걸려 있었지만 인기척은 전혀 느껴지지 않았다. '평화라는 것이 이런 것이구나' 하는 생각이 들었다.

길가 옆에 있는 어느 작은 집에서 집수리하는 주민이 보였다. 그들은 우리를 보고 손짓하면서 조용히 미소를 보냈다.

우리 부부는 부네스 비치를 향해서 바삐 걸음을 재촉했다.

그러나 높은 화강암 봉우리 사이 골짜기에 깊숙이 들어가 있는 에메랄드빛 피오르와 야생화로 뒤덮인 초원, 그 가운데 있는 평화로운 집들의 모습은 우리 부부의 발걸음을 자주 멈추게 했다. 마치 한 폭의 그림 같았다.

우리 부부는 아름다운 풍경을 사진기에 담으며 부네스 비치를 향해서 걸어갔다.

[부네스 비치 트래킹 길]

트래킹을 시작한 지 약 30여 분이 지나자 언덕을 오르기 직전에 위치한 마지막 집들 서너 채가 나타났다. 그곳에는 'Bunes'라고 쓰인 이정표와 화살표가 있었다. 우리 부부는 그곳에서 왼쪽으로 방향을 바꾸어 언덕을 오르기 시작했다. 언덕을 오르는 길에는 작은 교회가 있었다. 그 교회 뒤편에 묘지가 있는 교회 옆 담장을 따라서 언덕으로 올라갔다.

언덕에 오르자 드디어 부네스 비치가 그 모습을 드러냈다.

부네스 비치는 웅장한 바위산이 주위를 둘러싸고 있다. 그 바위산에

노르웨이(Day 6~20)

Bunes Beach 트래킹 길

해발 80m 높이의 언덕을 오르면 Bunes Beach가 나타난다.

비하면 부네스 비치는 작고 한적하게 보였다.

우리 부부는 부네스 비치로 걸어서 내려갔다. 먼저 도착한 노르웨이 아줌마들은 흰 모래사장에 드러누운 사람, 백사장을 걷는 사람, 두 손을 하늘에 쳐들고 기뻐하는 사람 등 가지각색이었다. 함께 부네스 비치를 걸으면서 깔깔대기도 하며 모두 기쁨을 만끽한다.

우리 부부는 하얀 백사장 위를 잠시 걸었다. 그 뒤로 발자국들이 새겨진다.

지구 반대편에 사는 사람들의 발자국이다. 북극에 가까운 조그만 해수욕장에 작은 발자국을 남긴 것이다. 이 발자국들은 며칠이 지나면 파도에 지워질 것이다. 그렇지만 나의 가슴속에는 오랫동안 남아 있을 것 같다.

우리 부부는 레이네로 돌아가는 10시 15분발 페리선을 타야 했기 때문에 그곳에 오래 머무를 수 없었다. 서둘러 아름다운 해변 풍경을 사진기에 담았다. 그런데 한 명의 노르웨이 아줌마가 우리에게 다가오다니 사진을 찍어주고 돌아갔다.

우리 부부는 그곳에 오래 머무르지 못하고 발길을 돌려야 했다.

다시 언덕으로 올라가자 커다란 바위산 아래의 잔디 언덕 주변에서 캠핑하던 등산객들도 속속 텐트를 걷고 빈스타드 선착장으로 향하기 시작했다. 우리도 서둘러 걸었다.

10시쯤 빈스타드 페리선 선착장이 있는 곳에 도착했다.

우리는 10시 15분에 빈스타드에서 레이네로 가는 페리선을 탔다. 우리가 아침에 타고 왔던 바로 그 페리선이었다.

[부네스 비치]

빈스타드에서 키르케피오르(Kirkefjord)로 가는 경치도 장관이었다.

페리선은 키르케피오르에 들러서 10여 명의 승객을 하선시키고 다시 레이네를 향하여 출발했다. 페리선은 11시쯤 레이네에 도착했다.

[부네스 비치에서 빈스타드로 돌아오는 길]

빈스타드(Vindstad)에서 부네스 비치(Bunes Beach)까지의 거리는 약 2.8㎞, 왕복으로는 5.6㎞라고 한다.

부네스 비치까지 왕복하는 트래킹 소요 시간은 약 2시간 정도 걸린 것으로 추정되었다. 10시 15분에 출발하는 페리선의 출발 시간에 맞추어야 했기 때문에 부네스 비치에 오래 머무를 수 없었던 것이 아쉬웠다. 만약 시간이 넉넉한 사람이 부네스 비치를 여행한다면 오전 8시나 10시에 출발하는 페리선을 타고 빈스타드로 갔다가 오후 3시에 되돌아서 나오면 시간적 여유가 많을 것 같다는 생각이 들었다.

여름철의 경우, 10시에 출발하는 페리선은 좌석이 일찍 채워진다고 한다. 따라서 가능한 한 일찍 페리선 선착장에 도착해야 할 것이다.

페리선을 타고 다시 레이네에 돌아왔지만, 숙소가 있는 로포텐 최남단 어촌 마을 오로 가는 버스의 출발 시각은 13시 50분이었다. 약 3시간의 여유가 있어 레이네에서 시간을 보내기로 하고 레이네 마을 광장으로 갔다. 그곳에는 많은 관광객이 레스토랑에 앉아 식사하거나 음료를 마시며 즐거운 시간을 보내고 있었다. 우리도 간단히 요기를 하고 마을 근처의 레이네 피오르 주변을 산책했다.

 Self-Travel Tip ➤ *Google 검색창에서 검색해 보자!*

Bunes Beach 가는 방법

1. Google 검색창에서 'Bunes Beach로 가는 방법(getting to Bunes Beach)'이라고 검색해 본다.
   ☞ 68north.com(www.68north.com)에서 'BUNES BEACH HIKING'에 관련된 등산 지도, 가는 방법, 페리선 운항 시간표 정보를 얻을 수 있다.
2. Vindstad행 페리선은 Reinefjorden.no(www.reinefjorden.no/)에서 4월부터 10월까지 하루 3차례 운행된다.
   ☞ Reine에서 Vindstad까지 2017년 Ferry 운임은 1인당 120NOK였다.

Valid from week 26 through week 33 (Summer)

Departures	Mon and Fri	Mon to Fri	Sat and Sun	Fri	Every day
From Reine	08.00	10.00	11.00	21.30	15.00
From Vindstad	08.15	10.15	11.15	–	15.30
From Kirkefjord	08.25	10.20	11.20	–	15.20
Rostad	–	–	–	–	–
To Reine	09.00	11.00	12.00	22.30	16.00

3. 페리선 선착장은 Reine 마을 안쪽 항구에 있다.
4. Vindstad 행 페리선을 타면 Reine로 돌아올 때는 Kirkefjord를 거쳐서 돌아오기 때문에 아름다운 로포텐 제도의 해안 피오르를 관광할 수 있다.

로포텐 제도, 오(Å)에서의
짧은 휴식

[로포텐 제도 최남단 어촌 마을 오]

노르웨이 북서부에 자리한 로포텐 제도의 서쪽 끝의 작은 마을이 오다. 오는 유럽 대륙 맨 가장자리에 위치한 작은 어촌 마을이다.

오(Å)라는 글자는 노르웨이어 알파벳의 마지막 29번째 글자라고 한다. 그러니 글자 순서상 보면 끝이다. 마을 이름이 오라고 지어진 것은 '땅끝 마을'을 의미하는 뜻에서 지어졌을 것이라고 추측된다. 로포텐 제도의 오(Å)는 다른 장소와 구별하기 위해서 'Å i Lofoten'이라고 부른다.

사실 로포텐 제도에 있는 오 아래의 지역은 높은 바위산으로 되어 있어서 사람들이 살지 못한다. 따라서 오는 사람이 살 수 있는 땅끝 마을인 것이다.

　로포텐 제도 최남단의 오는 백여 명이 사는 작은 어촌 마을이다.

　항구에는 어선이 별로 보이지 않았다. 옛날에는 대구를 잡는 어촌으로서 큰 역할을 했겠지만, 지금은 관광지로 변한 것 같다. 항구에는 이곳을 방문한 여행자들을 위한 낚싯배들이 많고, 해안가에는 옛날에 어부들이 오두막집이나 창고로 쓰던 건물을 숙소로 개조한 로르부(Rorbuer)라는 붉은색 건물들도 많이 보였다.

　로포텐 제도 최남단의 작은 어촌 마을인 오에는 '베드 앤드 보트(Bed And Boat)'라는 이름을 가진 로르부들이 많은 것 같다. 관광객들은 그곳에서 며칠 동안 묵으며 어부들과 같이 배를 타고 나가서 낚시하며 휴식을 즐기는 것 같다.

　우리 부부는 오후 1시 50분에 레이네에서 버스를 타고, 숙소가 있는 로포텐 최남단 어촌 마을인 오로 돌아왔다.

　2층 숙소에서 바라본 본 오의 모습은 너무 평화스러웠다.

　건너편 바닷가에 있는 흰색으로 칠해진 3층 건물은 갈매기 집으로 변한 듯 3층 처마 밑에는 갈매기 집들이 천지였다. 낚싯배 한 척이 들어오면 갈매기들이 하늘을 향해서 날아올랐다. 그리면서 끼욱끼욱 요란한 소리를 낸다.

　2층 숙소 창문으로 밖을 내다보니 낚싯배 한 척이 바다에서 들어오고 있었다. 그러더니 고기잡이 어부들이 나이 든 한 노인을 부축하면서 배에서 내리는 모습이 보였다.

그들을 따라서 또 다른 어부로 보이는 한 사람이 낚시로 잡은 고기들을 들고 부둣가로 올라왔다. 조금 있더니 또 다른 낚싯배 한 척이 들어 왔다. 너무 신기해서 숙소에서 나와서 건너편에 낚싯배가 정박한 곳으로 갔다. 어부와 낚시를 하러 나갔던 사람이 방금 낚시로 잡아서 가지고 온 듯한 커다란 물고기를 저울의 고리에 꿰어서 자랑스럽게 기념 촬영을 하고 있었다. 물고기는 대구 같았다. 무게가 무려 12kg이 넘는 듯했다. 기념사진 촬영이 끝나자 어부들은 잡은 고기의 배를 가르고 손질을 시작했다.

　우리 부부는 오 마을의 중심 지역으로 산책을 나섰다.

　오 마을 중심 지역에는 여러 대의 관광버스들이 관광객들을 풀어놓은 것 같았다. 골목마다 많은 관광객이 마을을 산책하고 있었다. 나는 동네를 한 바퀴 돈 후 오 마을버스 종점이 있는 언덕으로 올라갔다. 그곳에는 수많은 캠핑카가 보였다. 정말 노르웨이는 캠핑카의 나라 같았다. 어딜 가나 캠핑카가 많았다.

　노란 야생화들이 만발한 언덕 위의 풀밭에는 대구 덕장이 보였다. 그런데 대구 철은 지난 듯 나무 서까래에는 대구 머리만 걸려있었다.

　로포텐 제도 최남단 마을인 오는 조용한 어촌 마을인 것 같다. 낮에는 많은 관광객으로 북적이다가 관광객들이 떠난 저녁에는 다시 조용한 마을로 돌아가는 것 같다. 관광객들은 주로 나르비크(Narvik)에서 육로로 오거나 보되(Bodø)에서 카페리 편으로 모스케네스(Moskenes)로 캠핑카를 타고 왔다가 다시 노르웨이 본토인 나르비크나 보되로 돌아가는 듯했다.

[오 마을 풍경]

자가용을 타고 온 사람들은 주로 로르부에 묵으며 어부들의 낚싯배를 타고 바다에서 낚시하면서 인생을 즐기는 것 같았다.

저녁 식사로 유스호스텔 주방에서 라면을 끓였다.

라면 냄새가 주방을 가득 채웠지만, 너무 맛있었다. 마트에서 사 온 포도주 몇 잔을 마시니 긴장했던 온몸이 풀리는 것 같았다. 정말 내 마음은 너무 기뻤다.

아내도 처음에는 로포텐 제도를 잘 몰랐다고 한다. 그러나 이제는 로포텐 제도에 다시 한번 더 오고 싶다고 한다. 나도 로포텐에 다시 한번 오고 싶었다. 이곳 오 마을에서의 추억도 잊을 수 없지만 레이네브링겐의 정상에 바라본 레이네 피오르와 레이네 마을의 모습, 그리고 야생화로 가득했던 부네스 비치를 걷던 추억은 잊을 수 없을 것 같다.

다시 한번 더 로포텐 제도를 여행할 수 있다면 그때에는 렌터카로 여행하고 싶다.

노르웨이(Day 6~20)

로포텐(Lofoten)의 숙소, Rorbuer

1. 로포텐(Lofoten) 제도에는 바닷가 건물마다 대구 표시가 Rorbuer가 많다. Rorbuer는 옛날에 어부들의 오두막집이나 창고로 쓰였던 건물이다. 지금은 관광객들을 위한 숙소로 개조된 것이다.

2. Rorbuer에는 대부분 주방을 가지고 있다. Bed And Boat라는 이름의 Rorbuer에서는 손님들이 낚시를 하고 스스로 요리를 하면서 며칠 쉬다가 본토로 돌아가는 것 같다. 우리나라 펜션과 비슷한 숙소인데 숙박비는 유스호스텔의 거의 두 배를 상회하는 듯 했다.

3. Rorbuer 예약 정보는 lofoten.info(https://lofoten.info/lofoten)를 통해서도 얻을 수 있지만 booking.com 등 호텔 예약 사이트를 통해서도 예약할 수도 있다.

후티루튼(Hurtigruten) 크루즈 여객선 기항지, 스탐순 가는 길

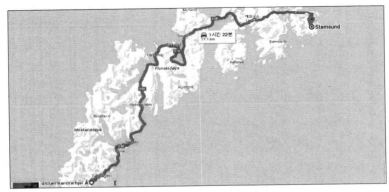

[로포텐 오, 스탐순 간 이동 경로]

창밖에서 들려오는 갈매기 소리에 잠이 깼다.

갈매기 소리가 너무 요란했다. 핸드폰을 보니 새벽 4시인데 밖은 훤했다. 다시 잠을 청했지만 잠은 좀처럼 오지 않았다.

창밖에서 다시 왁자지껄하는 소리가 들렸다. 창밖을 내다보니 어제 낚시를 나갔던 노인이 다시 어부들의 부축을 받으면 낚싯배에 오르고 있었다.

아내는 피곤했는지 곤히 자고 있었다.

침대에서 뒤척이다 아내와 아침 산책을 나갔다.

오(Å) 마을 한 바퀴를 돌았다. 어제도 산책했던 대구 덕장 근처 호숫가에도 갔다. 너무 조용했다. 거울처럼 파란 호수 수면 아래에도 작은 조각배와 뾰족한 산봉우리들의 모습이 똑같이 잠겨 있었다.

다시 박물관이 있는 오 마을 한가운데로 돌아왔다. 마을 광장 옆에 있는 작은 베이커리 앞에는 5~6명의 사람이 의자에 앉아서 빵과 커피를 마시고 있었다.

우리 부부도 베이커리에 들어갔다. 빵 1개 가격이 약 30NOK였다. 우리나라 돈으로 환산하면 4,000원 정도였다. 아무리 노르웨이 물가가 비싸다고 하지만 정말 비싼 것 같았다. 그래도 우리 부부도 아침거리로 그 빵 서너 개를 샀다.

오늘의 여행 일정은 좀 여유가 있었다. 오전 10시 20분에 이곳 로포텐 오(Å)에서 버스를 타고 람베르그 비치(Ramberg Beach)로 가서 한 시간 정도 해변을 산책하다가 레크네스(Leknes)로 간다. 그곳에서 오후 1시 30분에 출발하는 버스로 갈아타고 스탐순(Stamsund)으로 가는 것이다. 그리고 스탐순에서 오후 7시 30분에 출항하는 트롬쇠(Tromsø)로 가는 노르웨이 연안 크루즈선 후티루튼((Hurtigruten)의 트롤피오르(Trollfjord)호를 타면 되는 일정이다.

그런데 레크네스에서 오후 1시 30분에 출발하는 버스를 타면 20분이면 스탐순에 도착할 텐데 후티루튼 크루즈 여객선에 승선하는 저녁 7시 30분까지 5시간 동안 어떻게 시간을 보낼지 걱정됐다. 왜냐하면 무거운 배낭을 어디에 맡겨둘지가 마땅치 않기 때문이다. 그렇지 않으면 4~5시간 동안 배낭을 어깨에 짊어지고 있어야 했다.

나중에 알게 됐지만 도시 규모가 크고 볼거리도 많은 스볼베르

(Svolvær)로 갔다면 스볼베르 관광도 하고 더 좋았을 것 같다는 생각이 들었다. 왜냐하면 후티루튼 크루즈 여객선은 로포텐 제도의 경우 스탐순뿐만 아니라 스볼베르에도 기항하기 때문이다.

그리고 로포텐 오에서 스볼베르로 가는 버스도 비교적 많았다. 따라서 후티루튼 크루즈 여객선을 스볼베르에서도 승선할 수 있다는 것을 미리 알았더라면 교통편도 편하고, 볼거리도 많은 스볼베르에서 승선해서 시간을 효과적으로 활용할 수 있었을 것 같은데 그렇게 하지 못한 것이 아쉽다.

[로포텐 제도 람베르그 비치]

우리 부부는 10시 20분에 로포텐 오 마을의 버스 정류장에서 람베르그 비치를 거쳐서 레크네스로 가는 18-742번 버스를 탔다.

버스가 먼저 들린 곳은 모스케네스(Moskenes) 항구였다. 그곳에는 수많은 캠핑카가 줄을 지어서 보되로 가는 카페리선을 기다리고 있었다. 나도 트롬쇠로 가지 않고 오슬로로 간다면 모스케네스 항구에서 출발하는 카페리선을 타고 보되로 가서 기차를 탔을 것이다.

그런데 보되행 카페리선을 타려는 자동차의 행렬을 보니 늘어선 줄이 너무 긴 것 같았다. 카페리선 선착장 앞에는 자동차들이 네다섯 줄이나 늘어선 것 같은데 그곳에서 좀 떨어진 곳에도 두 줄이 또 늘어서 있었다.

카페리선을 타려는 사람은 젊은 학생들이나 여행자들이었다. 그 숫자도 약 20여 명에 불과한 것 같았다. 따라서 차량들은 카페리선을 승선하기가 힘들지 모르겠지만 여행자들은 카페리선에 승선하는 것은 아무리 성수기라도 어렵지 않아 보였다.

그런데 자동차들은 대부분 차량의 크기가 큰 캠핑카들이었다.

노르웨이 사람들은 정말 캠핑카를 타고 여행하는 것을 즐기는 것 같았다. '나도 캠핑카 한 대를 빌려서 노르웨이를 여행하면 얼마나 좋을까?' 하는 생각이 든다.

버스가 출발한 지 10여 분이 지나자 어제 여행했던 레이네가 나타났다.

레이네는 정말 아름답다. 피오르 위에 우뚝 솟은 거대한 화강암 봉우리들, 그리고 바닷가에 늘어선 울긋불긋한 예쁜 집들, 이곳을 떠나면 그리워질 것 같았다.

버스는 레이네 마을을 지나서 함뇌이(Hamnøy)로 가는 다리를 건넜다. 그리고 긴 터널을 지나자 그동안 못 보았던 마을이 풍경이 나타났다. 로포텐 제도의 풍경은 정말 인상적이다.

우리가 탄 버스는 11시 20분에 람베르그 비치(Ramberg Beach) 앞 정류장에 도착했다.

람베르그 비치는 버스 정류장에서 500여 m 떨어진 곳에 있었다. 캠핑장을 지나쳐서 걸어가자 람베르그 비치가 나타났다.

우리 부부는 흰 백사장에 배낭을 내려놓고 하얀 백사장을 걸었다.

람베르그 비치는 노르웨이 관광청에서 소개하는 노르웨이에서 꼭 가 봐야 할 10곳(Top 10 Place to go)을 소개하는 글의 맨 처음에 등장하는 사진을 통해서도 접할 수 있다. 타원형의 흰 백사장이 유명한 곳이다.

아내는 바닷물에 발을 담그며 걷는다. 맞은편 백사장에서도 한 무리의 관광객들이 걸어온다.

다시 버스를 타고 레크네스로 향했다.

우리 부부는 그곳에서 10여 분 정도를 기다린 후 13시 30분에 스탐순(Stamsund)으로 가는 버스로 갈아탔다.

스탐순에서 레크네스까지는 약 12㎞, 버스를 타면 20여 분이면 도착할 수 있는 거리다. 차창 밖의 풍경은 지금까지의 모습과 약간 달라졌다. 산을 몇 번 넘어 13시 50분에 스탐순에 도착했다.

스탐순도 인구 천여 명이 사는 작은 어촌 마을이었다.

우리나라로 치면 작은 면 소재지 같은 작은 마을이었다. 버스에서 내려서 머무를 곳을 찾았다. 그렇지만 머무를 만한 카페나 레스토랑은 보이지 않았다. 저녁 7시 30분에 후티루튼 크루즈 여객선에 승선할 때까지 어떻게 5~6시간을 기다려야 할지 걱정되기 시작했다.

그런데 그곳 항구 근처의 큰 광장에 수많은 사람이 몰려 있는 모습이 보이는 것이 아닌가?

알고 보니 후티루튼(Hurtigruten) 크루즈 여객선 선착장 앞 바닷가 광장에서 스탐순 페스티벌(Stamsund i fest)이 개최되고 있는 것이었다.

광장의 입구에는 햄버거를 사려는 사람들의 긴 줄도 보였다.

우리 부부도 햄버거를 사기 위해서 줄을 섰다. 어머니와 딸이 햄버거를 직접 만들어 파는 노점이다. 딸은 소시지를 굽고, 엄마는 햄버거를 직접 만들어 팔고 있었다. 가격은 좀 비쌌지만 흥미로웠다. 딸은 엄마를 돕는 데에 정말 열심이다.

대형 천막 텐트 안에서는 코미디언으로 보이는 중년 남자와 10살쯤 되어 보이는 어린 학생이 코미디 공연을 하고 있었다. 무슨 말인지 모르겠지만 그곳에 있는 청중들은 수시로 열광하면서 고성을 지른다.

스탐순 축제 덕분에 무료하게 기다려야 했을 5~6시간을 음악과 공연을 보면서 기다릴 수 있게 되었다.

노르웨이 해안 크루즈 여객선
후티루튼을 타다

[후티루튼 트롤피오르호의 선상 데크 모습]

노르웨이는 남북 해안선을 따라서 길게 이어진 나라다.

노르웨이는 동서를 사이에 두고 높은 산이 있고, 넓은 피오르가 가로막고 있는 경우가 많아서 남북 육상 교통은 여러 가지로 불편함이 크다. 그래서 노르웨이의 남북을 이어주는 카페리선은 노르웨이인들의 많은 사랑을 받는다고 한다. 특히 눈이 많이 오는 겨울철을 생각해 보면 카페리선이 얼마나 중요한 교통수단인지 알 수 있다.

[후티루튼 운항 지도]

카페리선은 교통 수단뿐만 아니라 여행 수단으로도 금상첨화다. 왜냐하면 육로로 여행하기 힘든 노르웨이의 남북 해안을 이어주기도 하지만 노르웨이 해안선을 따라서 카페리선을 타고 여행하면 정말 눈을 뗄 수 없는 풍경들을 많이 감상할 수 있기 때문이다. 그래서 노르웨이 해안 크루즈 여객선인 후티루튼(Hurtigruten)은 노르웨이인들로부터 많은 사랑을 받고 있다고 한다.

론리 플래닛(Lonely Planet)이라고 하는 세계적인 여행 서적 출판사는 후티루튼 크루즈 여객선으로 노르웨이 해안을 여행하는 것을 노르웨이에서 꼭 경험해 봐야 할 17개 즐길 거리(Top 17 experiences in Norway) 중 3번째 순위로 추천하고 있다.

후티루튼(Hurtigruten)은 노르웨이 서부와 북부 해안을 따라 총 35개 도시를 운항하는 크루즈 여객선이다. 노르웨이어로 쾌속 노선(Express

Route)을 뜻한다고 하는 후티루튼은 1893년부터 운항을 시작했다. 노르웨이에서 가장 인기 있는 여행 수단이며, 아름다운 바다 여행 노선으로 손꼽힌다.

후티루튼은 매일 노르웨이 중부의 베르겐(Bergen)에서 출발해 35개의 항구를 들러 러시아 국경 지대에 있는 키르케네스(Kirkenes)까지 운항한다.

총 운항 거리는 왕복으로 약 5,200㎞이고 총 11일이 소요되는데, 구간별로 단거리 노선을 이용할 수도 있다. 노르웨이의 주요 관광지인 베르겐을 비롯하여 올레순, 몰게(Molde), 트론헤임, 보되, 트롬쇠, 게이랑게르 피오르, 로포텐 제도 등도 기항한다. 여객 운임은 선박의 크기와 선실 등급, 노선에 따라 차이가 크다.

우리 부부는 노르웨이 여행 계획을 세우면서 노르웨이 해안을 운항하는 크루즈 여객선인 후티루튼을 타고 노르웨이 바다를 여행하고 싶었다.

처음에는 노드카프(Nord Kapp)를 여행한 후 호닝스버그(Honningsvåg)에서 후티루튼 크루즈 여객선을 타고 로포텐 제도로 이동하는 방법을 생각했다. 그러나 여러 차례 고민했지만 호닝스버그, 노드카프 등의 북극 지방은 사람들이 많지 않은 곳이었다. 사람이 많이 살지 않는 곳을 아내와 함께 여행한다는 것은 부담스러웠다. 그래서 후티루튼을 타고 노르웨이 바다를 여행하겠다는 꿈을 일찍 접고, 로포텐 제도 여행을 마친 후 나르비크에서 유레일 패스를 이용해서 야간열차를 타고 스웨덴 스톡홀름으로 가기로 여행 계획을 세운 것이었다.

그렇지만 시간이 지날수록 후티루튼 크루즈 여객선을 타고 싶다는 생각이 점점 더 커졌다. 특히 로포텐 제도 스탐순에서 후티루튼 크루즈 여객선을 타면 북극 여행의 관문으로 잘 알려진 트롬쇠도 여행할 수 있다는 것을 알게 되었다.

그런데 여행 일정을 변경하기 위해서는 스톡홀름(Stockholm) 여행 일정을 줄이고, 나르비크에서 스웨덴 스톡홀름으로 가는 열차 여행 대신 트롬쇠에서 스톡홀름으로 이동하는 방법을 항공편으로 변경해야 했다. 따라서 여행 비용도 추가로 소요되었다. 그렇지만 노르웨이 해안 운항 크루즈 여객선인 후티루튼을 타고 노르웨이 바다를 여행할 수 있고, 트롬쇠도 여행할 수 있었기 때문에 여행 일정을 변경했다.

스탐순 부둣가에서 벌어진 스탐순 페스티벌은 오후 5시가 넘자 파장 분위기로 변했다. 그렇지만 내가 승선할 후티루튼의 트롤피오르호의 승선 시각까지는 2시간이 넘게 남아 있었다. 탑승권(boarding card)을 받기 위해서 부둣가 후티루튼 사무실에 갔지만 모두 비어 있었다. 부두에서 일하는 사람에게 확인한 결과 후티루튼의 탑승권은 선내에서 받으면 된다는 것이다.

저녁 6시 40분쯤 되자 멀리 바닷가에서 큰 배의 웅장한 굴뚝 모습이 보이기 시작했다.

배는 항만을 반 바퀴 정도 회전하듯 크게 타원형을 그리더니 항구에 자연스럽게 접안했다. 정말 대형 크루즈선의 접안 기술이 놀라웠다. 커다란 크루즈 여객선이 예인선의 도움도 받지도 않고 자동차 운전하듯 부두에 접안한다. 정말 노르웨이가 바이킹의 나라라고 하더니 노르웨이 선장의 크루즈 여객선 운항 기술 역시 대단해 보였다.

우리 부부는 오후 7시쯤에 후티루튼 크루즈 여객선에 승선했다. 크루즈 여객선의 이름은 트롤피오르(Trollfjord)호였다. 탑승권은 선내에서 발급받았다.

우리 부부가 승선한 트롤피오르호는 로포텐 제도에 있는 유명한 피오르인 트롤피오르(Trollfjord)의 이름을 따서 지어졌다고 한다. 트롤피오르호는 길이 135.7m, 전폭 21.5m, 16,140t 규모의 10층 데크를 가진 노르웨이 해안 운항 크루즈 여객선이다. 646여 개의 선실을 보유하고 있어 총 822명의 승객이 승선할 수 있고, 45대의 차량도 실을 수 있다고 하니 카페리선 역할도 겸하는 것이다.

우리 부부는 탑승권을 받은 후 크루즈선의 출항 모습을 보기 위해서 9층 선상 데크로 올라갔다.

트롤피오르호는 저녁 7시 30분 정시에 스탐순(Stamsund) 항구를 벗어나기 시작했다. 넓은 대양으로 나가자 트롤피오르호는 흰 물보라를 일으키면서 환상적인 크루즈 항해를 시작했다.

왼편에 보이는 바위산 봉우리들로 이어진 해안선은 로포텐 제도 같았다. 그렇다면 반대편인 오른쪽으로 멀리 설산들이 보이는 해안선은 노르웨이 본토일 것이다.

트롤피오르호는 스볼베르(Svolvær)를 향해서 항해를 계속했다.

밤 9시가 넘었지만 해가 이제 막 진 저녁처럼 밝았다. 백야란 바로 이런 것이라고 생각하니 신기해 보였다. 배는 정말 잔잔한 바다 위를 항해하고 있었다.

우리가 탄 트롤피오르호는 2시간 동안의 항해 끝에 저녁 9시가 지나서 스볼베르항에 도착했다.

트롤피오르호가 부두에 접안하자 많은 승객이 밖으로 나갔다.

무슨 일인가 궁금해서 승객들의 하선 출구가 있는 5층 데크로 내려가서 보니 출입구 상단에 '출항 시간 21시 30분'이라는 전광판이 켜져 있었다. 승객들은 승무원들의 안내에 따라서 탑승권을 카드 리더기에 대고 나갔다. 그리고 21시 30분이 가까워 오자 삼삼오오 다시 크루즈 여객선으로 돌아오기 시작했다. 승객들은 30여 분 동안 스볼베르 시내를 관광하고 돌아온 것 같았다.

 Self-Travel Tip ➤ *Google 검색창에서 검색해 보자!*

Hurtigruten 크루즈선 여객선 예약 방법

1. Hurtigruten 크루즈 여객선은 베르겐(Bergen)에서 출발하여 러시아 국경 지대에 있는 키르케네스(Kirkenes)까지 노르웨이 서부와 북부 해안을 따라 총 35개 도시를 매일 운항한다. Hurtigruten은 노르웨이 주민들의 교통편의를 위해서 일부 port-to-port ticket을 판매하지만 주로 크루즈 여행객들을 위한 크루즈 여객선이다.
2. 필자 부부는 Hurtigruten 웹사이트(https://www.hurtigruten.com/)에서 인터넷으로 Stamsund에서 Tromsø로 갈 수 있는 port-to-port Ticket을 예약했다.
   - 승선 구간: Stamsund-Tromsø(port-to-port ticket).
   - 승선권 가격(2명): 256EUR(뷔페 식사비 포함).
3. 승선요금은 선박의 크기별, cabin의 종류별, 식사 선택 여부 등에 따라 크게 차이가 난다.

Sunday	Monday	Tuesday	Wednesday	Thursday	Friday	Saturday
25	26	27	28	29	30	1 5 218 € MS Midnatsol
2 2 199 € MS Nordlys	3 2 410 € MS Nordkapp	4 2 199 € MS Finnmarken	5 1 799 € MS Polarlys	6 Sold out	7 2 410 € MS Richard With	8 5 056 € MS Nordnorge
9 1 799 € MS Trollfjord	10 1 799 € MS Kong Harald	11 1 599 € MS Lofoten	12 2 486 € MS Midnatsol	13 2 199 € MS Nordlys	14 5 056 € MS Nordkapp	15 1 799 € MS Finnmarken
16 6 209 € MS Polarlys	17 1 599 € MS Vesterålen	18 2 199 € MS Richard With	19 1 799 € MS Nordnorge	20 1 599 € MS Trollfjord	21 1 599 € MS Kong Harald	22 1 798 € MS Lofoten
23 1 599 € MS Midnatsol	24 1 799 € MS Nordlys	25 1 799 € MS Nordkapp	26 1 599 € MS Finnmarken	27 1 599 € MS Polarlys	28 1 599 € MS Vesterålen	29 1 599 € MS Richard With

Bergen - Kirkenes Port to Port Ticket 승선요금(2017.7월)

4. 예약 후 e-mail 등으로 전송받은 예약 확인서를 인쇄하여 승선 시 check-in 창구에서 제시하여 boarding 카드를 발급받아 승선한다.

5. boarding 카드는 cabin의 출입카드로 사용되니 승선기간 동안 잘 휴대해야 한다.

6. port-to-port 티켓은 Hurtigruten의 영업정책 변경으로 Hurtigruten의 영문 웹사이트에서 온라인 판매가 사라진 것 같다.

   현재 port-to-port 티켓은 노르웨이어 웹사이트(www.hurtigruten.no/havn-til-havn/)를 통해서 구입하거나 전화, 또는 e-mail로만 구입이 가능하다.

7. 10월에서 3월까지 겨울철에는 북극 하늘을 가로질러 북극광이 춤을 추는 오로라를 크루즈 선상에서 볼 수 있다.

★ 트롤피오르(Trollfjord)에서 벌어진 트롤피오르(Trollfjord)호의 깜짝 묘기

[후티루튼 크루즈선 선수에 위치한 파노라마 라운지]

트롤피오르호(Trollfjord)는 밤 9시 30분 스볼베르(Svolvær)항을 출항했다.

바닷바람이 너무 추웠다. 스볼베르항의 모습이 멀어지는 것을 보고 9층 선상 갑판에서 바로 옆에 있는 9층 파노라마 라운지(Panorama

Lounge)로 자리를 옮겼다.

크루즈선의 파노라마 라운지는 선수에서 거대한 유리 창문을 통해서 바다를 조망할 수 있는 선실이다. 200여 명이 편안한 안락의자에 앉아서 바다를 조망할 수 있는 파노라마 라운지는 9층뿐만 아니라 8층 선수에도 있다. 승객들은 그곳에서 편안한 안락의자에 앉아서 눈앞에 다가오는 적막한 북해의 바다와 기이한 바위섬들이 그려내는 노르웨이의 자연경관을 감상하는 것이다.

어떤 승객은 포도주를 마시면서 그림같이 눈앞에 다가오는 노르웨이 대자연의 모습을 감상하고 있었다. 파노라마 라운지 바로 뒤편에 있는 스탠드바에서 포도주를 구입한 것 같았다. 노르웨이 해안을 운항하는 크루즈 여객선인 후티루튼이 왜 여행자들에게 인기가 있는지 그 이유를 알 것 같다.

크루즈선 승객들은 대부분 은퇴자들로 보이는 나이 든 사람들이 많았다. 주로 유럽인들이었다. 동양인들은 좀처럼 볼 수 없었다. 베르겐에서 트롬쇠까지 여행한다는 한 60대 노르웨이 남자는 나와 잠시 이야기를 나누고 싶어 했지만, 나의 짧은 영어 실력으로 인해 오랫동안 이야기를 나눌 수는 없었다.

트롤피오르호는 섬과 섬 사이의 좁은 수로를 항해하기 시작했다.

점점 거대한 화강암 바위산들이 내 눈앞에 나타났다. 나는 그 풍광을 놓치면 안 될 것 같아서 9층 갑판으로 올라갔다. 정말 눈을 다른 곳으로 뗄 수 없을 정도로 환상적인 풍경이 이어졌다.

밤 10시가 지나자 노르웨이어, 영어, 프랑스어로 안내 방송이 들렸다.

[트롤피오르호는 백야가 지속되는 한밤중에 좁은 트롤피오르 수로로 진입했다]

무슨 이야기인지는 잘 몰랐지만, 10시 30분이 되자 많은 승객이 9층 갑판으로 몰려드는 것이 아닌가?

그림과 같은 풍광이 펼쳐졌다. 아내와 함께 비경(祕境)을 감상하고 싶었다.

나는 급히 파노라마 라운지에서 비경을 즐기고 있는 아내에게로 갔다. 그리고 함께 9층 갑판으로 올라왔다. 낮이지 밤인지 분간할 수 없는 백야에서 아내와 환상적인 비경을 즐겼다.

아내뿐만 아니라 모든 승객이 환상적인 비경에 모두 즐거운 표정들

[트롤피오르 풍광을 감상하는 크루즈선 승객들]

이었다.

조금 지나더니 승무원들이 커다란 통을 카트에 싣고 올라왔다. 그리고 뜨거운 수프를 한 국자씩 종이 접시에 나누어 주었다. 우리 부부도 길에 늘어선 줄의 뒤편에 서서 뜨거운 수프를 받아서 먹었다. 차가운 밤 기온에 움츠려 있던 몸이 풀리는 것 같았다. 다시 한 컵 더 받아먹었다.

그런데 이상했다. 우리가 탄 트롤피오르호는 높은 설산 사이의 좁은 수로로 진입하는 것 같다. 장관이 펼쳐졌다. 수로는 접점 좁아지더니 흰 눈이 쌓인 높은 고봉이 나타났다. 갑판에 있는 여행객들 모두 고개를 들고 설산을 바라봤다. 모두 자신의 눈 앞에 펼쳐진 신비한 모습에 넋을 잃은 것 같다.

트롤피오르호는 90도 정도 회전하더니 정말 좁은 협만으로 들어가는 것 같다.

조금 있자 갑판에 있던 수많은 승객의 함성이 들렸다.

"와!"

그러면서 수많은 승객이 박수도 쳤다.

모두 흥분한 것 같았다. 거대한 크루즈선인 트롤피오르호가 90도로 방향을 회전해서 폭이 100여 m밖에 되지 않은 좁은 협곡의 피오르로 진입하기 시작한 것이다.

자정이 되기 30여 분 전에 거대한 크루즈선이 좁은 협곡으로 들어가기 시작했다. 빙하가 녹아내린 자리에 바닷물이 파고들어 U자형을 이룬 깊고 깊은 협곡이었다. 그 협곡을 둘러싸고 있는 높은 산들은 7월 한여름인데도 새하얀 눈으로 덮여 있다. 보이는 모든 것이 정말 신비스러웠다. 그러나 협곡의 폭이 너무 좁은 것 같다. 거대한 크루즈선과 바위산과의 여유 공간이 10~20여 m에 불과한 것 같다.

문득 생각이 떠오른다. '그러면 여기가 트롤피오르인가? 아! 지금 나는 트롤피오르호를 타고 트롤피오르로 들어가고 있구나!' 하는 생각이 머리를 스쳐 갔다. 상상이었지만 사실인 것 같았다.

사실 나는 트롤피오르를 잘 몰랐다. 내가 알고 있었던 것은 내가 승선한 크루즈선의 이름이 트롤피오르호라는 것이었다. 그리고 트롤피오르호는 로포텐 제도에 있는 트롤피오르를 따라서 이름을 지었다는 것이다. 그렇다면 이곳이 트롤피오르가 틀림없을 것이라고 생각한 것이다.

트롤피오르호는 설산으로 둘러싸인 좁은 협곡 사이의 트롤피오르로 천천히 진입했다. 승객들은 트롤피오르의 비경에 모두 흥분한 표정들이었다. 모두 환상적인 순간을 기억하려는 듯 기념사진을 찍기에 열심이었다.

나도 여러 차례 카메라 셔터를 눌렀다.

조금 있더니 135m나 된다는 거대한 크루즈선 트롤피오르호가 좁은 피오르에서 빙빙 한 바퀴를 돈다. 180도를 회전하는 것이다.

갑판에 나와 있는 승객들은 자정이 다 된 한밤중에 벌어진 거대한 트롤피오르호의 묘기에 넋을 잃은 것 같았다.

모두 흥분 속에 기념사진을 찍기에 정신없었다.

트롤피오르호는 다시 천천히 좁은 협곡을 빠져나왔다.

 Self-Travel Tip ➤ *Google 검색창에서 검색해 보자!*

트롤피오르(Trollfjord)

1. Trollfjord는 로포텐 제도(Lofoten Islands) 스볼베르(Svolvær) 인근 아우스트보괴위(Austvågøy)섬과 베스테롤렌 제도(Vesterålen) 사이에 있는 약 2km 기리의 피오르(fjord)다. 80~200m 넓이의 피오르 양쪽으로 1,100~1,600m의 바위산이 둘러싸고 있어 로포텐 제도의 웅장한 전망을 보여준다. 트롤(Troll)이라는 이름은 북유럽 신화에 등장하는 거인족의 이름에서 유래되었다고 한다.

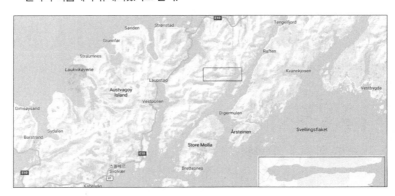

2. 트롤피오르(Trollfjord)를 여행하는 방법은 트롬쇠를 여행한다면 노르웨이 연안 크루즈선인 후티루튼(Hurtigruten) 크루즈 여객선을 타는 방법이 좋은 방법인 것 같다.

스볼베르(Svolvær)에서도 트롤피오르(Trollfjord)를 여행하는 투어가 있다.

후티루튼 타고 여행한
노르웨이 해안 크루즈 여행

[Stokmartnes 해안 풍경]

　한밤중에 좁은 협곡 트롤피오르(Trollfjord)에서 벌어진 거대한 크루즈
선 트롤피오르(Trollfjord)호의 묘기는 여행객들을 한바탕 흥분의 도가
니로 몰아넣기에 충분했다. 나도 잊지 못할 경험을 했다.

　트롤피오르호는 좁은 피오르에서 나온 후 평화스러운 항해를 계속
했다. 다음 기항지는 Stokmartnes이었다.

　북극해로 가는 바다는 너무 잔잔했다.

[후티루튼 크루즈선 기항지]

하늘과 맞닿은 듯한 검푸른 바다. 듣던 대로 북극으로 가는 바다는 신비스러웠다. 빙하가 긁어내어 만들어 낸 피오르의 모습은 정말 장엄해 보였다.

7월의 여름이건만 이곳 노르웨이의 높은 산봉우리에는 아직도 새하얀 눈이 군데군데 덮여 있었다. 모든 모습이 신비스러웠다. 노르웨이는 정말 자연의 모든 것을 다 가진 것 같았다. 실제로 남북으로 길게 뻗은 노르웨이는 국토 대부분이 호수와 빙하, 암석과 산 등 사람의 때가 묻지 않은 자연 그대로의 모습이다. 그리고 그 절반이 북극권에 속한다.

'노르웨이(Norway)'라는 말도 바이킹 시대(8~11세기)에 해안을 따라 '북쪽으로 가는 길'이라고 해서 붙여진 이름이라고 한다.

나도 트롤피오르호를 타고 계속 북쪽으로 가고 싶었다. 노드카프(Nord Kapp)까지 가고 싶었다. 그렇게 하지 못하는 것이 아쉽다.

새벽 한 시가 지났지만 해가 이제 막 진 저녁처럼 밝았다. 9층 파노라마 라운지에서는 아직도 많은 승객이 앉아서 다가오는 신비스러운 풍경을 감상하고 있었다.

나는 새벽 2시쯤 눈을 붙였다.

아침 7시쯤 하르스타(Harstad)에 도착했을 무렵 잠에서 깼다.

아침 8시쯤에는 선내 뷔페식당으로 갔다. 선내 뷔페식당에는 벌써 많은 사람이 자리에 앉아서 식사하고 있었다. 우리 부부도 뷔페로 차려진 아침 식사를 했다.

식사 메뉴는 다양했다. 옛날에는 호기심에 몇 번 청어 절임을 먹었지만, 이제는 눈길이 가지 않았다. 몸은 피곤했지만 따뜻한 커피를 마시니 추위에 떨던 몸이 녹았다.

식당에 있는 크루즈 손님들은 대부분 나이든 외국인들이었다. 나처럼 동양인들은 보이지 않았다. 내가 이방인 같은 느낌이 절로 났다. 모든 것이 조심스러웠다.

식사를 마친 후에는 9층 데크로 올라가서 산책을 했다.

정말 잔잔한 바다였다. 트롤피오르호는 섬과 섬으로 이어지는 좁은 해로를 따라서 북쪽으로 항해를 계속했다. 우리 부부는 9층 파노라마 라운지에서 머물면서 눈앞으로 다가오는 바다 풍경을 감상했다.

배 안에서 안내 멘트가 들렸다. 노르웨이어, 영어, 불어로 이어지는 안내방송이었다.

아틱 서클(Arctic Circle) 통과 세리머니를 10시에 9층 갑판에서 개최한다는 것 같았다. 아틱 서클은 해가 지지 않는 백야 현상이 지속된다고 하는 북위 66도 33분부터의 선이다. 이 배는 내가 승선하기 직전에 그 위도선을 통과한 것 같다. 그래서 지금 9층 갑판에서 아틱 서클 통과 기념 세리머니를 한다는 내용이었다.

오전 10시가 다가오자 많은 승객이 9층 갑판으로 올라가기 시작했다.

우리 부부도 9층 갑판으로 올라갔다.

9층 갑판에는 승무원들로 보이는 사람들이 식탁에 샴페인과 포도주, 그리고 얼음이 가득 찬 통을 차려 놓는다. 10시가 되자 선장과 제주로 보이는 붉은 상의를 입은 사람, 그리고 해신으로 분장한 사람이 나타났다.

먼저 의식을 주관하는 제주로 분장한 사람이 길게 쓴 축문(祝文)을 읽었다. 무슨 뜻인지 모르겠지만 로마 신화에 등장하는 넵튠(Neptune)이 어쩌고저쩌고하는 것 같았다.

사람들은 진지하게 듣기도 하고, 어떤 때는 승객들이 웃기도 하는데 도대체 무슨 이야기를 하는지 모르겠다.

긴 축문이 낭독된 후 제주는 선장과 해신으로 분장한 사람들을 소개하더니 승객들의 긴 줄이 늘어섰다. 선장과 해신으로 분장한 사람은 얼음통에서 커다란 국자로 얼음 덩어리를 떠서 길게 늘어선 사람들의 등에 얼음덩어리를 퍼부었다. 그러면 등 뒤 옷 속에 찬 얼음덩어리와 물세례를 받은 사람은 비명을 질렀다. 그리고 승무원들로부터 샴페인을 한 잔씩 받아 마셨다. 장난기가 넘치는 세리머니 같았다. 30여 분 정도 진행된 아틱 서클 통과 세리머니 내내 승객들 모두의 얼굴에는 어린애들처럼 즐거워하는 표정들이다.

한바탕의 소동은 30여 분 동안이나 계속됐다.

정오가 지나자 트롤피오르호는 점점 좁은 수로를 통과하기 시작했다. 주변의 높은 산에는 점점 더 많은 눈이 덮여 있는 것이 눈에 띄었다.

[선상에서 벌어진 아틱 서클 통과 세레머니]

오후 2시가 가까워져 오자 멀리 섬과 같은 곳에 커다란 도시가 보이기 시작했다.

나는 그곳이 내가 하선해야 할 곳인 트롬쇠(Tromsø)라는 것을 직감했다.

9층 갑판에는 배낭을 어깨에 멘 사람, 가방을 든 사람들이 나타나기 시작했다. 우리 부부도 5층 라커룸에 들어가서 배낭을 찾아 짊어지고 하선을 준비했다.

그곳에는 많은 사람의 긴 줄이 늘어져 있었다. 출입구 전광판에는

'18:30 departure'라고 표시되어 있었다. 트롬쇠를 여행하려는 사람들은 배가 정박해 있는 4시간 동안 자유롭게 트롬쇠 시내 관광을 즐길 수 있는 것 같았다.

　트롤피오르호가 정박하자 카드 리더기를 손에 든 승무원들이 여행자들이 소지한 승선 카드를 체크했고, 그 과정을 거친 여행자들은 출입구 밖으로 하선했다. 우리 부부도 트롬쇠에서 하선했다.

[노르웨이 해안 풍경]

Self-Travel Tip ➤ *Google 검색창에서 검색해 보자!*

노르웨이 Tromsø 가는 방법

1. 이동 방법(how to get to Tromso), 교통편(transpot, flights, bus) 등과 같은 키워드로 Google 검색창에서 검색해 본다.
   ☞ 'To Tromsø by bus&train'이라는 visittromso(www.visittromso.no/en/Travel_by_bus)의 Tromsø 여행 정보 등을 참고한다.
2. 항공편으로 가는 방법
   ① SAS and Norwegian, Widerøe 등의 항공사가 Oslo, Bodø 등지에서 Tromso까지 매일 10여 편 이상 운항한다.
   ② 더 상세한 항공편을 조회하고자 하는 경우 flights ○○ to Tromso라는 키워드로 Google 검색창에서 조회하거나 국제 항공권 가격 비교 사이트에서 항공편을 조회해 본다.
   예) wichbudget(www.whichbudget.com/), skyscanner(www.skyscanner.net/).
   ③ 트롬쇠 공항(Tromsø Airport Langnes)은 시내 중심에서 불과 5㎞ 떨어져 있다.
3. Bus로 가는 방법
   ① Bus는 Narvik에서 보통 하루 3편이 운행된다. Narvik까지 소요 시간은 약 4.5시간, 요금은 약 400NOK(약 56,000원)에 달한다.
   ② 버스 운행 시간은 travel planner 177nordland(www.177nordland.no)에서 조회 가능하다. 버스 운행이 제한된 경우가 있다. 따라서 여행 전에 버스 운행 여부를 반드시 확인해야 한다.
4. Ferry로 가는 방법
   ☞ 노르웨이 해안 크루즈 여객선인 Hurtigruten(www.hurtigruten.com/)이 Bergen, Tromsø 등 노르웨이 35개 항구를 운항하며 port to port ticket을 판매한다.

북극 여행의 관문,
트롬쇠(Tromsø)

[크루즈선에서 바라본 트롬쇠]

트롬쇠(Tromsø)는 북위 70도에 위치한 북극권 최대의 도시다.

트롬쇠는 북극권 트롬쇠위아(Tromsøy)섬에 위치해 있고, 인구는 7만 3천여 명으로 노르웨이에서 일곱 번째로 큰 도시다. 트롬쇠는 북쪽에 위치해 있기 때문에 매우 추울 것이라고 생각할 수도 있지만, 멕시코 난류의 영향으로 겨울철에도 같은 위도에 위치한 다른 도시들에 비해서 비교적 따뜻하다고 한다.

트롬쇠는 노르웨이 수도 오슬로로부터 약 1,700km 이상 떨어져 있다. 따라서 육로로 가려면 많은 시간이 걸린다. 따라서 SAS, 노르웨지안(Norwegian)등과 같은 항공편을 이용하는 것이 좋다.

버스는 나르비크(Narvik)와 트롬쇠(Tromsø)를 왕복 운행하는 버스가 있는데 약 4~5시간이나 걸린다. 선편으로는 베르겐(Bergen)에서 출발해서 러시아 국경 지대에 있는 키르케네스(Kirkenes)까지 왕복 운항하는 후티루튼(Hurtigruten) 크루즈 여객선을 이용할 수도 있다.

우리 부부는 로포텐 제도 여행을 마친 후 스탐순에서 트롬쇠를 경유하여 노르웨이 최북단의 항구인 키르케네스로 가는 후티루튼의 크루즈 여객선을 탄 것이었다.

트롬쇠에 도착한 시각은 오후 2시가 조금 지나서였다.

트롬쇠는 오로라 관광의 본고장이라고 할 수 있는 곳이지만 5월 중순부터 7월 말까지는 백야 현상이 지속된다. 따라서 오로라 관광은 할 수 없어 아쉬웠다. 오로라 관광은 백야 현상이 끝난 9월부터 4월까지 가능한 것 같다.

우리 부부는 오후 2시가 조금 지나서 후티루튼의 트롤피오르호에서 하선했다. 하선 후 먼저 찾은 곳은 트롬쇠 여행자 사무소인 'Visit Tromso'였다.

Visit Tromso는 후티루튼 터미널에서 왼쪽으로 50여 m 거리에 위치해 있었는데 그곳을 먼저 찾은 이유는 24시간용 버스표(Day Ticket)를 사기 위해서였다. 왜냐하면 버스를 타고나서 버스 운전기사로부터 트롬쇠 버스표를 구입하면 20NOK의 추가 비용을 지불해야 했기 때문이다.

버스 요금도 매우 비싸다. 예컨대 일회용은 싱글 티켓(Single Ticket)

은 30NOK, 24시간 데이 티켓(Day Ticket)은 100NOK이다. 그렇지만 버스 운전기사로부터 구입하면 일회용 싱글 티켓(Single Ticket)은 50NOK, 24시간 데이 티켓은 110NOK를 지불해야 한다. 우리나라 돈으로 환산하면 일회용 싱글 티켓은 약 7,000원, 24시간 데이 티켓은 약 15,500원에 달한다.

나는 데이 티켓 2장을 사려고 했지만, 안내 여직원은 170NOK의 비용인 케이블카(Fjellheisen)를 타고 스토르스테이넨(Storsteinen)산을 오르고, 트롬쇠에 2일 동안 머무를 계획이라면 48시간용 트롬쇠 패스(Tromsø Pass, 399NOK)를 구입하는 것이 경제적이라면서 48시간용 트롬쇠 패스를 추천해 주었다.

내가 예약한 트롬쇠 호텔은 트롬쇠 시내 중심가에 위치해 있는 클라리온 컬렉션 호텔 아우라(Clarion Collection Hotel Aurora)였다. 구글 지도로 쉽게 찾을 수 있었다.

체크인하기 위해서 호텔에 들어서자 카운터에 있는 남자 직원은 용케도 내가 한국인인지 알고 "안녕하세요."라고 하면서 서투른 한국어로 우리를 반겼다. 그러면서 5층에 사우나도 무료로 이용할 수 있다고 하면서 남녀 혼탕임을 잊지 말라고 큰 눈을 껌뻑이면서 말한다. 나는 웃으면서 넘겼지만 참 재미있는 사람 같았다. 호텔 시설은 비교적 만족스러웠다.

사실 내가 처음 트롬쇠(Tromsø)에 예약했던 호텔은 다른 호텔이었지만 나중에 클라리온 컬렉션 호텔 아우라로 변경했다. 변경한 이유는 클라리온 컬렉션 호텔 아우라가 노르딕 초이스 호텔스(Nordic Choice Hotels)의 체인 호텔이고, 4성급으로 비교적 대형 호텔이기도 했지만. 1박 숙박 비용이 106유로라 비교적 저렴했기 때문이었다. 또한 판촉 행사를 하면서 무료 저녁 식사(Evening meal)도 제공해 주고 있었기 때문이다. 사실 호텔 예약은 좀 불만족스러울 경우 객실 확보 차원에서 우선 '취소 가능' 조건으로 우선 예약해 두는 것도 좋은 방법인 것 같다.

우리 부부는 호텔에 짐을 풀고 잠시 호텔에서 휴식을 취했다. 언제나 비슷한 생각을 갖게 되는 건데, 여행자는 하룻밤 잠을 잘 곳이 정해지게 되면 마음이 편해진다. 잠잘 곳이 있는 사람이 얼마나 행복한 사람들인지 알 것 같았다.

Clarion Collection Hotel Aurora ★★★★
1박 106 유로 수준. Evening meal도 제공했다. 필자 평가 : ★★★★☆

Tromsø 대중교통 city bus 이용 방법

1. Tromsø 대중교통(public transport in tromso) 키워드로 Google 검색창에서 검색해 본다.

2. city bus 이용 방법
   ① 사전 구입 승차권은 성인 31NOK이지만, 버스 탑승 후 구입하면 50NOK다.
   ② 24시간 day ticket도 사전 구입한 day ticket은 성인 100NOK이지만 버스 탑승 후
   구입하면 110NOK다.
   ③ 사전 구매 티켓 판매장소
   Tromsø 관광 안내소(Kirkegata 2), Narvesen Stortorget(트롬쇠 도심의 메인 광장), Point
   kiosk-Tromsø 공항, Langnes(도착 터미널) 등.
3. 시내버스 및 시간표에 대한 자세한 정보는 travel planners 177nordland(www.177nordland.
   no)와 www.tromskortet.no 에서 얻을 수 있다. www.tromskortet.no에서는 스마트폰
   으로 모바일 티켓도 구입할 수 있다.
4. 트롬쇠 시내 중심가 버스 정류장 위치

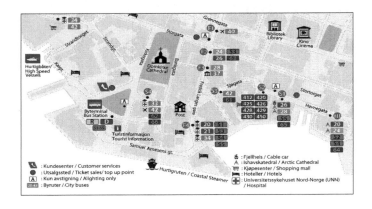

★ 케이블카를 타고 오른 스토르스테이넨(Storsteinen) 전망대

[스토르스테이넨 전망대]

호텔에서 잠시 휴식을 취한 후 트롬쇠(Tromsø) 시내 관광을 나섰다.

시간은 오후 4시가 넘었지만, 날씨가 흐려서 백야 시기인지 알 수 없었다.

오늘은 우선 트롬쇠를 한눈에 조망할 수 있는 해발 421m의 스토르스테이넨(Storsteinen) 전망대에 먼저 오르기로 했다. 그리고 시간 여유가 있다면 스토르스테이넨산 정상 부근의 해발 671m 높이의 Fløya까지 트래킹을 해 보기로 했다.

호텔이 있는 트롬쇠(Tromsø) 시내 중심가에서 케이블카가 있는 곳인 피엘헤이센(Fjellheisen, 영문명은 Tromsø Cable Car)까지의 거리는 약 2.6㎞였다. 도보로 걸어서 가도 30~40분이면 충분해서 걸을 수 있을 것 같았지만 좀 늦은 시간이라고 생각돼서 버스를 타기로 했다.

사실 트롬쇠 시내 관광 측면에서 보면 도보로 트롬쇠 대교(Tromsø Bridge)를 건넌 후 북극 대성당(Arctic Cathedral)을 관광하고 케이블카 승강장(Fjellheisen)까지 걸어서 가는 방법도 좋을 것 같다는 생각이 들었다. 왜냐하면 구글 지도를 보면 북극 대성당에서 케이블카 승강장까지의 거리는 도보로 약 15분 거리에 불과했기 때문이다.

그렇지만 버스를 타고 가기로 했으므로 우리 부부는 트롬쇠 시내 중심가 버스 정류장에서 26번 버스를 탔다. 케이블카 타는 곳까지는 약 10분 정도 소요됐다.

스토르스테이넨 전망대로 올라가는 케이블카는 30분 간격으로 운행되고 있었다. 특히 여름철에는 오전 10시에서 다음 날 새벽 1시 30분까지 30분 간격으로 양 방향에서 동시에 운행한다고 한다. 케이블카를 타고 421m 높이의 스토르스테이넨 전망대까지 올라가는 시간은 불과 5분이 되지 않는 것 같았다. 가격은 170NOK(약 24,000원)였다.

우리 부부는 트롬쇠 패스(Tromsø Pass)를 소지했기 때문에 별도로 티켓을 구입할 필요가 없었다. 이틀짜리 트롬쇠 패스의 가격은 399NOK 이므로 트롬쇠 패스 구입 비용의 약 40% 이상을 건진 셈이었다.

케이블카를 타고 스토르스테이넨 전망대에 올라가서 본 트롬쇠의 모습은 정말 장관이었다

본토에서 트롬쇠위아(Tromsøy)섬으로 이어지는 타원형의 트롬쇠 대교(Tromsø Bridge), 그리고 그 대교를 건너서 있는 트롬쇠 시내의 모습은 너무 작게 보였다.

트롬쇠 시내가 위치한 트롬쇠위아섬은 피오르 한가운데 떠 있는 것 같았다. 그 트롬쇠위아섬 뒤편에 있는 먼 산의 산봉우리에는 7월의 한여름이지만 아직도 하얀 눈이 쌓여 있었다. 마치 한 폭의 설원을 그린 동양화 속의 모습 같다. 어느 여행자가 말했듯이 스토르스테이넨 전망대에서 트롬쇠 시내를 바라보면 거대한 자연에 비해서 나 자신이 얼마나 작은 존재인지 알 것 같다. 정말 할 말을 잊게 하는 풍경이었다.

나는 스토르스테이넨산 정상 부근에 있는 671m 높이의 Fløya 정상까지 트래킹을 해 보고 싶었다. 그래서 전망대 뒤편에서 산 정상을 향해서 가파른 능선을 따라서 천천히 걸어 올라갔다.

산 중턱에는 흰 눈이 쌓여 있었다. 설원이었다. 발걸음을 옮길 때마다 발이 눈 속에 푹푹 빠졌다. 바람이 불면 흰 눈가루도 휘날렸다. 마치 겨울철 설원을 걷는 것 같았다.

눈앞에 보이는 높은 먼 산 산봉우리에는 하얀 설경이 펼쳐져 있다.

그런데 흰 눈이 쌓인 산봉우리에 흰 구름이 걸쳐 있는 것이 아닌가?

너무 신비스러운 풍경이다. 뒤돌아서 봐도 장관이었다. 마치 파노라마 사진처럼 작아진 트롬쇠 시내의 모습이 내 시야에 들어왔다.

30여 분쯤 오르자 깃발이 세워진 작은 돌무덤이 나타났다. 우리는 그곳에서 발길을 돌렸다. 왜냐하면 주변에 사람들이 별로 보이지 않기 때문이었다. 간간이 한두 사람씩 등산을 마치고 내려오는 사람들은 보였지만, 올라가는 사람은 볼 수 없었다. 아무리 등산을 좋아한다고 해도 저녁 6시가 넘은 시각에 671m 높이의 Fløya 정상에 올라가는 사람이 있을 턱이 없어 보였기 때문이다.

우리 부부는 다시 스토르스테이넨 전망대로 천천히 돌아왔다. 그리고 다시 케이블카를 타고 내려와서 호텔로 돌아왔다.

Self-Travel Tip ➤ *Google 검색창에서 검색해 보자!*

Tromsø Activities, 오로라(Aurora) 투어 예약 방법

1. 오로라(Aurora)를 관찰할 수 있는 시기는 가을철 춘분과 봄철 춘분(9. 21~3. 21) 사이에는 오후 6시부터 새벽 1시까지 밤하늘이 어두울 때 관찰할 가능성이 가장 크다고 한다. 오로라 관광 최적 시즌은 낮이 길어지고 건조한 2월과 3월이라고 한다.

2. 오로라(Aurora) 관광 등 트롬쇠 즐길 거리(thing to do in Tromsø) 여행 정보를 얻고자 하는 경우 'thing to do in Tromsø' 등과 같은 키워드로 Google 검색창에서 검색해 본다
   ☞ 많은 여행 정보를 트롬쇠 관광청(visittromso.no), TripAdvisor(tripadvisor.co.kr) 등으로부터 얻게 된다.

3. 특히 TripAdvisor에는 여행자들이 선호하는 랭킹 순으로 Activities 정보가 편집되어 있다. 따라서 랭킹 순으로 리뷰를 참고하면 유익한 정보를 얻을 수 있다.

4. 현지인이 주관하는 오로라 관광, 등산, 낚시 등 투어나 Activities를 예약하고자 하는 경우 트롬쇠 관광청(visittromso.no)이나 TripAdvisor 여행 정보를 클릭하면 예약할 수 있는 현지인이나 여행사의 인터넷 웹사이트 주소, 전화, e-mail을 알 수 있다.

트롬쇠 근교
에르스피오르(Ersfjord) 여행

[트롬쇠 근교 에르스피오르]

트롬쇠는 오로라 관광의 본고장이라고 할 수 있는 곳이다.

오로라는 해가 진 야간에 관측할 수 있기 때문에 오로라 관광은 백야 시기가 지난 9월 말부터 3월까지가 적기로 판단된다.

보통 저녁 7시부터 오로라 투어를 떠난다고 하는데, 투어 방식은 가이드의 차를 타고 오로라가 자주 나타나는 지역을 돌다가 적당한 장소를 발견하면 그곳에서 자리를 잡고 관람하는 방식이다. 투어 비용도 트롬쇠 여행자 사무소인 'Visit Tromsø'에서 추천하는 오로라 투어는 보통 1,000NOK(원화 약 14만 원)를 상회한다.

그러나 여름철에는 백야가 지속되기 때문에 오로라를 보기가 쉽지 않다.

여름철에는 주로 트롬쇠 주변에 있는 피오르를 여행하거나 멀리 바다로 나가서 고래 관찰 여행, 낚시 여행 같은 투어나 액티비티(Tours&Activities)가 많이 이루어진다.

또한 Vengsøya, Vågsøya, Musvær, Gåsvær, Lyngøy, Risøya섬으로 나가면 아름다운 자연경관과 함께 바다 독수리, 수달, 물개, 조류 등 다양한 야생 동물을 탐험할 수 있는 액티비티(Activities)가 많다.

우리 부부가 트롬쇠를 마음 놓고 여행할 수 있는 날은 오늘 하루뿐이었다. 여행하고 싶은 곳은 많은데 시간이 부족했다. 특히 내가 트롬쇠 관광 안내소인 Visit Tromsø(www.visittromso.no)를 통해서 관심을 가졌던 액티비티는 Sommarøy섬으로의 피오르 여행이었다. 그 액티비티는 노르웨이 현지인이 주관하는 피오르 여행인데 Sommarøy섬으로 가면서 아름다운 칼피오르(Kaldfjord)와 에르스피오르((Ersfjord)도 방문한다고 했다. 투어 소요 시간은 약 7~8시간, 비용은 1인당 1,300NOK(약 18만 원)이었다.

액티비티 참가 비용이 좀 부담스러웠지만 현지식 점심도 제공하니 딱 내 취향에 적격이었다. 150m 높이의 Ørnfløya라는 산에 오른다면 Sommarøy Fiord의 장관도 볼 수 있을 것 같았다.

그런데 투어 소요 시간이 약 7~8시간이나 걸린다면 트롬쇠 시내 관광은 제대로 해 보지도 떠나야 해서 아쉬움이 생겼다. 그래서 Sommarøy섬으로의 피오르 여행은 포기하고 트롬쇠와 가까운 에르스

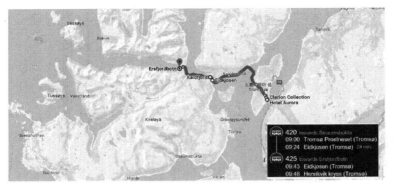

[Ersfjord 가는 방법]

피오르에 시내버스를 타고 다녀오기로 했다.

에르스피오르가 위치한 마을인 에르스피오르보틴(Ersfjordbotn, botn 은 노르웨이어로 마을을 뜻함)은 트롬쇠시의 Kvaløya섬에 있는 에르스피오 르 보틴의 끝에 있는 마을인데 트롬쇠시에서 서쪽으로 약 15㎞ 떨어져 있고, 버스로 약 30여 분 거리에 있어 비교적 가까운 위치에 있었다.

에르스피오르보틴은 인구 약 460여 명이 사는 작은 마을인데 SAS 항공사나 트롬쇠의 숙소 홍보용 광고 사진으로 많이 사용될 정도로 정 말 유명하고 아름다운 곳이라고 한다.

등산을 좋아하는 트롬쇠 현지인의 블로그(blog)를 보면(https://nerdno-mads.com/hikes-in-tromso) 에르스피오르 근처에는 Nattmålsfjellet(297m) 와 같이 등산하기 쉬운 하이킹 코스도 있다.

시내버스로 에르스피오르로 가려면 트롬쇠 시내에서 42번이나 420번 버스를 타고 Eidkjosen까지 가서 그곳에서 다시 425번 버스 를 갈아타고 에르스피오르 마을로 가야 한다. Eidkjosen까지는 시내

버스도 자주 있는 것 같지만 Eidkjosen에서 에르스 피오르 보틴까지는 많지 않은 것 같았다. 트롬쇠 버스 운행 시간 조회는 'https://www.177nordland.no'에서 가능하다.

그래서 버스 시간을 맞추어 아침 일찍 Eidkjosen까지 가서 그곳에서 에르스피오르 마을로 가는 버스로 갈아타고 에르스피오르를 여행한 후 되돌아올 때는 버스 시간을 맞출 수 없으면 Eidkjosen까지 천천히 트래킹을 하면서 걸어올 생각이었다.

왜냐하면 에르스피오르에서 Eidkjosen까지는 약 6㎞밖에 되지 않기 때문에 천천히 피오르를 관광하면서 트래킹한다고 해도 1~2시간이면 될 것으로 생각했다.

Eidkjosen행 버스는 트롬쇠 시내 중심가에서 약 30분 간격으로 운행하고 있었다. 우리 부부는 9시쯤 트롬쇠 시내 중심가 S2 정류장에서 Eidkjosen행 420번 버스를 탔다. Eidkjosen에 도착해서 잠시 기다린 후 다시 425번 버스로 갈아타고 에르스 피오르 보틴으로 갔다. 승객은 우리 부부 외에는 2~3명뿐이었다. 버스 운전기사는 친절하게도 우리 부부에게 425번 버스가 한 시간 뒤에 다시 Eidkjosen로 돌아간다고 안내해 주었다.

에르스피오르보틴은 정말 작고 조용한 피오르 마을이었다.

버스 정류장에서 내려서 좌측 피오르를 향해 걸어서 가는데 정말 주민은 한 사람도 볼 수 없었다. 그러나 에르스피오르는 정말 아름다웠다.

7월 한여름이었건만 피오르와 그 피오르를 둘러싸고 있는 가파른 능선의 산봉우리에는 아직도 흰 눈이 덮여 있었다. 그런데 피오르 주변

초지에 야생화가 만발해 있었다. 피오르 주변은 봄이 온 것 같은데 조금 높은 산은 마치 겨울인 것처럼 흰 눈이 덮여 있었다. 만일 겨울이 와서 피오르 근처에도 눈이 쌓인다면 이곳은 조용한 설국으로 변할 것 같다는 생각이 들었다.

그런데 공기는 왜 이렇게 깨끗하고 선선한가?

약간 서늘하고 추운 느낌마저 들었다. 주변은 너무 조용했다. 수십여 채의 집들이 피오르 주변에 있는데도 인기척은 좀처럼 들리지 않았다. 그런 조용한 마을에 좀처럼 보지 못했던 동양인이 활보하고 있으니 혹시 집을 나선 사람들이 우리 부부를 만난다면 기겁을 하지 않을까 두려워졌다. 내가 조용한 마을을 소란스럽게 하는 것 같아서 조심스러워졌다. 이곳은 관광지가 아닌 것 같았다. 사람들이 사는 조용한 휴식 공간처럼 보였다. 평화스러운 마을이 바로 이런 마을이란 것을 실감하게 하는 풍경이었다.

우리 부부는 발길을 돌려 피오르 반대편 마을을 향해서 걸었다.

조금 전에 내린 버스 정류장을 지나 약 200~300여 m쯤 걷자 297m 높이의 Nattmålsfjellet라는 산의 등산로로 보이는 표지판이 보였다. 조금 더 마을 아래로 내려갔더니 도로의 잡초를 제거하는 중장비가 굉음을 내며 지나갔다.

조용한 마을에 발소리를 내는 것이 미안했다. 우리 부부가 이곳을 계속 활보한다면 조용히 사는 사람들을 우리가 방해하게 될 것처럼 여겨졌다.

11시쯤 에르스피오르보틴 마을에서 Eidkjosen으로 출발하는 425번 버스를 탔다. 그리고 Eidkjosen에서 다시 420번 버스를 타고 트롬쇠 시내로 돌아왔다.

오후에는 트롬쇠 패스로 시내버스를 타고 북극 생태계를 보여준다는 트롬쇠 수족관인 폴라리아(Polaria), 극지 박물관인 더 폴라 뮤지엄(The Polar Museum)을 찾았다. 극지 박물관에서는 바이킹의 후예로서 바다를 정복하고, 극한의 추위와 난관을 극복하면서 발전해 온 노르웨이인들의 자부심을 엿볼 수 있었다.

오후 늦게 마지막으로 찾아갔던 곳은 트롬쇠 식물원이었다.

버스는 20번 버스를 맞게 탔다. 그런데 조금 지나서 보니 버스는 트롬쇠 대교(Tromsø Bridge)를 건너서 반대편 방향으로 가고 있는 것이 아닌가?

앞에 앉아있는 50대 아주머니에게 지도를 보여주면서 트롬쇠 식물원에 간다고 하면서 버스가 가는 방향이 맞냐고 물어보았다. 그 아주머니는 지금 버스는 식물원과 반대 방향으로 간다면서 버스 종점까지 갔다가 되돌아서 다시 트롬쇠 식물원 앞으로 가니 내리지 말고 그냥 타고 있는 것이 좋을 것이라고 친절하게 안내해 주었다. 그러면서 버스 운전기사에게 말해 놓을 테니 그냥 앉아 있으라고 하면서 우리 부부를 안심시켜 준다. 친절한 아주머니와 버스 운전기사 덕분에 트롬쇠 식물원도 잘 찾아서 갈 수 있었다.

저녁 무렵이 되자 빗방울이 떨어지기 시작했다.

호텔에서 잠시 쉬었지만, 트롬쇠의 상징인 트롬쇠 대교를 건너지 못한 것이 아쉬워졌다. 피곤해하는 아내를 호텔에 남겨둔 채 혼자 비를 맞으면서 트롬쇠 대교를 건넜다. 세찬 바람과 빗 망울을 맞아야 했지만, 비가 내리는 트롬쇠의 모습을 마지막으로 가슴속에 새겼다.

항공편으로 스톡홀름으로
이동하게 된 사연

　밤새 빗방울이 떨어진 것 같았다.

　아침 기온을 보니 7~8도였다. 좀 추웠다. 서두를 필요가 없는데도 나는 서둘러서 배낭을 챙겼다.

　오늘은 이곳 트롬쇠에서 스웨덴 스톡홀름(Stockholm)으로 이동하는 날이었다. 오후 1시 35분에 Tromsø Langnes 공항에서 스톡홀름행 SAS 비행기를 탈 예정이었다. 스톡홀름 도착 공항은 아를란다(Arlanda) 공항 5터미널(Terminal 5)이었다. 그곳에서 공항버스를 타고 예약한 스톡홀름 시내의 호텔을 찾아가면 된다.

　아내가 피곤이 좀 풀렸는지, 북극성 교회(Arctic Cathedral)에 가자고 했다. 빗방울이 좀 떨어졌지만, 아내도 모든 것이 아쉬운 것 같았다.

　아침 식사 후 바로 체크아웃하고 배낭을 짊어지고 호텔을 나섰다. 다시 마음은 여행자가 되었다.

[트롬쇠 항구 모습]

북극성 교회는 시내 중심가에서 20번, 24번, 26번 또는 28번 버스를 타고 갈 수 있다. 그렇지만 우리는 걸어서 가기로 했다. 트롬쇠 대교를 건너가기 시작하자 빗방울이 간간이 떨어졌다. 곧 세찬 바람이 불어 걷기도 힘들 정도였다. 우산을 폈지만 앞을 보기도 힘들고 춥기까지 했다.

북극성 교회 안으로 들어가려는데 트롬쇠 패스가 카드 리더기에 잘 읽히지 않았다. 다행히 직원의 배려로 들어갈 수 있었지만, 교회에 입장할 때도 돈을 지불해야 한다는 것이 좀 아이러니했다.

북극성 교회는 트롬쇠의 가장 상징적인 랜드마크다.

며칠 전 크루즈선을 타고 트롬쇠에 도착했을 때 트롬쇠 대교와 북극성 교회 모습을 보고 저곳이 트롬쇠일 것이라고 짐작했다.

삼각형의 유리 창문으로 지어진 북극성 교회의 내부는 매우 단순해 보였다.

다시 트롬쇠 대교(Tromsø Bridge)를 건너서 시내로 돌아왔다.

이제는 15일간의 노르웨이 여행을 마칠 시간이 됐다. 스웨덴 스톡홀름으로 떠나야 했다. 누구나 친숙했던 곳에서 떠난다면 아쉬움이 생길 것 같다. 나도 지금 그랬다. 지난 2주간의 노르웨이 여행은 정말 잊을 수 없었다. 아내와 다시 한번 노르웨이 여행을 하자고 약속했지만, 그 약속이 지켜질지는 모르겠다.

나도 나이가 들수록 용기가 줄어든다. 그렇지만 노르웨이 여행을 다시 한번 할 때까지만이라도 용기가 줄어들지 않았으면 좋겠다.

우리 부부는 10시 40분쯤 40번 버스를 타고 트롬쇠 공항으로 향했다. 트롬쇠 시내 중심가에서 Tromsø Langnes 공항까지는 약 20분 정도 소요됐다.

나는 지난밤에 스마트폰으로 SAS 홈페이지에서 온라인 체크인을 해 놓았다.

따라서 SAS Baggige Drop Counter에서 배낭을 맡기고, 탑승권을 받기만 하면 됐다.

당초 우리 부부의 여행 일정은 트롬쇠에서 버스를 타고 나르비크로 가서 유레일 패스를 이용해서 야간열차를 타고 스톡홀름으로 이동할 계획이었다.

그런데 여행 출발 약 2~3개월 전에 다시 한번 트롬쇠에서 나르비크로 가는 100번 버스의 시간표를 조회해 봤더니 놀랍게도 10시에 출발하는 나르비크행 100번 버스 시간표의 비고란에 '* ikke 26/6-18/8 17'이라고 표시되어 있는 것이 아닌가? 그래서 급하게 트롬쇠에서 스웨덴 스톡홀름으로 가는 SAS 항공편을 예약했던 것이다. 다행히 SAS 항공편은 비교적 일찍 예약한 덕분에 1인당 항공 요금을 128유로 수준으로 비교적 저렴하게 예약할 수 있었다.

그런데 북유럽 여행 출발 전에 다시 한번 트롬쇠에서 나르비크로 가는 100번 버스 시간표를 조회해 봤더니 여름 방학 기간 중에도 트롬쇠에서 나르비크로 버스가 운행하는 것 같았다. 어떻게, 왜 착오가 일어났는지 지금까지도 그 이유를 잘 모르겠다.

 Self-Travel Tip ➤ *Google 검색창에서 검색해 보자!*

Tromsø에서 Stockholm으로 이동 방법

1. 이동 방법(how to get to). 항공편(flight) 등과 같은 키워드로 Google 검색창에서 검색해 본다.

   예) how to get to Stockholm from Tromsø.

   ① rome2rio.com 등 교통편 가격 비교 사이트를 참고하면 항공편뿐만 아니라 버스, 기차로 가는 방법도 알 수 있다.

   ② 영문 검색 내용은 복사하여 'Google 번역'에서 번역하면 쉽게 의미를 파악할 수 있다.

2. 항공편으로 가는 방법

   ① farecompare.com 등 항공권 가격 비교사이트를 통해서 항공권 가격을 확인할 수 있다.

   ② Tromso-Stockholm 직항편 운항 항공사: Scandinavian Airlines, Norwegian Air Shuttle, SAS 항공이 있다. SAS 항공은 직항편도 운항한다.

3. Bus, 기차로 가는 방법

   ① Tromsø-Narvik: 100번 버스가 하루 3번 운행되며, 소요 시간은 약 4시간 30분. 버스 운행 시간은 177nordland(www.177nordland.no)에서 조회 가능하다.

   ② Narvik-Stockholm: 스웨덴 철도(www.sj.se/)가 하루 2회 운행, 소요 시간은 약 19시간.

4. 교통 비용, 소요 시간 측면에서 교통편 가격 비교 사이트(예: rome2rio.com 등)을 참고하는 것도 바람직하다.

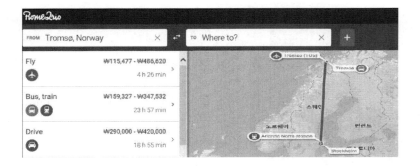

5. 필자는 SAS 항공 직항편을 이용했다. 처음 조회 시 103유로(여행사 판매수수료 포함 113유로)였으나 최종적으로는 118유로(수수료 포함 128유로)에 구입했다.

  ☞ 유의: 동일 컴퓨터로 항공권 반복 조회 시 항공권 가격이 상승한다.

SWEDEN

KIRUNA

LULEA

LYCKSELE

UMEA

OSTERSUND

SUNDSVALL

GULF OF BOTHNIA

UPPSALA

VASTERAS

STOCKHOLM

OREBRO

BALTIC SEA

GOETEBORG

JONKOPING

GOTLAND

OLAND

HELSINGBORG

KARLSKRONA

MALMOE

스웨덴

Day 20 ~ 22

[스톡홀름]

스톡홀름에서 다시 시작한
북유럽 대도시 여행

　오후 1시 35분에 Tromsø Langnes 공항을 이륙한 비행기는 2시간여의 비행 끝에 스톡홀름 아를란다(Arlanda) 공항에 도착했다.

　스톡홀름 아를란다 공항에 도착해서 느낀 점은 공항이 비교적 크다는 점이었다. 우리나라 공항처럼 많은 사람을 볼 수 있었다. 그동안 사람들을 보기 힘든 지역을 여행하다가 다시 사람들이 사는 세상에 돌아온 느낌이었다.

　공항 도착 후에는 짐을 찾고 알란다 공항 5번 터미널 'Visitor Center'에서 여행 출발 전에 국내에서 예약한 스톡홀름 패스(Stockholm Pass)를 찾았다.

　내가 구입한 스톡홀름 패스는 여행 겸용 2일짜리 패스(2 Day Adult Pass+Travel)였다. 가격은 1,035SEK(한화 약 125,700원)로 사실 좀 비싼 편이라 할 수 있지만 구입하기로 결심하고 국내에서 예약했다.

　왜냐하면 나는 외국어도 익숙하지 못하고, 승차권 자동 판매기 사용법도 익숙하지 못하다. 그래서 비용 측면에 좀 불리하다고 하더라도 버스표나 지하철 표를 살 때마다 겪게 될 불편함과 시간을 고려하지 않을 수가 없었다. 특히 내가 구입한 여행 겸용 패스(2 Day Adult

Pass+Travel)는 '홉 온 홉 오프 버스 앤드 보트 투어(Hop-On Hop-Off Bus and Boat Tour)'를 자유롭게 할 수 있다는 점이 내게 큰 매력으로 다가왔다.

스톡홀름 아를란다 공항에서 시내로 가는 방법은 여러 가지가 있다. 그중에서도 나는 요금이 저렴한 플뤼브사르나(Flygbussarna) 공항버스를 이용하기로 하고 인터넷으로 버스표를 사전에 예약했다. 공항버스 요금은 99SEK(원화 약 13,300원)로 아를란다 급행열차보다 훨씬 저렴했다.

우리 부부는 저녁 5시쯤 플뤼브사르나(Flygbussarna) 공항버스를 탔다. 버스는 승객들로 만원이었다. 달리는 도로도 2차 고속도로였다. 차들로 붐볐다. 도로 주변에는 공장들도 있고, 높은 건물들도 눈에 띄었다. 다시 문명사회에 돌아온 느낌이었다. 그러면서 한편으로 버스에서 내리면 어떻게 호텔까지 찾아가야 할지 걱정이 되었다. 버스가 시내에 가까워질수록 도로는 차들로 막혔다. 퇴근 시간이 가까워진 것 같았다.

우리 부부는 스톡홀름 중앙역 근처 마지막 정류장에서 내렸다. 내가 예약한 호텔은 지하철 슬루센(Slussen)역 근처에 위치한 스캔딕 셰파르츠 호텔레트(Scandic Sjöfartshotellet) 호텔이었다. 구글 지도로 보면 스톡홀름 중앙역에서 호텔까지는 약 2km이니 걸어서 가도 30분이면 충분히 갈 수 있을 것 같았다. 그런데 도보로 간다면 감라스탄(Gamla Stan)을 거쳐서 가야 하는데 어느 방향이 감라스탄 방향인지 알 수가 없는 것이 아닌가?

[스톡홀름 구시가지, 감라스탄]

　사실 종이 지도를 가지고 왔다고 하더라도 나는 지도를 보고 어느 방향이 동쪽이고, 어느 방향이 서쪽인지 쉽게 알 수 없다. 그럴 때는 자동차 내비게이션처럼 길을 안내해 주는 것이 있으면 얼마나 좋을까?

　물론 스마트폰 사용 방법을 잘 아는 젊은이들이라면 스마트폰 구글 지도로 잘 찾아갔을 것이다. 그렇지만 나는 스마트폰을 사용할 생각은 하지 못하고 스마트폰에 저장해 둔 구글 지도를 보면서 이쪽으로 가면 될까? 아니면 저쪽으로 가면 될까? 하고 헤맸던 것이다. 그러다가 지나가는 젊은 여자에게 스마트폰에 저장해온 지도를 보여 주면서 길을 물었다. 물론 택시를 타는 것이 가장 좋은 방법이지만 그때는 그런 생각은 하지 못하고 스톡홀름의 중심지인 감라스탄을 관광하면서 내가 예약한 스캔딕 셰파르트스 호텔레트 호텔로 걸어서 갈 생각만 했었다.

그런데 그 여자는 내가 보여준 호텔 위치 지도를 보더니 길 건너에 있는 지하철 입구를 가리키면서 두 정거장만 가면 슬루센역이라고 하는 것이 아닌가?

우리 부부는 그 여자가 가르쳐 준 대로 지하철을 타고 슬루센역으로 갔다. 슬루센역에서 스캔딕 셰파르트스 호텔레트 호텔까지는 다행히 스마트폰의 인터넷이 연결되어 구글 지도로 쉽게 찾아갈 수 있었다.

스캔딕 셰파르트스 호텔레트 호텔을 예약한 날짜는 여행 출발 약 6개월 전이었다. 숙박 요금은 4성급 호텔이었지만 일찍 예약한 덕분에 호텔 공시가격 대비 약 53% 할인된 80유로 수준에 호텔을 예약할 수 있었다. 물론 '취소 불가', '환불 불가', '선불' 조건으로 예약한 것이었다.

저녁 7시쯤 호텔에서 멀지 않은 스톡홀름 구시가지 감라스탄으로 산책을 나갔다.

해는 아직 떠 있었지만, 직장인들의 퇴근 시간이 다가온 것 같았다.

7월 초 스톡홀름의 일출 시간은 오전 4시, 일몰 시간은 오후 10시쯤 되는 것 같았다. 오후 7시면 저녁 시간 같은데 해가 떠 있으니 안심이 되었다.

감라스탄은 호텔 근처에 있는 슬루센역에서 다리 하나만 건너면 될 정도로 가까웠다. 다리를 건너 감라스탄 입구에 들어서자 오래된 건물들이 빽빽하게 들어선 구시가지가 나타났다. 중세를 방불케 하는 옛 건물들이었다.

구시가지의 중심에 이르자 스토르토리에트(Stortorget) 광장이 나타났다.

　그 광장 양쪽의 좁은 길에는 13~19세기의 오랜 건물이 당시 모습 그대로 남아 있었다. 그 광장 옆쪽에는 노벨 박물관(Nobel Museum)도 보였다. 조금 더 걸어서 가니 왕궁과 감라스탄 북쪽에 위치한 대성당이 보였다.

　왕궁을 기점으로 주위 골목길에는 중세를 방불케 하는 옛 건물들이 있었다. 감라스탄은 스톡홀름 관광의 중심지 같았다.

Scandic Sjöfartshotellet ★★★★	
CHECK-IN	CHECK-OUT
4	6
JUL 2017	JUL 2017
Tuesday	Thursday
€ 156 SEK 1,584	
필자 평가 : ★★★★☆	

 Self-Travel Tip ➤ *Google 검색창에서 검색해 보자!*

Arlanda 공항-Stockholm 시내 중심가 교통편

1. Google 검색창에서 이동 방법(how to get to), 교통(transport)을 뜻하는 키워드로 검색해 본다.

　예) getting to/how to get to Stockholm city center from Arlanda airport.

2. 알린다 공항은 스톡홀름시에서 북쪽으로 약 40㎞ 떨어진 곳에 위치해 있다.

　① Arlanda 급행열차: Arlanda 공항에서 도심까지 연결됨. 플랫폼은 도착 터미널 밑으로 쉽게 접근할 수 있음. 출발: 15분마다(대부분의 시간 동안). 소요 시간: 20분.

　② Flygbussarna 공항 코치(https://www.arlandaexpress.com/): Arlanda 공항과 City Terminal(중앙역 옆) 사이에서 10~15분 간격으로 출발함. Arlanda까지 소요 시간:

35~45분.

③ 택시: 소요 시간 40분 소요됨. 스웨덴의 택시 요금은 규제되어 있지 않으므로 가격이 기업마다 크게 다를 수 있음. 이를 염두에 두고 Taxi Stockholm, Taxi 020 및 Taxi Kuri와 같은 잘 알려진 회사의 서비스를 사용하는 것이 좋음.

자료 출처: www.visitstockholm.com.

3. 필자는 Flygbussarna 공항 코치(https://www.arlandaexpress.com/)를 국내에서 미리 인터넷으로 예약해서 탔다. Flygbussarna 공항버스 요금은 99SEK(원화 약 13,300원)으로 Arlanda 급행열차보다 훨씬 저렴하다.

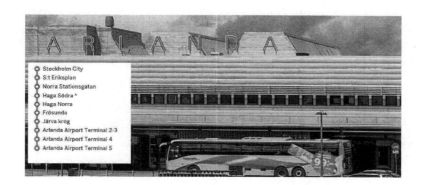

Hop-On Hop-Off 버스와
보트를 타고 여행한 스톡홀름

[스톡홀름 관광 지도]

스웨덴의 수도인 스톡홀름(Stockholm)은 인구 약 75만여 명이 사는 스칸디나비아반도 최대 도시다. 많은 섬을 끼고 있어 '북방의 베네치아'라고도 불린다고 한다. 스톡홀름 시내 중심가인 회토리예트(Hötorget) 광장 근처에 위치한 콘서트홀(Konserthuset)에서는 매년 노벨상 시상식이 열린다.

우리 부부는 아침 일찍 호텔 1층 레스토랑에서 식사했다.

큰 호텔이라 그런지 아침 식사를 하는 사람들이 많이 보였다. 천천히 아침 식사를 했다. 아침 식사는 호텔에서 든든하게 먹어야 한다는 것이 내 생각이다. 왜냐하면 하루에 20,000~30,000보쯤 걷다 보면 오후가 되면 체력이 많이 소모되기 때문이다.

두 번째 이유는 현실적인 이유였다. 아무리 맛있는 음식을 먹고 싶다고 해도 외국인인 내가 레스토랑에 들어가서 서양식 식사를 주문하는 것은 어려운 일이다. 나는 서양식 식사 예절도 익숙하지 않다. 여러 차례 해외여행을 했지만 지금도 전채로 무엇을 주문해야 할지, 후식으로는 무엇을 먹어야 할지 잘 모르겠다. 식사 주문 방법 자체가 복잡하고, 어렵게 느껴진다. 그래서 호텔에서 자유롭게 뷔페식 식사를 하는 것이 편하다. 먹고 싶은 것을 자유롭게 먹을 수 있기 때문이다. 그래서 나는 호텔 예약 시 아침 식사를 제공하는 호텔을 주로 예약하는 것이었다.

아침 식사 후에는 생수 등을 넣은 작은 여행 배낭을 챙겼다.

오전 중에는 어제저녁에 잠시 들렀던 감라스탄을 다시 둘러보기로 했다.

감라스탄은 스톡홀름의 구시가지 중심부다.

감라스탄(Gamla Stan)은 스웨덴어로 '옛 도시'를 뜻한다고 한다. 감라스탄 주변에 있는 작은 섬들로는 리다르홀멘섬, 헬게안스홀멘섬, 스트룀스보리섬이 있다. 감라스탄은 13세기부터 형성되었다고 하는데 중세 시대에 건설된 도로와 오랜 역사를 가진 건축물들이 많이 들어서 있다.

아침 9시쯤 호텔을 나와서 감라스탄으로 향했다.

슬루센역 앞을 지나자 출근길에 바쁜 사람들의 모습이 보였다. 감라스탄 구시가지 골목길을 따라서 감라스탄 북쪽에 있는 대성당과 왕궁으로 있는 곳으로 향했다.

사실 감라스탄은 스웨덴의 옛 모습과 정취를 고스란히 보여주는 곳이다. 작은 섬이지만 고딕, 바로크, 로코코 등 다양한 양식으로 건축된 고풍스러운 건물들이 즐비했다. 옛 건물을 개조한 레스토랑과 카페들도 많았다.

먼저 13세기에 처음 지어졌다고 하는 왕궁으로 갔다. 너무 이른 시각이라 그런지 왕궁 관람객은 많지 않았다. 왕국은 원래는 요새였으나 왕궁으로 발전했다고 한다. 한때 대화재로 큰 피해를 본 후 오랜 공사를 거쳐 지금의 모습을 갖추게 되었다고 한다. 현재는 스웨덴 왕족의 공식 집무실이자 스톡홀름을 방문하는 국빈들의 연회 장소로 사용된다. 3층 높이의 건물 안에는 유명한 장인과 예술가들의 손길로 아름답게 장식된 수많은 방이 있었다.

역시 13세기에 세워진 대성당도 스톡홀름에서 가장 오래된 교회로 왕실의 주요 행사가 열리는 역사적인 장소라고 한다. 고딕과 바로크 양식이 융합된 웅장한 건축물과 함께 내부에는 조각가 비겔란의 작품인 스테인드글라스 창과 섬세한 천장 벽화가 볼 만했다.

대성당을 둘러본 후 스톡홀름 항구 주변을 보트를 타고 한 바퀴 여행하기 위해서 왕궁 근처에 있는 홉 온 홉 오프 보트(Hop-On Hop-Off Boat) 선착장으로 내려갔다.

감라스탄 왕궁 근처에 있는 보트 선착장에는 많은 관광객이 홉 온 홉 오프 보트를 기다리고 있었다.

우리 부부는 그곳에서 잠시 후에 도착한 홉 온 홉 오프 보트를 탔다. 보트는 감라스탄에 있는 왕궁(Royal Palace) 근처의 선착장에서 출발하더니 레스토랑들이 많아 몰려있는 뉘르보플란(Nybroplan)에 들렀다. 그 곳에서 많은 관광객을 태우고 유르고르덴(Djurgarden)섬의 바사 박물관 (Vasa Museum)과 아바 박물관(Abba Museum)으로 향했다. 그리고 다시 바다 맞은편의 거대한 바이킹 라인(Viking Line) 크루즈선들이 정박해 있는 Stadsgarden Cruise Berth 선착장에 잠시 정박한 후 감라스탄 올 드타운으로 오면서 스톡홀름의 앞바다를 한 바퀴 돌았다.

날씨가 무척 쾌청했다. 하늘은 정말 파란색이었다.

아내는 집에 두고 온 딸아이 생각이 났는지 작은딸과 수다스럽게 페이스톡을 했다. 그러면서 스마트폰으로 스톡홀름의 이곳저곳을 보여주는 것이 아닌가? 나는 딸아이도 여행을 오고 싶었을까 생각했다. 그러면서 혹시 집에 혼자 남아있는 딸아이가 마음이 상할까 걱정이 됐다.

사실 그렇지 않은가? 아무리 딸이라고 하더라도 우리만 여행을 와서 혼자 남아있는 딸에게 자랑하면 딸의 기분은 어떠할 것인가? 그래서 나는 아내가 빨리 전화를 끊어 주었으면 좋겠다고 생각했다. 그런데도 아내의 전화는 점점 길어졌다. 아내는 스마트폰의 조그마한 화면이라고 할지라도 딸에게 스톡홀름의 이곳저곳을 보여 주고 싶은 것 같았다. 사실 그런 것이야말로 엄마의 마음인지도 모르겠다.

우리가 탄 홉 온 홉 오프 보트는 어느새 스톡홀름 항구를 한 바퀴 돌아 감라스탄에 있는 왕궁 선착장으로 다시 돌아왔다.

홉 온 홉 오프 유람선으로 스톡홀름 항구를 한 바퀴 돌고 보니 스톡홀름 도시의 모습이 그려졌다. 스톡홀름은 도시 한가운데에 있는 감라스탄을 중심으로 북쪽과 남쪽에 시가지를 형성하고 있다.

그리고 서쪽에는 박물관과 놀이공원이 산재해 있는 유르고르덴섬의 위치도 확인되면서 스톡홀름 도시의 모습을 머릿속에서 그릴 수 있게 됐다.

우리 부부는 스칸센 야외 박물관(Skansen Open-Air Museum)으로 가기 위해서 다시 홉 온 홉 오프 보트를 타고 유르고르덴섬의 선착장에서 내렸다.

스톡홀름 유르고르덴섬에 위치한 스칸센 야외 박물관(Skansen Open-Air Museum)은 스웨덴의 지역별, 시대별 민속 문화를 상징하는 건축물과 생활 양식 등을 볼 수 있는 야외 박물관이라고 한다.

우리 부부는 스웨덴 사람들이 살던 옛날 건축물들과 옛날 생활 모습을 보고 싶어서 스칸센 야외 박물관을 찾아간 것이었다.

스칸센 야외 박물관은 의외로 넓었다.

스웨덴의 옛날 집들은 든든한 통나무 목제 주택이 많다. 그렇지만 집마다 창가나 부엌, 침실의 정갈한 모습을 보면 옛날 스웨덴 여인네들의 섬세한 솜씨를 상상할 수 있다.

유르고르덴섬에서 두 번째로 찾아간 곳은 바사 박물관(Vasa Museum)이었다. 바사 박물관은 1628년에 처녀 항해에서 침몰한 전함 바사(Vasa)호를 전시한 곳이다. 64개 함포를 달고 있는 바사호는 거의 손상되지 않고 보관된 17세기의 유일한 전함이라고 하며 스칸디나비아에서 가장 많은 수의 여행자가 방문하는 박물관이라고 한다.

침몰 당시 실물 모습 그대로 전시된 바사호의 모습은 흥미롭기도 했지만 화려했다. 선수 용머리의 조각상은 예술 작품처럼 정교했다.

바사 박물관 관람을 마친 이번에는 홉 온 홉 오프 버스를 탔다. 버스를 타고 느낀 점은 스톡홀름은 걸어서 여행하기에는 너무 큰 도시 같다는 것이었다. 하루 종일 걷기 힘든 나이 든 사람의 입장에서 생각해 보면 홉 온 홉 오프 버스와 보트를 자유롭게 탈 수 있는 스톡홀름 패스를 구입한 것이 잘한 것 같았다. 우선 버스를 타면 잠시 휴식 시간을 가질 수 있었기 때문에 여행이 자유롭고 편하게 느껴졌다.

[바사 박물관]

 Self-Travel Tip ➤ *Google 검색창에서 검색해 보자!*

Stockholm 주요 볼거리, 즐길 거리, 먹을거리 찾는 방법

1. Stockholm 주요 관광명소는 Stockholm 항구 주변에 몰려 있다. Hop-On Hop-Off Boat나 bus를 타면 찾아가기가 쉽다.
2. Google 검색창에서 볼거리(to see, to visit), 관광명소(attraction), 또는 즐길 거리(thing to do), 먹을거리(thing to eat) 등과 같은 키워드로 검색해 본다.
   ☞ top attraction in Stockholm/thing to do in Stockholm/to eat in Stockholm.
   ☞ 영문으로 검색된 내용은 'google 번역'으로 쉽게 번역하여 의미를 파악한다.

3. 많은 여행 정보들을 해당 지역의 Stockholm tourist information office나 Tripadviser 등을 통해서 얻게 된다는 것을 알 수 있다.

4. Tripadviser 여행 정보는 유형별, 인기도 랭킹 순위로 분류할 수 있다. 따라서 여행지 결정 시 참고자료로 유용하다. 또한 대부분의 여행지, 음식점에 대한 웹사이트 주소, 지도, 연락처 정보가 수록되어 있기 때문에 opening hour, 입장료, 연락처 전화번호도 알 수 있고, 주소나 지도정보를 클릭하면 Google 지도상의 길 찾기로 전환되므로 찾아가기 쉽다.

물 위의 도시
스톡홀름

물 위의 도시 처럼 보이는 Stockholm

오늘은 스톡홀름(Stockholm) 여행 3일째 되는 날이었다.

이날 오후 5시에는 스톡홀름 항구에서 탈링크 실자라인(Tallink Silja Line)의 크루즈 여객선을 타고 라트비아의 수도 리가(Riga)로 떠난다.

탈링크 실자라인 승선 전까지 어제 가지 못했던 스톡홀름 시청사를 방문하고, 남는 시간은 홉 온 홉 오프 버스를 타고 스톡홀름 시내를 관광하면서 시간을 보내기로 했다.

아침 식사 후 호텔에서 체크아웃했다.

배낭을 호텔의 러기지 룸(Luggage Room)에 맡기고, 오후 2시쯤 호텔로 돌아와서 전철을 타고 탈링크 실자라인 터미널로 가기로 했다.

스톡홀름 시청사는 스톡홀름의 랜드마크라고 할 수 있는 곳이다. 구글 지도로 내가 묵고 있는 호텔에서 스톡홀름 시청사까지 가는 대중교통편을 찾아보니 슬루센역 근처의 버스 정류장에서 3번 버스를 타고 가면 될 것 같았다.

교통편을 쉽게 알 수 있는 방법은 구글 지도 같다. 슬루센역 근처의 버스 정류장에서 3번 버스를 탔더니 10분도 되지 않아서 스톡홀름 시청 근처 버스 정류장에 도착했다.

스톡홀름 시청사 건물 광장에는 많은 중국인 단체 관광객들이 보였다. 모두 사진 찍기에 분주한 모습들이었다. 우리 부부도 기념사진 몇 장을 찍었다.

스톡홀름 시청사는 무엇보다 매년 12월에 노벨상 시상식 후 축하 연회가 열리는 곳으로 유명하다. 청사 내부는 가이드 투어로 입장이 가능하다고 하는데 가이드 투어에 참여할 수 없어 아쉬움이 남는다.

시청사 근처에서 홉 온 홉 오프 버스를 타고 스톡홀름 시내를 한 바퀴 돌았다. 그리고 감라스탄 선착장에서 스톡홀름 항구를 한 바퀴 도는 유람선 보트를 탔다. 스톡홀름 패스가 있으니 자유롭다. 타고 싶은 곳에서 마음대로 타고 내리고 싶은 곳에서 내릴 수 있어서 좋다.

오늘도 스톡홀름은 파란 하늘이다.

스톡홀름은 정말 물 위의 도시 같다. 도시가 호수 같은 커다란 바다에 둘러싸여 있는 것 같다.

사실 스톡홀름은 발틱해와 마라렌(Malaren)호수가 만나는 곳에 14개의 섬으로 이루어져 있다. 따라서 스톡홀름은 유람선을 타고 물 위에서 도시의 아름다움을 경험할 수 있는 도시같다.

우리가 탄 홉 온 홉 오프 보트는 어제처럼 감라스탄에 있는 왕궁 근처 선착장을 출발해서 레스토랑들이 많아 몰려있는 뉘르보플란으로 향했다. 스톡홀름은 푸른 바다 위에 떠 있는 도시처럼 도시 모습이 정말 아름다웠다. 물 위의 도시 같다. 뉘르보플란에 잠시 머물렀던 보트는 다시 관광객들을 태우고 유르고르덴섬으로 향했다. 그리고 유르고르덴섬에 잠시 정박했던 배는 맞은편 바닷가에 있는 바이킹 라인의 거대한 크루즈선들이 정박해 있는 선착장을 거쳐서 감마스탄으로 돌아왔다. 잠시 유람선을 타고 휴식 시간을 가진 셈이었다.

우리 부부는 감라스탄 선착장에서 내린 후 옛 건물들이 몰려있는 감라스탄 올드타운 골목길을 걸었다. 수많은 레스토랑과 카페들이 있었지만, 어느 곳에 들어가야 할지 몰랐다. 아내는 옛날 집들이 몰려있는 작은 골목길에 있는 케밥(kebab) 가게를 보더니 케밥이나 빨리 먹고 호텔로 돌아가자고 서두른다. 레스토랑에 들어가서 근사한 점심 식사를 하고 싶지만, 식사 주문이 익숙하지 못하기 때문인 것 같다.

우리 부부는 케밥 가게에서 간단히 점심을 해결하고 호텔로 돌아왔다.

이제는 호텔의 러기지 룸(Luggage Room)에 배낭을 찾아서 떠나는 일만 남았다.

Self-Travel Tip ➤ *Google 검색창에서 검색해 보자!*

Stockholm Hop-On Hop-Off Boat & Bus Tour

1. Stockholm 주요 관광명소는 Stockholm 항구 주변에 몰려 있다. Stockholm Hop-On Hop-Off Boat를 타면 찾아가기가 쉽다.

2. Hop-on-Hop-off Boat & Bus 투어 시즌은 5~9월이다(2017년).
   투어 가격은 24시간용 Bus & Boat가 약 $53, 72시간용이 $65 수준이다. Travel 겸용 Stockholm Pass를 구입하면 Hop-on-Hop-off Boat & Bus를 자유롭게 탈 수 있다.

3 필자가 구입한 Stockholm Pass는 자유롭게 Hop On Hop Off Bus and Boat Tour를 할 수 있는 여행 겸용 2일짜리 패스(2 Day Adult Pass+Travel)였다. 가격은 1,035SEK(한화 약 125,700원).

4. Hop On Hop Off 보트 시간표: 보통 10:00~17:00. 20~30분 간격으로 출발한다.
   정류장은 왕궁 근처 선착장을 비롯하여 10여 곳 이상이다.

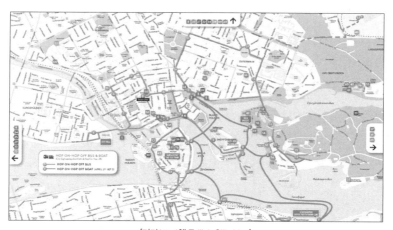

[리가(Riga)행 Tallink Silja Line]

당신이 꿈꾸던 30일간의
북유럽 여행

★ 리가(Riga)행 탈링크 실자라인 크루즈 여객선을 타다

[스톡홀름 탈링크 실자라인 터미널]

스톡홀름 구시가지 감라스탄에서 호텔로 돌아온 시각은 오후 2시쯤
이었다. 이제는 라트비아의 수도 리가(Riga)로 떠나야 할 시간이 온 것
이다.

떠날 때면 언제나 그렇듯, 아쉬움이 크게 남는다.

구글 지도로 이동 방법을 검색해서 보니 탈링크 실자라인(Tallink Silja
Line) 터미널은 슬루센역에서 전철 13번을 타고 가르데(Gardet)역에 내려
서 도보로 12분 정도 걸으면 되는 것 같았다.

우리 부부는 슬루센역에서 13번 전철을 탔다.

그런데 스톡홀름 지하철은 시내 중심가에서는 여러 가지 방향의 지
하철이 같은 선로를 이용하는 것 같았다. 예를 들면 슬루센역에서는 13
번 지하철도 다니고, 14번 지하철도 다니며, 19번 지하철도 다닌다. 따
라서 목적지를 잘 확인하고 전철을 타야 했다. 우리는 10분도 되지 않

아서 가르데(Gardet)역에 도착했다.

가르데역에는 여행 가방을 끌고 긴 통로를 따라서 가는 여러 명의 승객이 보였다. 우리 부부도 그들을 따라서 10여 분을 걸었다. 그러자 큰 배들이 정박해 있는 탈링크 실자라인 터미널이 나타났다.

나는 체크인 카운터에서 예약 확인서를 제시하고 탑승권을 받았다.

우리 부부가 타는 배는 오후 5시에 출항하는 라트비아 리가(Riga)행 로만치카(Romantika)호였다. 예약한 선실은 인사이드 캐빈이었다. 바다를 조망할 수 있는 창문이 없기 때문에 가격은 저렴한 편이었다. 그러나 침대, 화장실 등 갖출 것은 다 갖추어져 있었다. 하룻밤을 자는 데는 큰 불편이 없어 보였다.

나는 여행 출발 약 3개월 전에 우리나라에서 이 배의 승선권을 국내 선박 대리점을 통해서 인터넷으로 예약했다.

출항 시간인 오후 5시가 다가오자 탈링크 실자라인 터미널은 많은 사람으로 붐볐다. 터미널에서는 라트비아 리가로 가는 배뿐만 아니라 핀란드 헬싱키로 가는 배도 승선 절차를 밟고 있었다.

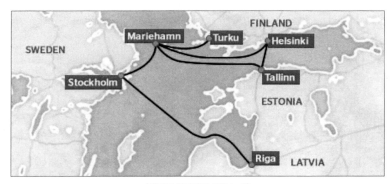

[탈링크 실자라인 운항 노선]

승객들 가운데서 배낭을 짊어진 70대 중반이 훨씬 넘은 것 같은 노부부가 내 눈에 띄었다. 그 노인은 눈이 잘 보이지 않는지 돋보기안경을 끼고 손에 든 서류를 보더니 체크인 카운터에 가서 탑승권을 받고 돌아왔다. 우리 부부처럼 배낭여행자 같다는 생각이 들었다. 나도 배낭여행을 하고 있지만, 그들을 보면서 이번이 마지막 배낭여행이라고 생각했던 내 생각이 너무 이르다는 것을 느꼈다.

오후 4시부터 라트비아 리가행 로만치카호의 승선이 시작됐다.

우리 부부가 배정받은 선실은 8층에 위치한 이너 캐빈(Inner Cabin)이었다. 선실은 조금 작아 보였지만 침대, 화장실, 샤워 시설 등이 잘 구비되어 있어 하룻밤 숙박하는 데는 불편이 없어 보였다. 서둘러 짐을 풀고 맨 위층인 9층 선상 데크로 올라갔다. 바닷바람이 정말 시원하게 불고 있었다.

벌써 많은 사람이 따뜻한 햇볕을 받으며 의자에 앉아 음료수를 마시며 바다 풍경을 즐기고 있었다. 승객들은 모두 즐거운 표정들이었다. 나도 긴장을 풀고 여유로운 시간을 갖고 싶었다. 선상 레스토랑에서 생맥주와 알코올음료를 몇 잔 사서 마셨다. 항상 싫다고 하던 아내도 한잔을 마셨다. 취기가 도니 마음이 너무 행복해졌다.

우리를 태운 로만치카호는 오후 5시가 되자 스톡홀름 항구를 벗어나기 시작했다. 배는 처음에는 좁은 수로를 따라서 천천히 항해한다.

배가 지나가는 수로 옆 주변 숲속에는 예쁜 집들이 여러 채 보였다. 평화스러운 풍경이었다. 배가 좁은 수로를 조금 내려가자 큰 바다가 나타났다. 정말 잔잔한 바다였다.

저녁 7시가 넘은 시각에 저녁 식사를 하기 위해서 7층의 뷔페식당으로 갔다. 식당 안에서 왁자지껄한 소리가 자주 들렸다. 승객들 모두 즐거운 표정이었다. 차려진 뷔페 음식도 풍성했지만, 포도주, 맥주가 모두 무료이기 때문인 것 같았다. 마음껏 먹고 마실 수 있으니 기분이 좋은 것은 당연한 것 아닌가?

몇 좌석 앞의 원탁 테이블에는 듬직한 할머니를 중심으로 대가족이 식사를 하고 있었다. 7~8명이 넘는 인원 같았다. 할머니는 호탕하게 웃기도 하고, 다 큰 아들들에게는 포도주를 권했는데 그 모습이 정겨워 보였다. 그런데 바로 우리 부부 옆에 있는 테이블에서 혼자 앉아 있는 중년 남자는 너무 조용했다. 벌써 포도주를 서너 잔 마셨는지 얼굴이 불그스레 했다.

우리 부부도 좋아하는 음식을 여러 차례 가져다 먹었다. 포도주도 여러 잔을 마셨다. 처음에는 기분이 좋더니 점점 불편해졌다. 아내의 얼굴도 붉어졌다.

그러면서 아내가 한마디 했다.

"여보! 난 배부른 것보다 배고픈 것이 나을 것 같아! 당신도 그렇지?"

Self-Travel Tip ➤ *Google 검색창에서 검색해 보자!*

Tallink Silja Line(Stockholm→Riga) 예약 방법

1. Tallink Silja Line의 Stockholm-Riga 운항 내용
   - 매일 Stockholm항 출항 시간: 17:00 → Riga항 도착 시간: 익일 11:00.
   - 운항 소요 시간: 18시간.
2. 승선권은 선박회사의 국내 대리점 웹사이트에서 인터넷으로 직접 구입한다.
   - Tallink Silja Ltd: http://www.siljaline.co.kr/https://www.tallink.com/.
3. 승선요금은 cabin의 종류, 식사 선택 여부 등에 따라 달라진다(승선일 2017. 7. 6 기준).
   - 캐빈 요금(B Class): 152유로.
   - 조식 뷔페(2명): 33유로, 석식 뷔페: 86유로(합계: 271유로).
4. 예약 후 e-mail 등으로 전송받은 예약 확인서를 인쇄하여 승선 시 check-in 창구에서 제시하여 boarding 카드를 발급받아 승선한다.
5. boarding 카드는 cabin의 출입 카드로 사용되니 승선 기간 동안 잘 휴대해야 한다.

리가(Riga) 행 Tallink Silja Line 크루즈 여객선 뷔페 레스토랑에서는 포도주, 맥주 등 각종 주류, 유료수가 무료로 제공되었다.

BALTIC
SEA

ESTONIA

RIGA

JURMALA

LATVIA

LITHUANIA

RUS

라트비아

Day 23 ~ 24

발트해를 건너 도착한
라트비아 리가(Riga)

아침 7시가 넘은 시각에 일어났다.

어제저녁에 마신 포도주 때문에 긴장이 많이 풀린 것 같았다. 발트해의 일출을 보고 싶었는데 일출을 보지 못한 것이 아쉽다.

아침 바람을 쐬기 위해서 9층 선상 갑판으로 올라갔다.

바닷바람이 세찼다. 그런데 바닷물의 색이 흑갈색이다. 육지가 가까운 것을 보면 근처에 있는 육지의 영향 때문에 바닷물의 색깔이 흑갈색을 띤 것 같다. 푸른 발트해의 바다를 상상했던 사람들에게는 약간 실망감을 줄 듯했다.

8시쯤 아침 식사를 위해서 7층 뷔페로 갔다.

어제저녁에 앉았던 자리 바로 근처 창가에 자리를 잡았다. 식사하는 사람들의 모습이 너무 여유롭다. 사실 배 안에서는 서두를 필요가 없는 것이 아닌가?

식사를 마치고 다시 9층 선상 데크로 올라갔다. 세찬 바람이 불긴 했지만 햇빛의 따스함이 느껴진다.

정말 잔잔한 아침 바다였다. 배는 검푸른 바다에 흰 물거품을 일으키며 조용히 항해했다. 오전 10시가 지나자 배는 좁은 수로로 들어서기 시작했다.

Riga행 크루즈 여객선 모습

    배가 지나가는 수로 옆의 선착장에는 작은 배들이 정박한 모습이 보였다. 낮은 해안지대라서 그런지 이 나라의 땅은 평평한 구릉 지대가 많은 것 같았다. 높은 산은 별로 보이지 않는다.

    배가 좁은 수로를 따라서 올라가자 거대한 크레인들이 멀리서 보이기 시작했다. 크레인 옆에는 석탄인지, 철광석인지 알 수 없는 검은 물질들이 쌓여있는 것이 보인다.

    조금 시간이 흐르자 정박해 있는 크루즈선들도 보이기 시작했다.

    이제 우리가 탄 배는 라트비아 수도 리가 항구 크루즈선 터미널에 가까워지고 있는 것 같았다. 그렇지만 9층 선상 데크에서 따뜻한 햇볕을 즐기는 승객들에게서는 좀처럼 서두르는 모습을 찾아볼 수 없었다. 모두 바다의 풍경을 감상하며 여유로운 시간을 즐기는 모습이었다. 사실 배가 항구에 도착하고 하선하려면 한참 시간이 걸리는 것이 아닌가? 서두를 필요가 없는 것이다.

나도 9층 선상 데크에 있는 의자에 앉아서 하선 안내 방송을 기다렸다. 그러면서 마음속에는 하선 후에 어떻게 예약한 호텔을 찾아갈까 하는 생각이 머릿속에 가득 차기 시작했다. 항구에 도착하면 다시 길을 찾는 여행자로 돌아가야 하는 것이다. 이번 리가에서는 아내를 데리고 헤매지 않았으면 좋겠다는 생각을 했다.

로만치카호는 11시쯤 리가(Rīga) 크루즈 여객선 터미널에 도착했다.

리가 크루즈 여객선 터미널은 리가 시내를 동서로 가로지르는 다우가바강(Daugava River)의 하구에 위치해 있다. 그러나 구글 지도를 보면 리가 도심에서 약 1.6㎞, 도보로는 약 20분 거리에 불과했다.

하선하는 승객은 대부분 관광객인 듯했다. 대부분 주차장에 있는 관광버스에 올랐다. 택시는 이상하게도 별로 보이지 않는다.

우리 부부는 여느 때처럼 배낭을 짊어졌다. 그리고 우리 앞에서 여행용 가방을 끌고 시내로 가는 사람들을 따라서 걸었다. 물론 내 앞에 가는 사람들이 리가 시내 중심가를 향해서 가고 있다고 생각했기 때문이었다.

내가 예약한 호텔은 구시가지에 있는 리가 코로나 호텔(Hotel Kolonna Riga)이었다.

스마트폰에 저장해서 가지고 온 구글 지도를 보면 내가 예약한 호텔까지의 거리는 크루즈선 터미널에서 약 1.6㎞에 불과했다. 그런데 우리 부부 앞에서 여행 가방을 끌고 가던 사람들이 주택가를 지나더니 리가 중심가라고 생각되는 방향과는 정반대 방향으로 가는 것이 아닌가?

시내 방향이 어느 방향이 정확한 방향인지 구글 지도로 길 찾기를 해 보고 싶었다. 그러나 스마트폰의 데이터 로밍을 연결하려고 몇 번 시도했지만 좀처럼 연결되지 않는다. 마침 트램 한 대가 대로를 지나갔다. 나는 트램이 가는 방향이 시내 방향일 것으로 판단하고 트램이 가는 대로를 따라서 걸었다.

대로에서 만난 한 사람에게 리가 시내 중심가로 가는 방향을 물어보았지만, 그는 손만 내저었다. 영어를 전혀 할 수 없는 사람 같았다.

두 번째로 만난 젊은 남자는 다행히 내 말을 알아들었는지 곧장 가면 된다고 하면서 알아들을 수 없는 말을 했다. 그러면서 손으로 앞을 가리키는 것이었다. 그 청년의 말대로 대로를 따라서 앞으로 10여 분 정도를 걷자 붉은 연미색의 옛날 걸물들 앞에서 가이드의 설명을 듣고 있는 단체 관광객들의 모습이 보였다. 나는 그곳이 리가(Riga) 구시가지라는 것을 어렴풋이 짐작할 수 있었다.

사실 자동차가 길을 찾을 때 내비게이션처럼 편리한 것이 없다.

사람도 길을 찾을 때 자동차 내비게이션처럼 길 찾기 기능이 있는 기계가 있으면 얼마나 좋겠는가? 목적지만 지도에 입력하면 척척 길을 찾아 준다면 여행자들이 한밤중에 호텔을 어떻게 찾아갈까 하고 걱정할 필요가 없을 것이다. 그런데 잘 알고 보면 스마트폰 구글 지도에 자동차 내비게이션처럼 길을 찾아 주는 내비게이션 기능이 있다. 그렇지만 나이 든 사람들은 이런 것을 잘 모르는 경우가 많다. 안다고 해도 육체적으로 이미 시력이 나쁜 경우가 많기 때문에 스마트폰을 이용하려 하지 않는 경우도 많은 것 같다.

리가 구시가지에 이르자 다행히 스마트폰의 인터넷이 연결되었다.

스마트폰 구글 지도에 목적지 'Hotel Kolonna Riga'을 입력하고 검색했더니 리가 코로나 호텔까지의 경로가 구글 지도에 표시된다. 그러면서 스마트폰이 길을 안내한다. 우리 부부는 스마트폰이 안내해 주는 경로를 따라서 리가 코로나 호텔을 찾아갔다.

내가 리가 코로나 호텔을 예약한 날짜는 여행 출발 약 6개월 전인 1월 초(2017. 1. 8)였다. 물론 저렴한 호텔을 찾기 위해서 호텔 예약을 일찍 서둘렀지만, 시설 면에서는 크게 만족스럽지 못했다.

리가 코로나 호텔은 리가의 구시가지에 자리 잡고 있는 객실 40여 개짜리의 비교적 작은 호텔이었다. 바로 리가의 Dom Cathedral에서 약 100m 떨어져 있었다. 짧은 여행 시간을 감안하면 위치적으로는 탁월했다.

리가(Riga)를 여행하는 사람들에게 좋은 점은 리가의 물가 수준인 것 같았다. 리가의 호텔비, 식사비는 덴마크나 노르웨이 북유럽 국가들의 절반 수준에 불과했다.

Rixwell Domus Hotel ★★★

CHECK-IN	CHECK-OUT
7	**9**
JUL 2017	JUL 2017
Friday	*Sunday*
€ 108	
필자 평가 : ★★★☆☆	

Hotel Kolonna Riga'은 현재 Rixwell Domus Hotel로 호텔이름이 변경되었다.

중세도시의 모습을 간직한
라트비아의 수도 리가

[리가]

라트비아의 수도 리가(Riga)의 구시가지는 초가을 같은 느낌을 주었다.

모두 오래된 중세 건축물들이라고 하지만 건물들의 색깔이 엷은 노
란색, 붉은색 등 단풍이 이제 막 물들기 시작한 초가을의 모습과 비슷
해 보였기 때문이다.

건물의 색깔도 모두 비슷하면서도 정말 아름답게 보였다.

리가의 대부분의 건물들은 아르누보 양식으로 지어진 건물들이라고

한다. 구시가지의 울퉁불퉁 튀어나온 돌길을 걷다 보면 로마 가로를 걷는 것처럼 오래된 도시라는 것을 금세 느끼게 된다.

길가에는 카페나 레스토랑들도 많았다. 골목길은 많은 관광객으로 붐볐다.

카페나 레스토랑 앞에서 손님들을 안내하는 젊은 여인네들의 옷차림새는 모두 옛날 전통 복장이었다. 마치 중세의 작은 도시에 온 느낌을 주었다.

사실 나는 발트 3국이라고 불리는 라트비아, 에스토니아, 리투아니아에 대해서 잘 몰랐다. 그저 작은 나라, 구소련의 지배를 받았던 나라, 북유럽 국가들에 비해서 물가가 저렴한 나라로만 알고 있었다. 특히 라트비아의 수도 리가는 북유럽의 최대 도시, 발트해의 진주라고 불린다고 하지만 나는 북유럽 여행을 계획하기 전까지만 해도 리가가 어느 나라의 수도인지도 잘 몰랐다.

그렇지만 북유럽 여행을 계획하면서 발트해에 있는 작은 나라들을 여행하고 싶은 생각이 들었다. 왜냐하면 작은 나라들에 대한 알 수 없는 동경심 같은 것이 생긴 것이다.

라트비아의 수도 리가(Riga)는 발트해 리가만(灣)의 남단에 위치한 항구 도시다. 인구는 약 87여만 명이 살고 있고, 리가만으로 흘러드는 다우가바강의 양안에 걸쳐 있다.

리가 구시가지를 걷다 보면 한자동맹 시절 중세 상인들이 만들어놓은 길드 건물들이 많다는 것을 금세 알 수 있다. 독일의 오랜 지배를 받은 영향으로 그 흔적도 많이 찾을 수 있다. 독일 지배 이후에는 폴란드, 러시아, 스웨덴 등 강대국의 각축장으로 주권이 여러 차례 바뀌었다. 1710년 러시아에 병합되어 제1차 세계대전까지 약 2백여 년 동안은 러시아령이었던 때도 있었고, 제1차 세계대전 때는 강대국들에 의해 독일에 할양되기도 했었다.

제1차 세계대전 종전 후 라트비아는 독립을 선언했다. 그렇지만 제2차 세계대전 시기에는 다시 구소련에 합병되었다. 다행히 1990년대 소련의 개혁 정책의 영향으로 1991년 8월 소련으로부터 독립하게 되었다. 사실 라트비아, 에스토니아, 리투아니아 등 발트 3국의 역사를 보면 강대국 사이에 낀 작은 나라들의 파란만장한 역사를 짐작할 수 있다.

독립을 성취한 라트비아는 지금은 북대서양조약기구(NATO)에 가입했고, 유럽연합(EU)에도 가입한 나라가 되었다. 그리고 리가는 라트비아의 수도가 됐다.

리가의 구시가지인 리가의 역사지구(Historic Centre of Riga)는 1994년에 유네스코 세계문화유산으로 등록되었다. 리가의 구시가지 지역은 아르누보 양식의 건축물들로 유명하다. 남쪽으로는 리가역과 중앙 시장을 두고, 서쪽으로는 다우가바강이 있으며, 동쪽으로는 신시가지가 펼쳐져 있다. 리가 구시가지에는 한자동맹 시대로부터 내려오는 옛 모습이 잘 남아 있으며, 로마네스크, 고딕, 바로크 양식이 혼재한다.

리가의 주요 유적으로는 14세기에 지어진 리가성(Rīgas pils), 리가 대성당(Rīgas Doms)이 있다. 그 외에도 역사 지구의 명소로 루터교의 교회이며 첨탑이 특징적인 성 페트로 교회(St Peter's Church)와 자유 기념비(Brīvības piemineklis)가 있다.

리가(Riga)는 발트 3국 최대의 도시라고 한다. 그렇지만 작고 고풍스

[리가 시청 광장에 위치한 검은머리전당]

러운 중세 도시처럼 보였다. 따라서 주요 볼거리가 몰려 있는 리가 구
시가지만 여행한다면 리가 패스(Riga Pass)가 크게 필요해 보이지 않았
다. 그렇지만 리가 여행 두 번째 날에 우리 부부는 리가 시내에서 떨어
진 Kalnciema라는 곳까지 트램을 타고 가야 했기 때문에 교통수단으
로써 리가 패스가 필요했다. 그래서 국내에서 여행을 출발하기 전에 리
가 패스를 인터넷으로 구매했다.

리가 패스를 수령하는 곳은 리가 시청(Riga Town Hall) 광장 근처에 있
는 리가 관광안내소(Riga Tourist Information Centre)다. 그곳에는 리가의
대표적인 중세 건축물이라 할 수 있는 검은머리전당(Melngalvju nams)이
라는 건물도 있다.

검은머리전당은 정말 화려한 중세 건물임을 보여 주고 있었다.

이곳은 1300년대 당시 여행자와 길드의 무역상들이 머물고, 모임을
했던 고급 숙박 시설이라고 한다. 따라서 800여 년의 역사를 가지고 있
는 건물이다. 건축물의 이름이 검은머리(Blackheads)라고 붙여진 것은

이 건물을 사용했던 검은머리 길드의 이름에서 유래된 것이라고 한다.

우리 부부는 리가 패스를 찾은 후 바로 리가 시청(Riga Town Hall) 광장 근처에서 홉 온 홉 오프 버스를 탔다. 왜냐하면 리가 패스는 버스와 트램 등 라가의 대중교통수단을 무료로 이용할 수 있고 박물관 무료입장, 그리고 리가의 주요 관광 명소를 입장할 경우 할인 혜택이 주어지는 패스이며, 리가 시티투어 2층 버스(City Tour double-decker bus)도 무료로 탈 수 있기 때문이었다.

버스를 타고 리가 시내를 한 바퀴 일주하면서 본 리가의 모습은 정말 리가가 북유럽 최대의 도시라 할 만큼 넓다는 것이었다. 교통수단으로써뿐만 아니라 여행 수단으로써도 리가 패스를 잘 산 것 같다는 생각이 들었다. 사실 리가 패스의 가격이 문제이지 가격만 괜찮다면 리가 패스와 같은 여행자 패스는 소지하기만 한다면 여행자에게 있어 여행시간과 여행 비용을 절약할 수 있는 가장 효과적인 방법이다.

우리가 탄 버스가 구시가지와 신시가지 사이에 있는 베르마네스(Vermanes) 공원을 지나자 '자유의 여신상(Brīvības piemineklis)'이 보였다. 리가의 자유의 여신상은 주변 강대국의 오랜 지배의 역사에 맞서 싸운 라트비아인들의 투쟁의 흔적을 잘 보여주는 곳이다.

버스가 리가 신시가지에 들어서자 리가의 모습은 새로 지은 건물과 낡은 건물이 혼재해 있는 도시로 바뀌었다. 그런 신시가지의 모습을 보면 이 나라가 아직 개발 도상 중인 나라임을 보여 주는 것 같았다. 버스는 다우가바강을 건너 주택가 지역을 한 바퀴 돌고 나서 다시 리가 구시가지로 돌아왔다.

홉 온 홉 오프 버스는 사실 가격이 좀 부담스럽다. 그렇지만 도시가 어떻게 생겼는지, 어떻게 여행하는 것이 좋은지 등 시티 가이드 투어

라트비아(Day 23~24)

수단으로써도 여행자들에게 무엇보다 좋은 것 같았다.

홉 온 홉 오프 버스 투어를 마친 후 찾아간 곳은 교회 첨탑에 올라가서 리가 시내를 조망할 수 있는 성 페트로 교회(St Peter's Church)와 대성당(St. Mary's Dome Cathedral)이었다.

13세기 리가 상인들의 헌금에 의해서 건설되었다는 성 페트로 교회는 리가의 중요한 랜드마크다. 미사를 드리는 성당이라기보다는 성당의 높은 첨탑 위에서 구시가지를 관망할 수 있는 전망대로 더 유명해진 것 같은 느낌이었다. 입장료도 9유로나 되었다. 다행히 우리 부부는 리가 패스를 소지했기 때문에 50% 할인 혜택을 받을 수 있었다.

성 페트로 교회에서 유명한 것은 성당 꼭대기에 서 있는 금 수탉 풍향계다. 사실 리가 시내에는 높은 첨탑을 가진 교회를 많이 보게 되는데 그 교회 첨탑 꼭대기마다 금빛 찬란한 수탉 모양의 풍향계를 자주보게 된다. 금 수탉 풍향계는 리가의 상징물 같다. 성 페트로 교회(St Peter's Church) 첨탑에도 금 수탉 풍향계가 있었다.

 Self-Travel Tip ➤ *Google 검색창에서 검색해 보자!*

리가 관광청(liveriga.com)의 Top sights in Riga

리가 재래시장과
다운타운 여행

[리가 중앙 시장의 모습]

재래시장처럼 볼거리가 많은 곳도 없다. 왜냐하면 시장에 가면 먹을 것도 많고 사람들이 사는 모습도 볼 수 있기 때문이다. 그렇지만 더 큰 볼거리는 사람들이 사는 모습인 것 같다.

사실 여행자가 시장에 가서 살 것은 별로 없다. 사면 짐이 되기 때문 이다. 시장 여행은 사람들을 구경하러 가는 것이라고 생각한다.

나는 리가(Riga) 여행의 두 번째 리가의 낡은 재래시장 두 곳을 구경해 보기로 여행 계획을 세웠다. 한 곳은 리가 시내에 위치한 재래시장인 리가 중앙 시장(Central Market)이고, 다른 하나는 리가 시내 중심가에서 조금 떨어진 Kalnciema 지구에서 매주 토요일 오전에만 잠시 열리는 파머스 마켓(Kalnciema Quarter Farmer's Market)이었다. 리가의 재래시장 구경을 마치면 오후에는 리가의 신시가지를 둘러볼 생각이었다.

내가 리가의 서민들이 많이 이용한다는 리가 중앙 시장의 존재와 매주 토요일마다 Kalnciema 지구에서 파머스 마켓이 열린다는 것을 알게 된 것은 여행 정보 사이트 트립어드바이저(www.tripadvisor.co.kr)를 통해서였다.

리가의 중앙 시장(Central Market)은 사실 우리나라 남대문 시장과 비슷한 곳 같았다. 그래서 리가의 주요 관광명소로 이미 잘 알려진 곳이었다.

그러나 Kalnciema 지구 파머스 마켓을 아는 사람들은 별로 많지 않은 것 같았다. 왜냐하면 Kalnciema 지구가 리가의 변두리 지역이고, 또 매주 토요일 오전에만 잠시 열리는 작은 파머스 마켓(Farmer's Market)이기 때문이었다.

그렇지만 나는 20~30여 년 전에 수인선 협궤열차를 타고 가면서 봤던 인천 송도역 역사 앞의 시골 장터의 모습을 지금도 잊을 수 없다. 그때 송도 기차역 앞의 장터에는 나이가 드신 할머니들이나 농민들이 주변 바닷가에서 채취한 수산물과 농산물을 광주리에 담아 기차를 타고 가져와서 송도역 앞에서 팔았다. 기차가 되돌아가는 두세 시간 동안만 잠시 시장이 서는 것이다.

그리고 기차가 돌아갈 시간이 되면 아주머니들은 다시 기차를 타고 집으로 돌아가시는 것이었다. 그때는 역사 앞에 잠시 장이 선다는 것 자체가 무척 신기했다. 볼거리도 많았던 것 같다. 나는 그런 시골 장터를 보고 싶다는 생각으로 Kalnciema 지구 파머스 마켓을 여행할 계획을 세운 것이었다.

우리 부부는 아침 식사를 마친 후 리가 중앙 시장(Central Market)으로 가기 위해서 리가 시청광장(Riga Town Hall Square) 근처에 있는 'Grēcinieku iela'라는 정류장으로 갔다.

정류장에는 트램이 수시로 왔다. 어떤 트램은 1960~1970년대에나 만들어졌을 법한 옛날 구식의 트램도 있었지만, 최신형 트램도 있었다. 그런데 트램 운전기사는 대부분 40~50대의 여자들이었다. 육중한 트램의 운전석에 앉아있는 중년 여자들을 보면서 이 나라 여성들의 파워가 느껴졌다.

토요일 이른 아침인데도 내가 탄 트램에는 나이 든 중년 부인이 대여섯 명이나 탔다.

대부분 작은 가방을 든 것을 보고 나는 그들이 리가 중앙시장(Central Market)으로 가는 사람들일 것이라고 짐작했다. 아닌 게 아니라 그들은 중앙 시장 근처의 정류장에서 내리는 것이 아닌가? 나는 그들을 따라서 중앙시장으로 걸어갔다.

리가 중앙시장은 정말 거대한 시장이었다. 제1차 세계대전 당시 독군 비행선 격납고로 쓰였던 5개의 건물로 지어졌다고 하는데 정말 컸다. 시장 안에는 과일 가게, 꽃 가게를 비롯하여 빵과 고기, 치즈, 훈제 고기를 파는 가게 등 온갖 가게가 있었다. 그곳에서는 다양한 물건을 팔고 있었다. 어떤 조그만 가게 앞에는 수십 명이 앞에서 줄지어 서 있었다. 모두 가게 아주머니의 능숙한 손 움직임에 주목하면서 자신들의 차례를 기다리는 것 같았다. 알뜰한 우리나라 서민들의 모습처럼 보였다.

사실 한 푼이라도 절약하면서 가족들을 잘 부양하는 것이 엄마들의 마음 아닌가? 이곳 리가도 비슷한 것 같았다. 모두 열심히 사는 모습들이었다.

그러나 이곳 중앙시장에도 젊은 사람들은 별로 보이지 않았다. 이곳 라트비아 리가도 변하는 것 같았다. 그렇지만 시장에서 본 사람들의 눈빛에서 서민들의 정감이 아직도 넘쳐 보였다.

리가 중앙시장 관광을 마치고 우리 부부는 Kalnciema 지구에서 매주 토요일 오전에 열린다는 파머스 마켓을 찾아가기 위해서 다시 트램을 탔다.

구글 지도를 통해서 알게 된 Kalnciema 지구 파머스 마켓으로 가는 방법은 리가 중앙시장 부근에 있는 트램 정류장에서 1번이나 4번, 또는 10번 트램을 타고 6번째 정류장인 'Kalnciema iela'까지 가서 약 600여 m 정도를 걷는 방법이었다.

Kalnciema라는 곳은 리가 중심가에서 약 5㎞ 떨어진 리가 변두리 지역이다. 그 주변에는 농민들도 제법 많아 사는 지역 같았다.

트램에서 내려서 약 5분 정도 걷자 Kalnciema 지역 농민들의 주말 반짝시장이라고 하는 Kalnciema 구역 파머스 마켓이 보였다. 장이 선 곳은 주택가 근처 작은 공원의 광장 같은 곳이었는데 약 40~50여 명의 상인이나 농민들이 모여서 좌판을 벌여 놓고 지역 농산물을 팔고 있었다. 규모는 작았지만, 상인들이나 농민들 중에는 옛날 중세 시대의 복장을 한 사람들도 있었다. 그들 중에는 보석 가공을 하는 사람, 가족 제품을 만드는 사람들도 있었다. 그들은 직접 제품을 만드는 것을 보

[Kalnciema 파머스 마켓에서 라트비아 전통춤 공연]

여 주기도 하고, 각종 치즈, 훈제 고기, 커다란 검은 빵 등을 팔고 있었다. 주로 라트비아 사람들이 주식으로 먹는 전통 식료품이나 농산물, 그리고 생활용품들이었는데 마치 우리나라 시골의 작은 장터 같았다.

오전 10시 30분이 되자 시장 광장에 마련된 공연장에서는 옛날 중세 시대의 복장 차림의 사람들이 공연을 하기 시작했다. Kalnciema 지역에 사는 사람들의 라트비아 전통춤 같았다.

나는 공연도 관심 있게 구경했다. 그리고 가게 곳곳을 돌면서 라트비아 사람들이 주로 먹는 식료품이나 생활용품들을 구경했다. 특히 농가에서 직접 만들었다는 치즈, 훈제 고기, 식빵, 포도주 등 전통식품들이 나의 흥미를 끌었다. 점심시간이 되면 시장 한구석에 마련된 식당에서 라트비아 전통음식으로 식사도 할 수 있는 것 같았다. 나는 그곳에서 간단하게 식사를 하고 싶었지만, 아내의 관심사는 나와는 좀 다른 것 같았다. 사실 아내의 입장에서는 진동하는 치즈, 훈제 고기 냄새보다는 우리 가족이 맛있게 먹을 수 있는 먹을거리, 우리 가족이 좋

아하는 싸고 싱싱한 농산물에 더 흥미가 있는 것 같았다. 아내의 입장
에서는 당연할 것이다.

아쉬웠지만 주변 농민이 직접 제조했다는 포도주 한 병을 사 들고,
리가 시내 관광을 위해서 다시 트램을 타고 리가 시내로 돌아왔다.

★ 동서양의 문화 차이를 느꼈던 리가 도심 여행

[리가의 상징과 같은 삼 형제 건물]

리가 외각의 Kalnciema 지역의 작은 공원에서 열렸던 지역 농민들
의 주말 반짝 시장 관광을 마치고 정오쯤 다시 리가 구시가지 시청 광
장 근처로 돌아왔다. 그런데 어제 보지 못했던 예쁜 첨탑이 있는 성당
이 리가 구시가지에서 보였다.

우리 부부는 그 성당으로 가는 골목길로 들어섰는데 눈에 낯익은 건
물이 보였다. 건물 모습이 비슷한 세 건물이었다. 바로 리가의 상징과

같은 삼 형제(Trīs brāli) 건물이었다.

삼 형제 건물은 이웃 나라 에스토니아의 탈린에 있는 '세 자매' 건물과도 견줄 정도로 오래된 석조 건물들이라고 한다. 15세기부터 18세기까지의 다양한 기간 동안 만들어진 집 세 채가 어깨를 맞닿은 채로 서 있었다.

오른편 흰 건물은 15세기에 세워진 가장 만형으로, 왼편으로 갈수록 나이가 한 세기씩 젊어진다. 현재는 라트비아 건축 박물관으로 사용되고 있다고 한다.

우리 부부는 예쁜 첨탑의 성당을 찾았다.

성당은 바로 삼 형제 건물 바로 앞 골목에 있었다. 우리 부부는 그곳을 리가 관광명소로 생각하고 무심코 들어갔다. 그런데 그곳 성당에서 나이가 어느 정도 있어 보이는 한 쌍의 커플이 20여 명의 하객과 주례인 신부님 앞에서 결혼식을 올리고 있었다.

우리 부부는 성당 뒷좌석에 조용히 앉아서 결혼식을 지켜봤다.

[리가의 한 성당에서 본 결혼식 모습]

하객은 신랑, 신부와 주례 신부님을 중심으로 오른편에도 10여 명, 왼편에도 10여 명이 있었는데, 모두 정중하게 결혼식을 지켜보며 서 있었다. 눈에 띄는 것은 오른편에 서 있는 30대 중반의 남자가 잠에 곯아떨어진 서너 살쯤 돼 보이는 남자아이를 들쳐 안고 서 있는 모습이었다.

한참 동안 주례를 보던 신부님이 주례 의식이 끝났는지 신랑, 신부를 비롯해서 주변에 하객들에게 성수를 뿌려 주었다. 그 의식이 끝나자 신랑, 신부는 주변에 있던 사람들의 축하 인사를 받았다. 그런데 잠에 곯아떨어져 있던 아이가 깨서 칭얼거리자 아이를 안고 있던 30대 남자가 신부 쪽으로 아이를 데리고 가는 것이 아닌가? 그러자 결혼식 주인공인 신부는 무릎을 꿇고 아이를 다독이는 것 같았다. 그럼 그 아이의 아버지와 어머니는 지금 결혼식을 올리는 바로 그 커플이 아닌가?

갑자기 내 머릿속에는 그 아이의 엄마가 누구인가 하는 생각이 들었고, 여기에 나의 관심이 집중되었다.

사실 유럽에서는 마음에 맞는 남녀가 동거하다가 애를 낳고 몇 년 후에 결혼하는 것이 대수롭지 않은 일이다. 그런데 내 눈에는 왜 그렇게 이상하게 보이는지 모르겠다.

[리가의 자유의 여신상]

당신이 꿈꾸던 30일간의
북유럽 여행

결혼식 구경을 마치고 성당을 나온 후에 찾은 곳은 리가 자유의 여신상이었다.

리가 자유의 여신상이 있는 곳으로 가려면 구시가와 신시가지 사이에 있는 베르마네스 공원(Vermanes Garden)이라는 커다란 공원을 지나야 했다. 베르마네스 공원은 정말 넓은 공원이었다. 많은 리가 시민이 큰 나무 그늘 아래의 잔디밭에서 휴식을 취하는 모습이 보였다.

공원 한가운데로 흐르는 작은 운하에서는 유람선 같은 보트도 운행된다. 그렇지만 이곳은 한편으로 야생 조류의 휴식처이기도 하다. 청둥오리 같은 많은 새가 운하에서 헤엄치며 돌아다닌다. 리가 시민들의 휴식공간뿐만 아니라 새들의 안식처 같은 느낌이었다.

자유의 여신상 광장 근처에 이르렀을 때 우연히 결혼식을 마친 신랑, 신부와 그들과 함께 몰려다니는 10여 명의 신랑, 신부의 들러리 같은 사람들을 볼 수 있었다. 결혼식을 마치고 신랑, 신부가 친구들과 뒤풀이하는 것 같았다.

그런데 내 눈에 이상해 보이는 모습이 보였다. 바로 신부의 친구로 보임 직한 젊은 여인이 담배를 피우는 모습이었다.

젊은 여인이 담배를 피우는 것이 이상한 것은 아니었다. 다만 내가 이상하게 생각했던 이유는 그 모습에서 힘든 세상살이를 잊고 싶은 이곳 라트비아 젊은 여인들의 모습을 보는 것 같기 때문이기도 했지만, 한편으로는 이상하게도 이곳 여자들의 당당한 자존심을 보는 것 같기 때문이었다.

사실 요즘 젊은 여인들이 담배를 피우는 것은 문제가 되지 않는다. 여자도 담배를 피울 수 있다. 여자도 당당하게 담배를 피울 수 있는 세상으로 변한 것이다. 그런데 내 마음은 아직도 구시대 사람 같다. 그래서 이상하게 보인 것 같다.

　리가 구시가지에서 신시가지로 가는 큰 대로에 우뚝 세워진 리가의 '자유의 여신상(Brīvības piemineklis)' 앞에는 많은 관광객이 운집해 있었다.

　동상은 정말 컸다. 오랫동안 주변 강대국의 지배를 받아왔던 라트비아 사람들의 독립에 대한 열망이 얼마나 컸는지를 보여 주는 것 같았다. 약소국 국민의 마음을 대변하는 것 같았다.

　때마침 자유 여신상 앞에 있는 군인들이 교대식을 했다. 절도 있는 걸음걸이 인상적이었다.

　리가의 자유의 여신상을 지나 신시가지로 걸어가자 검은색 둥근 돔을 가진 러시아 정교회 성당 같은 예쁜 성당이 나타났다.

　Nativity Cathedral이라고 하는 성당이었다. 아내는 검은 금빛으로 장식된 검은 마돈나 상 앞에서 두 손은 모으고, 고개를 숙였다. 아내의 마음은 다시 집에 있는 딸에게로 간 것 같았다.

　성당을 나와서 신시가지 중심가를 향해서 걸어갔다.

　신시가지 사거리 입구에서 먼저 마주친 사람들은 머리에 수건 같은 것을 쓰고 구걸하는 여인들이었다. 그들이 이 나라 사람들인지, 아니면 떠돌아다니는 집시들인지는 모르겠다.

　신시가지 대로변에는 새로 짓는 건물들도 많았다. 그렇지만 옛날에 지어진 낡은 건물도 도심 곳곳에 있어 눈에 띄었다. 어느 유명 전자제품 회사의 전광판이 폐허 같은 건물 위에 걸려 있었다. 예술적인 시각에서 그런 건물을 사용하는 것인지, 아니면 구소련 사회주의 체제에서 벗어난 지 얼마 되지 않은 이 나라의 모습을 보여주는 것인지 알 수 없었다. 리가 신시가지 거리는 유럽의 대도시처럼 크게 번화하지는 않았다.

거리를 활보하는 사람들은 대부분 서양인들이었다. 동양인은 우리 부부뿐인 것처럼 느껴졌다. 서양인들만 걸어 다니는 거리를 동양인들이 걸어다니는 것이 좀 낯설어졌다. 신시가지를 조금 걷다 관광객들이 많은 구시가지에 있는 호텔로 발길을 돌렸다.

 Self-Travel Tip ➤ *Google 검색창에서 검색해 보자!*

TripAdvisor를 이용하여 Riga 전통식당 찾아보기

1. Latvia의 물가수준은 노르웨이, 덴마크 등 북유럽 국가들에 비하여 약 50% 정도 저렴한 것 같다. 저녁 식사를 하기 위해서 Riga old town에 위치한 '저렴한 라트비아 전통음식' 레스토랑을 찾는다고 가정하자.
2. Tripadviser 웹사이트(www.tripadvisor.co.kr/)에서 '음식점' 찾기를 클릭 후 검색창에 Latvia의 음식점들을 검색한다.
3. 음식점 선택 조건을 라트비아 요리, 식사 시간은 저녁 식사, 가격은 저렴한 음식으로 설정하고 검색한다.

4. 레스토랑 중 'Folkklubs Ala Pagrabs'라는 레스토랑에 관심 있다면 Folkklubs Ala Pagrabs를 클릭 후 방문자들의 만족도 평가 정보, 리뷰, 위치 등 살펴보고 식사 여부를 결정한다.
5. Folkklubs Ala Pagrabs에서 식사하기로 결정했다면, 주소를 클릭하면 Google 지도상에 목적지로 설정된다.

라트비아(Day 23~24)

ESTONIA

NARVA

TALLINN

PARNU

TARTU

LATVIA

에스토니아

Day 25~26

[에스토니아 탈린]

탈린(Tallin)으로 가는
4시간 동안의 버스 여행

에스토니아 탈린(Tallinn)으로 떠나는 날이었다. 아침 일찍 배낭을 꾸 렸다.

어제 갔던 리가 중앙 시장(Central Market) 근처에 있는 버스 터미널에 서 아침 9시 탈린행 버스를 탈 예정이다.

아내는 리가를 떠나는 것이 아쉬운지 리가 구시가지를 산책하자고 했다. 호텔에서 가까운 리가 대성당(St. Mary's Dome Cathedral)이 있는 광 장으로 걸어갔다. 대성당 옆 구시가지는 너무 조용했다. 많은 사람으 로 북적이던 광장은 텅 비어 있었다. 청소하는 사람들만 한두 명이 보 일 뿐이었다.

너무 고요한 시내를 우리 부부 둘만 걸어 다니고 있는 것 같았다. 혹 시 길거리에서 현지인이 우리 부부를 보면 웬 동양인이 이른 아침에 배 회하고 있나 하고 이상하게 생각할 것 같다는 생각마저 들었다. 그렇 지만 우리 부부는 성 페트로 교회(St Peter's Church) 옆 골목길을 지나 리가 시청 광장(Riga Town Hall Square)까지 갔다. 그러나 그곳에서도 사 람들의 모습은 좀처럼 볼 수 없었다. 산책하기에 정말 좋은 조용한 아 침이었다.

머릿속에 연분홍색, 노란색, 갈색 등 고풍스러운 리가 건물들의 모습이 너무 선명하게 새겨졌다. 다시 호텔에 돌아와서 아침 7시부터 시작하는 아침 식사를 서둘러 마쳤다. 그리고 리가 시청 광장 앞 정류장에서 트램을 타고 리가 중앙시장 근처에 있는 버스 터미널로 갔다.

내가 탈 버스는 룩스 익스프레스(Lux Express, luxexpress.eu/en)라는 버스였다.

버스 출발 시각은 아침 9시였다. 리가에서 탈린까지는 약 280㎞, 약 4시간 30분이 소요된다. 라트비아와 에스토니아 국경을 넘어 오후 1시 25분 탈린에 도착하는 버스다.

아침 8시 30분이 되자 버스 승차가 시작됐다. 내가 타는 버스가 라트비아와 에스토니아 사이의 국경을 넘기 때문인지 버스 운전기사는 버스표와 여권을 일일이 확인하면서 승객들을 태웠다. 일요일 아침이지만 빈자리는 거의 남아있지 않았다. 인터넷으로 버스표를 미리 구매하길 잘했다는 생각이 들었다.

버스는 아침 9시에 리가(Riga)를 출발했다.

리가 도심을 벗어나자 버스는 평평한 평원을 달렸다. 길쭉하게 자란 소나무 숲이 우거진 산림지대들도 간간이 나타났다. 높은 산은 전혀 보이지 않았다. 우리가 탄 버스는 바다와 멀지 않은 해안지대를 달리는 것 같았다.

가끔 집들이 보이기도 했지만 대부분 어스름한 농가 주택들이었다.

노르웨이에서 보았던 그림같이 예쁜 집들은 좀처럼 보이지 않았다.

버스가 약 2시간쯤 달리자 도로의 검문소 같은 곳을 통과했다. 라트비아와 에스토니아가 맞닿은 국경을 통과하는 것 같았다. 그렇지만 버스는 정차하지 않고 달렸다. 다시 서너 시간이 지나서야 간이매점이 있는 도로변에 버스는 승객들의 휴식을 위해서 잠시 정차했다.

버스는 다시 출발했지만, 버스가 지나가는 지역 중에서 사람들이 많이 사는 도시 같은 곳은 좀처럼 보이지 않았다. 탈린이 가까워지면서 도로변에 주택들이 보이기 시작했다.

버스는 오후 1시 반쯤 탈린 버스 터미널에 도착했다.

내가 예약한 호텔은 탈린 주요 관광명소들이 모여있는 탈린 구시가지에 있는 세인트 올라브 호텔(Tallinn St. Olav Hotel)이었다. 배낭을 어깨에 짊어지자 어떻게 예약한 호텔을 찾아갈지 걱정이 시작됐다. 그렇지만 호텔을 찾아가는 방법을 알게 되면 그다음 관광지를 찾아가는 것도 쉬워진다. 왜냐하면 호텔을 찾아가면서 이것저것 배웠기 때문이라고 생각한다. 그래서 나는 해외여행을 출발하기 전에 새로운 여행지에 도착하면 어떻게 호텔을 찾아갈지 미리 구글 지도로 호텔을 찾아가는 방법을 자세히 조회해서 알아둔다. 그리고 날짜별로 찾기 쉽게 구분해서 사진 파일(jpg)로 스마트폰에 저장해 둔다.

내가 스마트폰에 저장해 둔 탈린 버스 터미널에서 탈린에 예약한 호텔까지의 구글 지도를 보면 호텔까지의 거리는 약 2.5㎞, 걸어서 간다면 30분 거리였다. 트램을 탄다면 버스 터미널에서 약 200여 m 떨어진 'Bussijaam'라는 정류장에서 2번이나 4번 트램을 타고 구시가지 근처에 있는 '비루(Viru)'라는 정류장에서 내려서 호텔로 찾아가면 되었다.

나중에 탈린에 도착해서 알게 되었지만 비루라는 곳은 탈린 구시가지 비루 게이트(Viru Gate) 근처의 탈린 도심에 위치해 있었다. 그런데 탈린 버스 터미널에 내려서 데이터 로밍을 시도하자 다행스럽게도 스마트폰의 인터넷이 쉽게 연결되었다. 그래서 길 찾기로 구글 지도에 나타난 경로를 보면서 천천히 내가 예약한 세인트 올라브 호텔까지 천천히 걸어가기로 했다.

[탈린 구시가지 입구, 비루 게이트]

트램이 지나다니는 대로를 따라서 약 20분 정도를 걷자 탈린 시내 중심가에 비루라는 버스 정류장이 나타났고, 그곳에서 멀지 않은 곳에 구시가지 성곽 문인 비루 게이트가 있었다. 비루 게이트는 정말 중세의 성곽 문처럼 고풍스러웠다.

그곳에는 구시가지로 향하는 사람들도 많이 보였다. 비루 게이트에서 카페와 레스토랑들이 몰려있는 골목길을 따라서 걷자 탈린(Tallinn)의 올드 타운의 중심가라고 할 수 있는 탈린 시청 광장(Town Hall Square)이 나타났다.

탈린의 시청 광장에는 중세 시대의 광장처럼 광장 주변에 많은 노점과 레스토랑, 카페들이 몰려 있었다. 관광객들로 무척 붐볐다.

우리 부부는 먼저 시청 광장(Town Hall) 근처에 있는 탈린 관광 안내소(Tallinn Tourist Information Centre)로 찾아가서 국내에서 예약 구매한 탈린 카드(Tallinn Card)를 수령했다.

나는 북유럽을 여행하면서 교통편과 박물관 등 주요 관광명소를 자유롭게 입장할 수 있는 관광 패스를 구매했다. 그렇지만 이곳 탈린과 리가, 그리고 핀란드 헬싱키의 경우에는 관광 패스를 구입할 필요성이 있을지 여러 차례 고민했다. 왜냐하면 짧은 여행 일정 탓에 내가 구입한 관광 패스를 가지고 방문하고 싶은 박물관이나 미술관, 그리고 입장료를 내고 들어가는 관광명소가 많지 않기 때문이었다. 결국 핀란드 헬싱키의 경우에는 저렴한 교통카드를 구입해서 여행했지만 리가와 탈린은 관광 패스를 구입하기로 했다.

탈린 카드를 구입한 이유는 리가와 마찬가지로 홉 온 홉 오프 버스를 자유롭게 탈 수 있고, 탈린 워킹 투어(Walkihg Tour)에 참여할 수 있다는 것이 큰 이유였다. 왜냐하면 이틀밖에 되지 않은 짧은 여행 기간을 감안하면 홉 온 홉 오프 버스를 타는 것이 관광 소요 시간을 절약할 수 있을 것으로 판단했고, 신변의 위험성도 줄일 수 있다고 생각했기 때문이다.

사실 리가는 우리나라 사람들에게 잘 알려진 도시는 아니지 않은가? 나는 탈린 카드를 찾은 후 스마트폰의 인터넷을 연결한 후 구글 지도를 보면서 내가 예약한 세인트 올라브 호텔을 찾았다. 세인트 올라브 호텔은 꾸불꾸불한 구시가지 골목길에 있었다.

위치적으로 탈린 구시가지를 관광하는 데는 탁월했다. 그렇지만 구글 지도에 내비게이션 기능이 없었다면 정말 찾기 힘들 정도로 꾸불꾸불한 구시가지 골목길을 여러 차례 돌아가야 했다. 또한 호텔 건물도 커다란 통나무를 지어진 고풍스러운 중세 건물 같았다. 체크인하고 호텔의 객실을 찾는데도 1층과 2층 복도를 몇 차례 정도 돌아야 들어갈 수 있을 정도로 복잡했다.

나는 내가 예약한 세인트 올라브 호텔이 탈린 여행의 중심지인 탈린 구시가지에 위치해 있기에 예약했지만, 탈린 신시가지에 위치한 호텔을 예약하는 것이 더 좋았을 것 같다는 생각도 하게 됐다.

St.Olav Hotel ★★★★
Lai 5, Tallinn City-Centre, 10133 Tallinn, Estonia

체크인
9
7월 2017
일요일

체크아웃
11
7월 2017
화요일

€ 121.50

필자 평가 : ★★★☆☆

 Self-Travel Tip ➤ *Google 검색창에서 검색해 보자!*

리가(Riga)-탈린(Tallinn) 이동 교통편

1. 교통편은 1차적으로 Google 지도를 이용하여 길 찾기 방법으로 확인해 본다.
   ☞ Google 지도로 항상 대중교통편을 확인할 수 있는 것은 아니다.
2. 교통편을 알아보는 두 번째 방법은 Google 등 인터넷 검색창에서 교통편(transport)이나 버스(bus) 등을 의미하는 키워드로 검색해 보는 것이다.
   예) transport Riga to Tallinn/bus Riga to Tallinn/how to get to Tallinn from Riga
   ☞ Lux Express coach(luxexpress.eu), EoroLine(www.goeuro.com) 등 리가(Riga)에서 탈린(Tallinn)을 운행하는 버스를 확인할 수 있다.
3. 필자는 Lux Express(luxExpress.eu/)라는 버스 회사로부터 버스 승차권을 국내에서 인터넷으로 구입했다.
   ☞ 9:00 출발 버스 승차권 요금은 1인당 16유로였다.

4. 국내에서 버스 승차권을 인터넷으로 구입할 경우 버스 승차권을 컴퓨터에서 출력하여 여행 시 휴대해야 한다. 버스 승차권 분실을 대비해서 스마트폰에 jpeg 사진 파일로 별도로 저장해서 보관하면 편리하다.

5. 항공편을 조회하고자 할 경우에는 flight Riga to Tallinn 등과 같은 키워드로 검색해본다.

   ☞ opodo(https://www.opodo.com/) 등과 같은 사이트에서 Riga-Tallinn 항공편을 확인할 수 있다.

발트해의 진주
에스토니아 탈린

[구글 지도로 검색해 본 탈린 관광명소]

탈린(Tallin)은 에스토니아의 수도이지만 인구 40여만 명의 작은 도시다.

그렇지만 탈린은 발트해의 핀란드만(灣) 연안에 위치한 항구 도시로서 중세 시대에는 한자동맹의 중심도시가 되어 무역항으로 크게 발전하였다고 한다. 그래서 발트해의 진주라고 불린다.

탈린 구시가지(Historic Centre Old Town of Tallinn)에는 한자동맹 시절인 중세 시대에 지어진 고풍스러운 건물들이 아직도 많이 남아있다. 구시가지를 걷다 보면 탈린은 육중하고 튼튼한 돌로 쌓은 성곽에 둘러싸여 있다는 것을 알게 된다. 그 성곽이 오늘까지 탈린의 옛날 중세도시의 모습을 손상시키지 않고 잘 보존시킨 것으로 보인다.

탈린은 주요 관광지가 대부분 구시가지에 몰려 있다. 따라서 탈린 구시가지만 여행한다면 도보로 걸어서 여행하기가 어렵지 않은 도시라고 판단했다.

역사적으로 보면 에스토니아, 라트비아, 리투아니아 등 발트 3국은 오랫동안 강대국의 지배를 받아온 약소국이었다. 에스토니아도 스웨덴과 러시아 등 강대국들로부터 오랫동안 지배를 받아 왔다고 한다. 제1차 세계대전 종전 후 독립을 선언했지만 제2차 세계대전 발발 후 1940년에 소비에트 영토에 편입되었다.

그 이후 1990년에 고르바초프의 개혁 정책의 영향으로 에스토니아는 1991년 8월 소련으로부터 독립하게 되었고, 탈린은 독립 국가 에스토니아의 수도가 되었다.

이후 에스토니아는 자본주의 사회로 바뀌어 유럽연합(EU)에도 가입하게 되었고, 유럽연합 가입을 계기로 경제도 크게 발전하게 되었다고 한다.

탈린의 주요 관광지는 1997년에 유네스코 세계문화유산으로 등록된 탈린 구시가지에 몰려 있다.

탈린 구시가지는 중세에 지어진 성곽으로 둘러싸여 있고, 구시가지 중앙에는 중세 시대에 시청으로 사용되었던 시청사와 시청 광장(Town Hall Square)이 랜드마크 역할을 한다. 서쪽 툼페아 언덕에는 러시아 제정시대에 세워진 알렉산드르 넵스키 성당(Tallinna Aleksander Nevski katedraal)과 돔 교회(Dome Church), 그리고 현재 에스토니아 국회 건물로 사용되고 있는 툼페아성(Toompea Loss)이 위치해 있다.

동쪽 저지대에는 시청사와 광장(Raekoja Plats, 영어로는 Town Hall Square)과 올레비스테 교회(Oleviste kirik)가 위치해 있다.

구시가 지역의 남쪽에는 중세 시대에 무역항으로 번성했던 옛 한자 동맹 시대의 모습을 지닌 '알린'이라고 불리는 지역이 있다. 이곳에는 에스토니아인들이 19세기 중반 이후에 정착한 시가지가 있다. 12세기의 고딕 양식 건축으로 지어진 올라프 교회(Oleviste kirik)도 알린 지역에 있다.

[탈린 시청사]

[탈린 시청 광장]

우리 부부는 호텔을 체크인한 후 우선 탈린의 구시가지를 둘러보기로 했다.

그리고 시간이 되면 홉 온 홉 오프 버스를 타고 탈린 시내 관광(Tallinn City Tour)을 하기로 했다.

호텔에서 시청사가 있는 광장으로 가는 길은 돌로 만든 꾸불꾸불한 골목길이었다. 미로 같은 돌길을 걷고 있자니 이 도시의 역사가 오래됐다는 것을 금세 느낄 수 있었다.

시청사 광장(Town Hall Square)에는 장이 선 것처럼 많은 노점이 있었다. 이곳에는 도시가 한자동맹의 회원으로 무역이 번성하던 시기인 13세기에서 16세기에 걸쳐 지어진 건물들이 많다고 한다.

8세기 동안 탈린의 올드 타운의 중심지였던 시청사 광장에는 옛날 시청사 건물이 있다. 탈린의 상징과도 같은 시청사 건물은 1402~1404년에 지어졌다고 하는데 북유럽에서 유일한 고딕 양식의 건축물이라고 한다. 요즘은 주로 콘서트홀이나 외국에서 방문하는 왕이나 대통령을 위해 연회장으로 사용된다고 한다.

홉 온 홉 오프 버스를 타기 위해서 비루 게이트 근처 버스 정류장으로 천천히 걸어갔다. 마침 비루 게이트 근처에서 많은 사람이 성곽으로 올라가는 모습이 보였다. 우리 부부도 비루 게이트 근처에 있는 성곽으로 올라갔다.

무엇보다도 인상적으로 보이는 것은 구시가지 건물들의 붉은 지붕이었다. 그리고 그 위로 우뚝 솟은 교회의 고딕 첨탑들과 원추형의 감시탑이었다. 성벽에서 본 탈린 구시가지의 모습은 마치 동화의 나라에 온 생각마저 들게 했다.

비루 게이트 근처에 있는 버스 정류장에서 탈린 시내 관광을 위해 홉 온 홉 오프 버스를 탔다. 홉 온 홉 오프 버스가 운행되는 코스는 두서너 개가 되는 것 같았다. 우리 부부는 우선 탈린 시내 중심가를 통과하는 버스를 탔다.

버스는 탈린 구시가지 외곽을 한 바퀴 돈 후 신시가지 도심을 통과해서 크루즈선 터미널까지 탈린 시내 한 바퀴를 돌았다. 사실 짧은 여행 기간 동안 탈린이라는 도시의 모습을 파악할 수 있는 방법은 돈은 들지만, 홉 온 홉 오프 버스를 타고 시내 관광을 하는 방법이라고 생각되었다. 버스를 타고, 트램을 타고 여행하면 여행이 더욱 쉬울 것이다.

Self-Travel Tip ➤ *Google 검색창에서 검색해 보자!*

Tallinn의 관광명소 찾는 방법

1. 먼저 Google 검색창에서 볼거리(to see, must see), 관광명소(attraction) 등과 같은 키워드로 검색해 본다.

   예) Things to see in Tallinn, must see in Tallinn, attraction in Tallinn.

   ☞ 주요 여행 정보들을 TripAdvisor나 해당 지역 관광청인 Tallinn Tourist Information Centre에서 얻게 되는 경우가 많다.

2. 따라서 쉽게, 간편하게 여행 정보를 얻는 방법은 TripAdvisor(www.tripadvisor.co.kr)이나 해당 지역(Tallinn) 관광청의 여행 정보를 참고하는 것도 간편한 방법일 수 있다.

   ☞ 왜냐하면

   ① TripAdvisor는 여행자들의 선호도나 리뷰 수에 따라서 랭킹 순으로 정렬되어 있고,

   ② 특히 여행자들의 리뷰를 읽어보면 관광명소의 성격, 특징을 파악할 수 있으며,

   ③ 관광명소의 주소, 지도, 전화번호, 웹사이트 주소를 알 수 있기 때문에 찾아가기가 용이하다.

3. Google 지도 검색창에 Tallinn의 관광명소(attraction)를 검색할 경우 지도상에 주요 관광명소의 이름과 위치가 표시된다.

   ☞ 근거리 순으로 관광할 순서결정 등 여행 계획 수립에 유용하다.

탈린 올드 타운
워킹 투어(Walking Tour)

[툼페아 언덕 성벽 전망대에서 바라본 탈린 구시가지의 모습]

어제 탈린에 도착해서 잠시 탈린 구시가지를 둘러봤다. 탈린은 걷기
만 해도 좋은 도시같다.

오늘도 어제와 같이 탈린 구시가지 골목길들을 걷고 싶으면 걷고, 버
스를 타고 싶으면 홉 온 홉 오프 버스를 타고 탈린 시내를 여행하기로
했다. 탈린 카드를 가지고 있으니 여행이 정말 자유로웠다.

마음이 내키면 탈린 시청 광장(Town Hall Square) 근처에 있는 탈린 관광 안내소(Tallinn Tourist Information Centre)에서 현지인들이 무료로 운영한다는 탈린 올드 타운 워킹 투어(Tallinn Old Town Walking Tour)에도 참가하기로 했다.

아침 일찍 식사하기 위해서 2층에 있다고 하는 호텔 식당을 찾았다.

그런데 건물 내부가 복잡한 탓에 몇 번 복도를 왔다 갔다 하면서 헤맸다. 중세 시대에 지어진 건물이라 그런지 복도 곳곳에 기역 자로 꺾여 있는 곳이 너무 많았다. 정말 미로 같았다.

2층 복도를 몇 번 왔다 갔다 하면서 식당을 찾았지만, 도대체 식당이 어디에 있는지 알 수가 없었다. 다행히 청소하는 나이 든 아주머니 도움을 받아 구석진 곳에 있는 커다란 레스토랑에 찾아갔다.

중세 시대 탈린의 시청 광장 모습이 그려진 식당에는 이미 10여 명 이상의 투숙객들이 식사를 하고 있었다.

우리 부부도 그곳에서 서둘러 식사를 마치고 툼페아 언덕에 있는 성벽으로 걸어갔다. 그곳은 탈린 시내의 모습을 한눈에 조망하기 좋은 장소로 알려진 곳이다. 그리고 툼페아 언덕에는 둥근 지붕과 첨탑이 아름다운 알렉산드르 넵스키 성당(Tallinna Aleksander Nevski katedraal)과 현재 에스토니아 국회 건물로 사용되는 툼페아성(Toompea Loss)도 있었다.

그렇지만 너무 이른 아침 시간이라 성당 안으로는 들어갈 수는 없었다.

우리 부부는 알렉산드르 넵스키 성당을 지나 골목길을 따라서 성벽 근처에 있는 전망대로 올라갔다.

전망대에서 바라본 탈린 구시가지의 모습은 붉은 지붕과 그 위로 우뚝 솟은 교회의 고딕 첨탑, 그리고 원추형의 감시탑 모습이 먼저 내 눈에 들어왔다. 마치 조용한 동화의 나라에 온 것 같았다. 전망대에서 되돌아서 큰 건물 사이에 있는 골목길을 지나면 그곳에도 전망대가 있었다. 그 전망대에서는 탈린 시내뿐만 아니라 탈린 바다도 보였다.

우리 부부는 다시 양파 모양처럼 예쁜 돔을 가진 알렉산드르 넵스키 성당으로 향했다. 성당 입장 시간이 된 듯 많은 단체 관광객이 성당으로 들어가고 있었다.

알렉산드르 넵스키 성당은 1900년에 지었다는 정교회 성당이다. 성당 내부는 모자이크와 성상 등으로 화려하게 장식돼 있었다.

성당을 둘러보고 난 후 탈린 올드 타운 워킹 투어에 참가하기 위해서 서둘러서 탈린 시청 광장 근처에 있는 탈린 관광 안내소로 향했다. 그곳에는 이미 100여 명이 넘는 많은 사람이 모여 있었다.

탈린 올드 타운 워킹 투어는 현지인이 주관하는 탈린 무료 도보 여행이라고 한다. 영어로 2~3시간 동안 진행하는 짧은 도보 여행이지만 탈린 자유여행자들에게 인기가 있는 것 같았다. 참가 비용은 무료지만 도보 여행 참가 후 참가한 여행자들이 약간의 팁을 주는 것 같았다.

내가 탈린에 이런 도보 여행이 있다는 것을 안 것은 여행 정보 사이트인 트립어드바이저(https://www.tripadvisor.co.kr)를 통해서였다. 그렇지만 짧은 외국어 구사 능력밖에 가지고 있지 않은 나로서는 좀 망설여졌다.

아내도 여자 가이드가 큰 목소리의 영어로 이야기하는 것을 듣더니 망설였다. 가이드가 말하는 영어를 잘 이해할 수 있다면 좋겠지만, 이해도 하지 못하면서 가이드를 따라다니는 것이 왠지 어색해 보였다. 아쉽기는 했지만, 우리 부부끼리 구시가지를 걸으면서 탈린을 천천히 여행하기로 했다.

　탈린 시청사 광장으로 발길을 돌렸다.
　시청사 광장에는 벌써 많은 관광객으로 붐비고 있었다. 탈린 구시가
지는 4,000여 명의 주민들이 사는 작은 도시라고 한다. 걸어서 다녀도
하루면 충분히 관광할 수 있을 것으로 생각됐다. 우선 중세 시대에 무
역으로 번성했던 한자동맹의 시절의 옛 모습을 보기 위해서 탈린 구시
가의 남쪽에는 있는 골목길들을 걸었다. 그곳에는 12세기의 고딕 양식
건축으로 지었다는 올라프 교회(Oleviste kirik)도 있었다.
　비루 게이트 방향의 좁은 골목길로 들어갔다. 중세 분위기를 느낄 수
있는 좁은 골목길이었다. 탈린을 소개하는 책자에 자주 등장하는 카
타리나 골목길도 그곳에 있었다.

[관광객들로 붐비는 탈린 구시가지]

비루 게이트 근처 버스 정류장에서 홉 온 홉 오프 버스를 탔다.

버스를 타는 시간은 사실 휴식 시간이었다. 어제와는 다른 코스로 탈린 시내를 한 바퀴 돌았다. 홉 온 홉 오프 버스는 페리선 터미널도 들렀다. 따라서 내일 페리선을 타고 떠날 헬싱키행 페리선 터미널 위치도 자연스럽게 확인할 수 있었다.

오후에는 비루 게이트 근처에 있는 탈린의 신시가지 도심에서 백화점과 쇼핑몰을 구경했다. 또 탈린의 재래시장을 보기 위해서 트램을 타고 탈린 중앙 시장에 갔다. 그렇지만 라트비아 리가의 중앙 시장에 비해 시장은 너무 작고 한산했다. 사고 싶은 물건도 별로 없어 보였다. 탈린은 현대적인 도시로 변모해서 이제는 옛 모습을 찾아볼 수 있는 재래시장은 점점 사라지는 것 같았다.

탈린의 물가는 비교적 저렴했다.

음식값과 호텔 비용은 물가가 비싸기로 소문난 노르웨이의 절반 수준에 불과한 것 같았다.

 Self-Travel Tip ➤ *Google 검색창에서 검색해 보자!*

Walking Tour란?

1. Walking Tour의 사전적 의미는 '걸어서 여행하는 도보 여행'이라고 할 수 있다.
   최근에는 대도시에서 역사적, 문화적 유산에 대한 도보여행 방식으로 가이드가 안내하는 Walking Tour도 생겨났다. 투어 시간은 보통 1~2시간에서부터 하루에 걸쳐서 실시되는 경우도 있다.
2. 일부 Walking Tour는 가이드에 대한 비용을 지불해야 하는 경우도 있지만, 일부 Free Walking Tour는 팁으로 운영되는 경우가 많다.
   예) Tallinn Free Tour.

3. 가이드는 대부분 현지인인 경우가 많지만, 파리나 런던, 로마 같은 경우 우리나라 사람들이나 우리나라 여행사가 워킹 투어를 주관하는 경우가 있다.

예) 유럽자전거나라.

☞ 외국어가 익숙하지 않은 배낭여행자에게 큰 도움이 된다.

4. 현지인이 주관하는 walking tour는 해당 도시의 Tourist Information Centre나 TripAdvisor의 투어 정보를 통해서 수집할 수 있다.

5. TripAdvisor에 수록된 여행 정보는 여행자들의 인기 랭킹 순 walking tour를 알 수 있고, 여행자들의 리뷰를 참고하거나 상세정보를 클릭하면 예약 전화번호, e-mail 주소 등 유용한 정보를 수집할 수 있다.

6. 더 상세한 정보를 얻고자 할 경우 google 검색창에서 'walking tour in ○○'이나 '파리 워킹 투어' 등과 같은 키워드로 검색해 본다.

LAPLAND

RUSSIA

FINLAND

HELSINKI

ESTONIA

핀란드

Day 27~30

핀란드 헬싱키행
페리선을 타다

북유럽을 여행한 지 27일째 되는 날, 오늘은 탈린에서 헬싱키(Helsinki)로 떠나는 날이다.

긴 여행의 종착역이 점점 다가온다고 생각하니 아쉬웠다. 아침 식사 후 툼페아 언덕(Toompea Hill) 전망대로 산책하러 나갔다.

어제도 보았지만, 탈린은 붉은 지붕과 그 위로 우뚝 솟은 교회의 고딕 첨탑, 원추형의 포탑의 모습이 인성적이었다. 그 모습을 오랫동안 간직하고 싶었다. 그래서 우리 부부는 붉은 지붕과 그 위로 우뚝 솟은 교회의 고딕 첨탑, 원추형의 포탑을 배경으로 여러 차례 셀카 사진을 찍었다. 물론 가슴속에도 아름다운 탈린의 모습을 새겨 넣었다.

다시 호텔로 돌아와 배낭을 메고 구시가지 시청 광장으로 나갔다.

시청 광장에는 10시가 되자 많은 관광객이 모이기 시작했다. 비루 게이트로 내려가는 골목길에 있는 카페, 레스토랑의 종업원들은 일할 준비로 모두 바쁜 듯했다.

헬싱키행 탈링크 실자라인 페리선의 출항 시각은 오후 1시 30분이었다.

출항 한 시간 전까지 탈린 항구 페리선 터미널로 가면 되었다. 그런데 지금 당장 항구로 곧바로 가기에는 너무 이른 시간 같았다. 시간을 보낼 겸 어제 오후 늦게 찾았던 탈린 중앙시장으로 가는 트램을 다시 탔다. 트램은 현대적인 지하철에 비해서 구식 교통수단으로 보이기도 하지만 탈린처럼 작은 도시에서는 꽤 편리한 교통수단으로 느껴졌다.

탈린 중앙시장 앞에 있는 정류장에서 내려 다시 한번 탈린 중앙시장에 들렀다. 그렇지만 헬싱키로 떠나야 한다는 생각 때문인지 시장 구경도 별로 흥미를 끌지 못했다. 다시 트램을 타고 비루 게이트 앞으로 돌아와서 항구를 향해 걷기 시작했다.

탈린 구시가지 비루 게이트에서 헬싱키행 페리선을 타는 터미널까지의 거리는 약 1.5㎞였다. 도보로 걸어도 약 20여 분 거리에 불과했다. 탈린과 헬싱키를 운항하는 페리선은 탈링크 실자라인의 페리선과 바이킹 라인(Viking Line)의 페리선 등 여러 해운 선사들이 있었다.

내가 예약한 헬싱키행 페리선은 탈링크 실자라인의 쾌속 크루즈선인 메가스타(Megastar)호였다. 탈린에서 핀란드 헬싱키까지의 거리는 약 82㎞였다. 오후 1시 30분에 출발하면 약 2시간이면 헬싱키에 도착한다.

탈린과 헬싱키 사이에는 2~3시간 간격으로 하루에도 7~8회나 페리선이 운항되고 있었다. 따라서 탈린과 헬싱키의 두 도시는 관광객들이 아침 일찍 페리선을 타고 갔다가 오후나 저녁에 돌아오는 당일치기 여행도 많은 것 같았다.

우리 부부는 승선 체크인 카운터에 페리선 예약 바우처를 제시하고 탑승권을 받았다. 헬싱키행 페리선의 출항 시간이 다가오자 탈링크 실자라인 터미널은 많은 사람으로 붐볐다.

오후 1시가 되자 승선이 시작됐다.

우리 부부는 많은 의자와 소파가 구비된 커다란 선실(Deck Seat)에 자리를 잡았다. 승객들은 선실에 있는 의자에 앉아서 쉬거나 선내 카페나 레스토랑에서 커피와 음료수를 마시거나 면세점에서 쇼핑하면서 시간을 보냈다.

그런데 갑자기 하늘에 검은 구름이 끼더니 빗방울이 떨어지기 시작했다.

우리가 탄 배는 빗방울이 떨어지는 발틱해를 항해하기 시작했다.

배는 항해를 시작한 지 약 두 시간이 지난 오후 3시 30분쯤 핀란드 헬싱키의 웨스트 하버(West Harbour)에 도착했다.

내가 예약한 호텔은 헬싱키 시내 중심가에 있는 스캔딕 마스키(Scandic Marski) 호텔이었다. 항구에서 약 1.7km, 도보로 21분 거리에 위치해 있었다.

단체 관광객들은 가이드들의 안내를 받으며 대부분 주차장에 있던 관광버스에 올랐다. 우리 부부도 트램을 타고 호텔로 가기 위해서 서둘러서 트램 정류장으로 걸어갔다. 내 앞에서 항구 앞에 있는 트램 정류장으로 걸어가는 사람들은 약 10여 명뿐이었다. 우리 부부는 그들을 따라서 항구 앞에 있는 트램 정류장으로 갔다. 그리고 트램 티켓을 사기 위해서 티켓 자동판매기 앞에 줄을 섰다.

내 차례가 되어서 신용카드로 트램 티켓을 구입하려고 했지만, 티켓 자동판매기에서 계속 에러가 발생했다. 먼저 구입한 사람에게 물어봐도 눈을 찡그리면서 모르겠다고 하니 난감할 수밖에 없었다.

하늘에서 빗방울은 점점 거세게 떨어졌다.

우리 부부는 할 수 없이 헬싱키 시내 중심가를 향해서 걸을 수밖에 없었다. 나중에 알게 된 사실이지만 신용카드 비밀번호를 입력시켜야 하는데 신용카드 비밀번호를 입력시키지 않았기 때문에 티켓 자동판매기에서 계속 에러가 발생한 것 같았다.

고생하는 아내를 생각하니 발걸음이 무거워졌다.

택시를 찾아보려고 했지만 트램 정류장은 새로 포장 공사 중이었다. 주변에는 택시 한 대도 보이지 않았다.

'걷자! 걸어가자!' 마음속으로 다짐하며 트램이 다니는 대로를 따라서 호텔까지 약 1.7㎞를 걷기로 했다. 스마트폰의 데이터 로밍을 시도하자 다행히 인터넷이 쉽게 연결됐다. 스마트폰의 구글 지도로 내가 예약한 호텔을 검색하자 내가 예약한 스캔딕 마스키 호텔까지의 경로가 구글 지도에 표시되면서 자동차 내비게이션처럼 스마트폰에서 호텔로 가는 길을 안내해 주었다. 빗방울이 떨어졌지만, 구글 지도를 보면서 내가 예약한 스캔딕 마스키 호텔을 쉽게 찾아갈 수 있었다.

스캔딕 마스키 호텔은 헬싱키 시내 중심가에 위치해 있었다.

헬싱키 중앙역과 거리는 도보로 약 10분 거리에 불과했고, 헬싱키 대성당이나 의사당 광장도 도보로 15분 이내 거리에 있었다. 객실 수도 300여 개에 가까운 큰 호텔이었다.

나는 이 호텔을 약 6개월 전에 예약했다. 내가 여행 출발 6개월 전부터 호텔을 예약했던 이유는 대규모 객실을 보유한 대형 호텔의 경우 일부 객실을 조기에 판촉하기 위해서 일찍 예약하는 손님을 상대로 정책적으로 저렴하게 공급하는 경우가 많다고 생각하고 있기 때문이다. 특히 여행 비수기에는 미리 예약할수록 호텔 객실의 가격 할인율이 높은 경향이 있는 것 같았다.

다행히 6개월 전에 선불 조건으로 예약해서 4성급 호텔을 평소 숙박 가격 대비 63% 할인된 96유로 수준으로 예약할 수 있었다.

저녁 무렵이 되자 빗방울은 점점 더 세차게 떨어졌다. 그렇지만 3일 밤을 편하게 묵을 수 있는 호텔을 찾아오게 되어서 긴장됐던 마음이 풀렸다.

저녁 식사 후 호텔 객실 테이블 위에 놓인 작은 포도주병을 따서 포도주 서너 잔을 마셨다. 룸서비스 품목으로 생각했다. 긴장했던 마음이 더욱 풀렸다.

다음 날 아침 프런트 직원으로부터 확인한 결과 테이블에 놓인 포도주는 돈을 별도로 지불해야 하는 미니바 품목이었다. 그렇지만 길을 잃지 않고 쉽게 호텔을 찾아서 편안하게 호텔에서 하룻밤을 잔 것을 생각하면 포도주 한 병값은 전혀 문제가 되지 않았다.

Scandic Marski ★★★★
체크인   체크아웃
11   **14**
7월 2017   7월 2017
화요일   금요일
15:00 표넌   12:00 까지
€ 288
필자 평가 : ★★★★☆

Self-Travel Tip ➤ *Google 검색창에서 검색해 보자!*

Tallink Silja Line(Tallinn→Helsinki) 승선권 예약 방법

1. Tallinn와 Helsinki 사이를 운항하는 선박회사는 Tallink Silja Line(하루 7차례)과 Viking Line(하루 3차례) 두 회사가 있다.

2. Tallink Silja Line의 Tallinn, Helsinki 운항 내용은 다음과 같다.
   - 운항 횟수: 매일 Tallinn 항에서 7차례 이상.
   - 운항 소요 시간: 약 2시간.

3. 승선권은 선박회사의 국내 대리점 웹사이트에서 인터넷으로 직접 구입할 수 있다.
   - Tallink Silja Ltd: http://www.siljaline.co.kr, https://www.tallink.com/.

4. 필자는 여행 출발 약 2개월 전에 국내에 있는 Tallink Silja Line 대리점을 통해서 예약했다.
   - 1인당 승선요금(star class, Deck Seat 기준): 1인당 약 38유로 수준.
   - 승선 일자: 2017. 7. 11
   - 승선요금은 cabin의 class에 따라 크게 다르다.

5. 예약 후 e-mail 등으로 전송받은 예약 확인서를 인쇄하여 승선 시 check-in 창구에서 제시하여 boarding 카드를 발급받아 승선한다.

트램을 타고 여행한
핀란드 헬싱키

[헬싱키 트램]

지난밤에는 비가 제법 많이 온 것 같았다. 아침에 일어나 보니 비는 오지 않았지만, 날씨는 잔뜩 흐렸다.

아침 일찍 1층 호텔 레스토랑에서 식사했다. 뷔페로 차려진 식사 메뉴는 다양하고 풍성했다. 날씨도 궂은데 호텔마저 시원치 않았다면 헬싱키 여행이 좀 쓸쓸했을 것 같은데 북유럽 여행 마지막 여행지에서 좋은 호텔에서 묵게 된 것이 다소 위안이 됐다.

헬싱키 여행 첫날인 오늘은 버스와 트램을 타고 헬싱키 시내를 여행하기로 했다.

　현재 핀란드의 수도는 헬싱키(Helsinki)이지만 헬싱키가 핀란드의 수도가 되기 전 핀란드의 수도는 투르쿠(Turku)였다고 한다. 헬싱키가 핀란드의 수도가 된 것은 약 100여 년에 불과했다. 헬싱키가 핀란드의 수도가 된 것은 스웨덴이 핀란드 전쟁에서 러시아에 패해 핀란드가 러시아령 자치 대공국이 된 이후 러시아의 알렉산드르 1세는 1812년 핀란드의 수도를 투르쿠에서 헬싱키로 옮겼다고 한다. 따라서 헬싱키가 핀란드의 수도로서 발전한 역사는 100여 년에 불과하고, 유럽의 다른 도시들처럼 헬싱키 시내 중심가에는 올드 타운(Old Town)같이 같이 오래된 역사의 유적이 많지 않다.

　그렇지만 헬싱키는 핀란드의 수도가 된 이후 급속히 발전해 왔다. 헬싱키는 핀란드 남부 핀란드만 연안에 위치해 있는 항구 도시로서 에스포, 반타, 카우니아이넨 등과 함께 수도권을 형성하는 대(大) 헬싱키 지역의 인구는 현재 120여만 명이 넘는다고 한다. 2012년에는 세계 디자

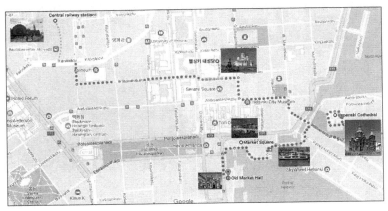

[헬싱키 주요 관광명소 지도]

인 수도로 지정되었을 정도로 헬싱키는 현대화된 대도시의 면모를 보여주고 있다.

날씨가 좋지 않기 때문에 오전에는 헬싱키 시내 중심가를 관광하기로 했다.

그리고 오후에는 데이 티켓(Day Ticket)을 사서 트램을 타고 헬싱키의 이곳저곳을 둘러보기로 했다.

왜냐하면 헬싱키의 주요 관광명소라고 할 수 있는 루터교 성당(Helsinki Cathedral)이나 우스펜스키 성당(Uspenskin Cathedral)은 도보로 걸어갈 수 있는 가까운 거리에 위치해 있었고, 입장료도 없었다. 또한 수오멘린나 요새(Fortress of Suomenlinna)도 박물관을 입장할 경우 입장료를 내야 했지만 수오멘린나 요새 주변만 산책한다면 입장료를 낼 필요가 없었다. 수오멘린나 요새로 가는 페리선 교통편도 데이 티켓(Day Ticket)을 구입하면 쉽게 갈 수 있었다.

[헬싱키 대성당]

헬싱키의 트램은 여행자들로부터 무척 호평을 받는 교통수단인 것 같았다. 여행 정보 사이트인 트립어드바이저에 따르면 헬싱키 트램이 헬싱키의 주요 즐길 거리(to do) 상위 순위(2위)에 랭크되어 있을 정도로 인기 있는 관광명소로 자리 잡고 있다.

특히 헬싱키의 3번 트램(Tram Route 3)은 관광 루트라고 불릴 정도로 여행자들로부터 사랑을 받는 것 같았다. 크루즈선들이 정박하는 올림피아 터미널에서 출발하는 3번 트램은 헬싱키에서 잘 알려진 공원인 카이보푸이스토 공원(Kaivopuisto Park)과 레스토랑이나 카페가 몰려 있는 지역은 물론 Stockmann 백화점 등 큰 백화점들이 있는 도심 지역을 지난다.

또한 헬싱키 대성당과 우스펜스키 성당은 시내 중심가에서 걸어서 가도 15분밖에 걸리지 않지만 4번 트램을 타면 더욱 쉽게 갈 수 있다.

6번 트램을 타면 히에탈리티 시장(Hietalahti Market Hall)이나 하카니에미 시장(Hakaniemi Market Hall)과 같이 핀란드 전통음식을 맛볼 수 있는 시장도 찾아갈 수 있다. 만일 내려야 할 정류장을 지나쳤다고 판단되면 데이 티켓을 소지하고 있을 경우에는 반대편에서 트램을 타고 돌아가면 된다. 따라서 여행자에게는 일회용 싱글 티켓(2.50유로)보다는 버스나 트램 등 모든 대중교통수단을 하루 종일 자유롭게 이용할 수 있는 데이 티켓(9유로)이 좋다. 데이 티켓은 헬싱키 관광 안내소나 및 헬싱키 공항(터미널 2A), 철도역 등 여러 판매 장소에서 구입할 수 있다. 나는 헬싱키 중앙역에 가서 투르크행 열차 좌석(9.4유로)을 예약하고 그곳에 있는 승차권 자동판매기에서 데이 티켓을 구입했다.

데이 티켓을 구입하면 헬싱키 시내 이동이 무척 자유로워진다.

우리 부부는 헬싱키 중앙역 근처에서 4번 트램을 탔다. 4번 트램은 헬싱키의 상징이라고 할 수 있고, 핀란드 루터파 교회의 총본산인 헬싱키 대성당(Helsinki Cathedral)으로 가는 트램이다.

헬싱키 대성당은 '큰 교회'라고 불린 것에서 알 수 있듯이 정말 크고 웅장했다. 중앙 돔은 네 측면 어디에서도 보일 정도로 헬싱키의 상징과 같은 건물이다.

헬싱키 대성당에서 멀지 않은 곳에는 우스펜스키 성당도 있었다. 빨간 벽돌의 외벽과 돔 지붕이 인상적인 우스펜스키 성당은 핀란드가 러시아의 지배 아래에 있던 1868년, 러시아의 건축가 알렉세이 고르노스타예프(Aleksei Gornostaev)가 세운 성당이라고 하는데 스칸디나비아반도에서 가장 규모가 큰 정교회 성당이라고 한다.

우스펜스키 성당은 언덕 위에 위치해 있기 때문에 멀리서도 둥그런 양파 모양의 돔과 십자가가 보였다. 성당 내부에는 그리스도와 12사도가 그려져 있었다.

우스펜스키 성당의 관람을 마치고 수오멘린나 요새로 가기 위해서 항구 선착장으로 걸어갔다. 항구 선착장 앞에는 핀란드 현지인들이 자주 찾는다는 마케 광장이 있었다. 마케 광장은 항구 앞에 선 노점시장 같은 곳이다. 현지인보다는 관광객이 더 많은 것 같았다. 관광객들이 몰려 있는 마케 광장을 지나 페리선 선착장으로 갔다.

오멘린나섬으로 가는 페리선은 데이 티켓으로도 승선이 가능했다.

밤새 비가 내린 후라 수면 위에는 안개가 자욱했다. 페리선은 항구를 출발한 지 20분도 되지 않아서 수오멘린나섬에 도착했다. 우리 부부는 일본인 단체 관광객들을 따라서 수오멘린나 요새로 들어갔다. 수오멘린나 요새도 안개가 자욱했다.

넓고 푸른 바다를 보고 시원한 바람을 맞으며 수오멘린나섬에서 아

[우스펜스키 성당]

름다운 바닷가가 보이는 언덕을 걷고 싶었지만 보이는 것은 뿌연 안개 속에서 드문드문 보이는 성곽과 참호, 그리고 커다란 대포의 모습뿐이었다. 하는 수없이 일찍 발길을 돌려야 했다.

선착장으로 가기 위해서 수오멘린나 교회 앞을 지나는데 청소부 복장을 한 젊은 아가씨가 커다란 나무가 있는 잔디밭에서 육중한 잔디 깎는 기계를 운전하면서 잔디를 깎고 있었다. 20세를 갓 넘긴 듯한 젊은 아가씨였다. 꿈 많은 젊은 아가씨가 청소부라니, 우리나라에서는 좀처럼 보기 힘든 모습이었다.

수오멘린나섬에서 다시 페리를 타고 헬싱키 항구의 마케 광장 근처 선착장으로 돌아왔다. 우리 부부는 그곳에서 다시 6번 트램을 탔다.

6번 트램은 헬싱키의 디자인, 예술 및 요리 문화에 관심이 있는 관광객이라면 꼭 타야 한다는 바로 그 트램이었다. 6번 트램을 타면 다이애나 공원(Diana Park) 주변의 디자인 지구(Design District)라는 유행의 첨단을 걷는 200여 개의 부티크, 갤러리, 음식점으로 이루어진 최신 유행 구역을 갈 수 있다고 한다. 그렇지만 우리 부부는 그곳을 지나 6번 트램 종점 근처에는 있는 히에탈리티 시장 광장으로 갔다. 꼭 히에탈리티 시장을 가고 싶어서 간 것은 아니었다. 6번 트램을 타고 그저 헬싱키 시내의 이곳저곳을 둘러보고 사람들이 사는 모습을 보고 싶었기 때문에 그곳에 간 것이었다.

히에탈리티 시장은 마치 벼룩시장 같았다. 광장에는 옷가지를 파는 노점도 있었지만, 온갖 잡동사니 같은 물건도 팔고 있었다. 골동품 같은 옛날 물건도 있었다. 잠시 눈요기를 하고 싶은 사람들에게는 히에탈리티 시장처럼 좋은 곳이 없을 것 같다는 생각이 들었다.

그곳에서 다시 6번 트램을 탔다. 이번에는 거꾸로 되돌아가는 트램이었다. 우리 부부는 헬싱키 시내 도심에서 7㎞ 정도 떨어진 6번 트램 종점 부근의 아라비아 아울렛(Arabia Outlet)으로 갔다.

아라비아는 핀란드의 유명한 도자기 그릇 등 홈 제품 디자인 브랜드로 알려져 있다. 아라비아라는 곳에 가면 아라비아라는 회사의 디자인 센터와 쇼핑몰이 있다.

커다란 쇼핑몰 전시장에 전시된 식기와 인테리어 소품의 무늬와 색상 하나하나가 디자인에 문외한인 내 눈에도 색다른 이미지를 주었다. 디자인은 아름다움과 실용성의 표현 같기도 하지만 무엇인가 색다른 느낌을 전해 주는 것 같았다. 젊은 여자들이 왜 굳이 이런 곳을 찾는지 그 이유를 조금 알 수 있을 것 같았다.

Self-Travel Tip ➤ *Google 검색창에서 검색해 보자!*

Helsinki 대중교통 요금, Tram 노선

1. 대중교통(public transport in helsinki) 등과 같은 키워드로 Google 검색창에서 검색한다.
   ☞ Ref: HSL(www.hsl.fi/en), Helsinki Card(www.helsinkicard.com).
2. 1회용 single ticket은 승차권 자동판매기로 구입할 경우 2.90€), 승차 후 운전기사로부터 구입할 경우 3.20€이다. 현지인들은 주로 저렴한 Mobile ticket(2.20€) 사용한다.
3. Day ticket은 1일~7일용이 있다. 1일권은 9.00€, 2일권은 13.50€, 3일권은 18.00€)이다. Helsinki Card에 비해서 상당히 저렴한 편이다.

4. 주요 트램의 노선도를 알면 여행하기가 쉽다.
   트램 노선도를 알 수 있는 방법은 Google 검색창에서 트램 번호(예: tram 3 route map in Helsinki)로 검색해 보는 것이다.
   ① HSL(www.hsl.fi/en)에서도 노선도를 알 수 있지만, 여행자들이 검색하기 쉽지 않다.
   ② wikiroutes(wikiroutes.info/en/oslo?routes=34235#map)라는 사이트를 이용하면 쉽게 검색할 수 있다. 지도를 확대하면 정류장 이름도 알 수 있다.

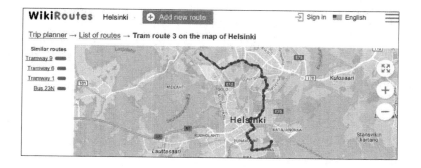

5. tram 6번을 타면 Hietalahti Market, 아라비아 아울렛(Arabia Outlet)을 갈 수 있다.

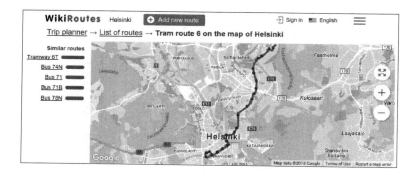

6. Helsinki 버스 노선도를 알고 싶으면 'bus ○○ route map in Helsinki' 등과 같은 키워드로 Google 검색창에서 검색해 본다.
7. 검색한 노선도는 사진 파일(jpeg)로 만들어 스마트폰에 날짜별로 저장해두면 여행 시 유용하게 참고할 수 있다.

투르쿠(Turku)
당일치기 기차 여행

[투르쿠행 기차]

한 달간의 북유럽 여행의 종착역이 가까워지고 있는 것 같다.

내일이면 한 달간의 북유럽 여행을 마친다. 그런데 한 달간의 북유럽 여행을 마치기 하루 전날, 예정에 없었던 투르쿠(Turku)로 기차 여행을 떠나게 되었다.

투르쿠로 기차 여행을 떠나게 된 것은 하루 치의 유레일 패스가 남았기 때문이었다.

[헬싱키에서 투르쿠까지는 열차로 2시간 정도 소요된다]

　당초 나는 북유럽 여행을 계획하면서 총 5일 기간의 유레일 패스를 구입했다. 우리 부부는 노르웨이 나르비크에서 스웨덴 스톡홀름으로 이동하기 위해서 유레일 패스로 하루는 야간열차를 타고 이동할 계획이었다. 그런데 북유럽 여행 출발 2~3개월 전에 노르웨이 트롬쇠에서 나르비크까지 운행하던 버스가 여름방학 기간 중에는 운행을 중단한다는 것을 알게 되었다. 그래서 부랴부랴 트롬쇠에서 버스를 타고 나르비크로 가서 나르비크에서 유레일 패스로 야간열차를 타고 스웨덴 스톡홀름으로 가려던 계획을 취소하고 트롬쇠에서 직접 스톡홀름으로 가는 항공편으로 이동하기로 한 것이었다. 그래서 총 5일 중 하루 치의 유레일 패스 사용 가능 기간이 남게 된 것이다.

　핀란드 헬싱키에 도착할 때까지도 남은 유레일 패스를 쓸 생각이 별로 없었다. 그렇지만 헬싱키에 도착해서 생각해 보니 이틀 정도면 헬싱키 시내 중심가 여행은 충분할 것으로 생각됐다. 그래서 헬싱키 체류 3일 중 하루는 기차를 타고 쉬면서 여행할 수 있는 여행지를 찾던 중 투르쿠로 기차 여행을 하기로 한 것이었다.

　투르쿠 여행 계획은 갑자기 세워진 것이기 때문에 내가 투르쿠에 대해 아는 것이 별로 없었다. 내가 투르쿠에 대해서 알고 있었던 것은 핀란드의 수도가 1812년에 헬싱키로 이전되기 전까지 투르쿠가 핀란드의 수도였다는 것이다. 따라서 투르쿠에는 역사적인 유적이 많이 있을 것으로 예상했다.

투르쿠는 핀란드 헬싱키에서 북서쪽으로 약 160㎞ 지점에 있었다.

투르쿠는 보트니아만(灣)에 면한 항구 도시로, 매년 3백만 명이 넘는 승객들이 투르쿠항을 통해서 스웨덴 스톡홀름을 왕래한다.

2016년을 기준으로 투르쿠의 인구는 18만 7천여 명으로 핀란드 제6의 도시다. 13세기 말에 확고하게 자리 잡은 고도로 1812년에 핀란드의 수도가 헬싱키로 이전하기 전까지는 핀란드의 중심 도시였다. 투르쿠에는 1290년에 준공된 교회당, 13세기에 지어진 성(城)이 있다.

우리 부부는 핀란드 중앙역에서 아침 8시 30분에 투르쿠로 가는 2층 기차를 탔다. 내가 탄 2층 기차의 열차 칸에 탄 승객은 불과 5~6명밖에 안 될 정도로 열차 승객이 적었다.

2층 기차의 열차 칸에서 본 핀란드 시골의 모습은 기차 안의 모습처럼 한적한 모습이었다. 달리는 기차의 차창 밖으로는 초록의 풀이 우거진 목초지와 소나무 숲이 우거진 낮은 산림지대가 번갈아 나타났다. 농가들도 드문드문 보일 뿐 너무 한적한 모습이었다. 투르쿠 기차역에 도착한 시간은 10시 30분이 조금 지난 시각이었다.

스마트폰으로 투르쿠의 주요 볼거리를 검색한 결과 투르쿠의 관광명소는 투르쿠성(Turku Castle)과 투르쿠 대성당(Turku Cathedral) 같았다.

우리 부부는 투르쿠성을 관광할 생각으로 투르쿠역을 나섰다.

그렇지만 한산한 투르쿠 기차역 앞에는 한 대의 택시도 없었다. 함께 내린 승객들은 대부분 골목길로 들어가서 시내로 걸어가는 것 같았다. 역 앞 광장에 남아 있던 사람들도 기다리고 있던 승용차를 타고 떠났다.

스마트폰의 구글 지도로 투르쿠성을 검색해 봤다. 투르쿠성은 투르크역에서 약 3㎞ 거리에 위치해 있었다.

우리 부부는 투르크 시내를 구경할 겸 시내 중심가로 흐르는 아우라(Aurajoki)강의 강변을 산책하면서 투르쿠성으로 천천히 걸어갔다.

아우라강의 강변에는 옛날 18~19세기에 만든 커다란 돛배들을 개조해서 만든 카페와 레스토랑이 간간이 보였지만 너무 한산한 모습이었다.

투르쿠성은 바로 시내 중심부를 흐르는 아우라강의 하구에 있었다. 본성은 1400년대에, 외벽은 15세기에 착공을 시작해 16세기에 완성되었다고 한다. 중세의 형태를 그대로 간직하고 있는 이 성은 핀란드 내에서 가장 오래된 르네상스식 건물로서 과거 수 세기 동안 형무소로 쓰였다고 한다. 투르쿠성 안에 있는 박물관에는 중세 르네상스 시대의 많은 유물이 전시되고 있었다.

[구글 지도로 투르크성 길 찾기 방법]
Google 지도에서 출발지를 Turku Station, 목적지를 Turku Cathedral로 입력후 검색하면 Google 지도
상에 목적지까지 가는 경로 및 거리, 소요시간을 알 수 있다.

[투르쿠성]

투르쿠성 방문을 마치고 강변을 따라서 투르쿠 시내를 향해서 걸었다.

투르쿠역에서 헬싱키로 가는 기차의 예약 시간은 오후 3시 40분이었다. 천천히 산책 삼아 걸어도 투르크 시내도 잠시 볼 수 있을 것 같았다. 마침 18~19세기에 만들어졌을 것 같은 거대한 돛배들이 전시된 강변에 이르자 연녹색의 청소부 제복을 입은 젊은 아가씨가 빗자루를 들고 강변 보도블록 사이로 난 잡초 제거 작업을 하고 있었다. 나이도 스무 살 정도 되어 보이는 예쁜 여자였다. 우리나라 같으면 좀처럼 보기 힘든 모습 같아 잠시 그 여자가 일하는 모습을 훔쳐봤다. 대견스럽기도 했지만 요즘 핀란드의 감추어진 뒷모습을 보는 것 같았다.

투르쿠 시내 중심가는 제법 번화하고 사람들로 붐볐다.

시내 중심가에 있는 큰 광장에는 노천 시장이 선 모습이 보였다. 광장 너머로 높이 솟은 교회의 첨탑도 보였다. 투르쿠 대성당 같았다. 그렇지만 헬싱키로 돌아갈 기차 시간을 생각하니 발길을 돌리지 않을 수 없었다. 아쉬운 마음이 들었다.

오후 3시 40분에 투르쿠역에서 헬싱키로 돌아오는 기차를 탔다. 헬싱키로 돌아오는 2시간의 기차 여행은 편안한 휴식 시간 같았다. 차창을 바라보니 지나온 여정이 주마등처럼 떠올랐다. 사실 지난 30일이 금세 지난 것 같지만, 마음 한편에서는 조마조마하면서 걱정했던 순간도 많았다. 그렇지만 30여 일간의 북유럽 여행을 무사히 마치게 되었다고 생각하니 긴장되었던 마음들이 다 풀렸다. 물론 기쁜 마음은 헤아릴 수 없었다. 차창 밖으로 스쳐 지나가는 전원의 풍경도 왠지 모르게 모두 아름답게만 보였다.

호텔에 돌아와서 귀국 준비를 했다. 배낭도 챙겼다. 핀에어 귀국 비행기를 타기 위해서 스마트폰으로 핀에어 웹사이트에서 온라인으로 탑승수속(On-Line Check-in)을 했다. 스마트폰으로 온라인으로 탑승수속을 하려면 핀에어 사이트에서 로그인한 다음 항공편의 예약 번호나 전자 항공권(E-Ticket) 번호를 알면 쉽게 할 수 있다. 온라인 탑승수속은 핀에어 유럽 항로의 경우 38시간 전부터 할 수 있다고 한다.

탑승수속(Check-in)은 승객의 입장에서는 비행기 탑승 좌석 확보라는 의미가 크겠지만 항공사 입장에서는 승객의 탑승 여부를 확인하는 수단이라 할 수 있다. 유럽의 대부분 항공사는 온라인 탑승수속(On-Line Check-in)을 적극적으로 유도하고 있는 것 같다. 그래서 옛날에는 'Check-in'이라고 표시되었던 항공기 탑승 창구가 요즘은 'Baggage Drop'이라고 표시되는 경우가 많다.

Self-Travel Tip ➤ *Google 검색창에서 검색해 보자!*

Turku의 볼거리, 관광명소 알아보는 방법

1. 먼저 Google 검색창에서 볼거리(to see, must see), 관광명소(attraction) 등과 같은 키워드로 검색해 본다.

   예) Things to see in Turku, attraction in Turku.

2. Turku 관광청이나 TripAdvisor(www.tripadvisor.co.kr) 등 여행 정보 사이트의 여행 정보를 참고하는 것도 효과적인 방법일 수 있다.

헬싱키에서 30일간의
북유럽 여행을 마치다

[헬싱키 항구 모습]

한 달간의 북유럽 여행이 금세 지나간 것 같았다.

오늘 오후 5시 30분에는 헬싱키 반타공항(Helsinki-Vantaa Airport)에서 핀에어 귀국 비행기를 탈 예정이다. 따라서 공항버스를 타는 오후 2시까지는 시간 여유가 있다. 오전에는 헬싱키 시내에서 시간을 보내다가 오후 2시쯤에 공항버스를 타고 헬싱키 반타공항으로 가기로 했다. 아침 식사 후 바로 호텔에서 체크아웃하고 배낭은 호텔 러기지 룸에 맡겼다.

오전에는 시벨리우스 공원을 먼저 가기로 했다. 시벨리우스 공원은 여행사들의 필수 코스 같은 곳이다. 핀란드 헬싱키를 여행했다고 하면서 그곳을 가지 않았다면 혹시 나중에 미련이 남을 것 같기 때문이다.

오래간만에 헬싱키의 날씨가 쾌청한 것 같다.

스마트폰에 미리 저장해 둔 구글 지도를 보니 시벨리우스 공원은 호텔 근처 시내 중심가에서 10번 트램을 타고 가면 되는 것 같았다.

우리 부부는 스마트폰에 저장해 둔 구글 지도를 보면서 'Ylioppilas-talo'라는 정류장에서 10번 트램을 타고 5번째 정류장인 'Tooionhalli' 정류장에 내려서 시벨리우스 공원으로 걸어갔다.

트램을 타고 가서 본 시벨리우스 공원(Sibelius Park&Monument)은 그곳을 이미 다녀온 여행자들이 트립어드바이저에 남긴 리뷰처럼 "시벨리우스에 대해서 잘 알지 못한다면 가벼운 마음으로 산책하기에 좋습니다."라고 하는 표현이 정확할 것 같았다.

시벨리우스 공원은 주택가 근처에 있는 커다란 공원이었다.

우리 부부가 그곳에 갔을 때 만난 사람들은 중국인 단체 관광객들 30~40여 명이었다. 그들은 한결같이 시벨리우스 동상 앞에서 기념사진을 찍고 떠났다.

사실 내 마음대로 자유롭게 여행하고자 하는 자유여행자들도 여행을 떠나기 전에 미리 여행지에 대해서 배우고 떠나야 한다. 그렇지 못하면 그곳이 어떤 의미가 있는 곳인지 잘 모를 것이다. 그저 겉모습만 보고 오는 것에 불과한 것이다. 어떤 측면에서 보면 패키지여행만큼도 못한 여행이 될 수도 있다. 따라서 자유롭게 남의 도움을 받지 않고 여행하고 싶다면 그에 상응할 만큼 스스로 여행지에 대해서 배우는 노력과 수고도 필요하다.

시벨리우스 공원에서 26번 버스를 타고 다시 시내 중심가로 나왔다. 오래간만에 헬싱키 날씨가 너무 좋았다.

헬싱키 시내 중심가에 있는 에스플라나디 공원(Esplanadi Park)으로 가서 산책을 했다. 에스플라나디 공원은 고급 쇼핑거리 한가운데 있는 큰 공원이다.

많은 사람이 벤치에 앉아서 따뜻한 햇볕을 즐기고 있었다. 벤치도 많았다. 여행자들도 잠시 벤치에 앉아 휴식을 취하거나 산책하기에 좋은 장소 같았다. 공원은 어딘지 모르게 여유가 느껴졌다.

에스플라나디 공원 끝에서 큰길을 건너면 바로 마케 광장과 수오멘린나섬으로 향하는 페리선 선착장이 나타난다.

날씨가 너무 좋았다. 우리 부부는 무작정 수오멘린나 요새로 가는 배를 탔다. 데이 티켓을 소지하고 있으니 표를 사려고 기다리거나 누구 눈치를 볼 필요도 없었다. 마음 내키면 타면 되는 것이다.

트립어드바이저에 올린 어느 여행자의 리뷰를 읽어 보면 "수오멘린나 요새는 힐링이 필요할 때 방문하세요."라는 이야기를 자주 본다. 사실 큰 기대를 하고 간 사람들은 수오멘린나 요새를 볼 것이 별로 없는 것처럼 느낄 수도 있다. 그렇지만 넓고 푸른 바다와 하늘을 보면서 걷기 좋아하는 사람에게는 수오멘린나 요새처럼 좋은 곳은 없다. 그저 시원한 바람을 맞으며 역사의 발자취가 남아 있는 대포와 푸른 바다를 보면서 걷기만 하면 된다.

우리 부부는 며칠 전처럼 바닷가 언덕을 오르면서 섬 한 바퀴를 천천히 산책했다. 푸른 하늘에 떠 있는 뭉게구름이 너무 선명하게 보였다.

[수오멘린나섬]

    대포와 벙커들이 있는 언덕을 오르자 커다란 크루즈선이 큰 뱃고동을 울리며 섬과 섬 사이의 푸른 바다에 흰 물결을 일으키며 지나갔다. 평화가 가득한 땅 같았다.

    다시 수오멘린나섬에서 페리선을 타고 호텔로 돌아왔다.

    우리 부부는 호텔 로비에서 잠시 휴식을 취했다.

    오후 2시쯤 헬싱키 중앙역 광장에 있는 버스 정류장으로 천천히 발길을 옮겼다. 그리고 그곳에서 헬싱키 반타 국제공항으로 가는 635번 버스를 탔다.

아내는 아무런 말도 없이 버스 창밖만 바라보고 있었다. 버스는 시내 이곳저곳을 들러서 오후 3시쯤 반타 국제공항 출국장 앞에 도착했다.

나는 탑승수속을 하기 전에 간단하게 점심 식사를 하고 싶었다.

그래서 나는 아내에게 패스트푸드점에 들어가서 간단하게 햄버거나 먹자고 제안했다. 그런데 아내는 어제저녁 시내 백화점에서 산 빵과 과일이 남았으니 그것으로 간단히 때우자고 한다. 물론 돈을 절약할 수 있기 때문에 좋은 생각이다. 그렇지만 많은 사람이 지나다니는 공항에서 어디에 앉아서 먹어야 하나? 그러면서 불편한 감정이 내 가슴속에서 솟구쳤다. 나이 든 남자의 체면을 조금도 생각해 주지 않는 아내가 원망스러웠기 때문이다. 사실 아내도 내가 불편해하는 기색을 조금 눈치챈 것 같았다. 그렇지만 아내는 한 발도 물러서지 않는다.

나는 패스트푸드점으로 들어가기 싫다고 하는 아내를 억지로 데리고 들어갔다. 그렇지만 아내의 입장은 그곳에서도 조금도 변하지 않았다. 잠시 냉전이 시작됐다. 체면을 중시하는 나와 알뜰함을 중시하는 아내는 서로 한 발도 물러서지 않는 것이었다.

한참 동안 침묵이 흘렀다.

사실 내가 지금까지 편하게 살아온 것은 아내의 알뜰함 덕분이라고 할 수 있다. 그렇지만 나이 들수록 나는 옆에 있는 사람들의 눈치를 본다. 체면도 차리려 하고 자존심도 점점 더 커지는 것 같다. 그런 형식과 실질의 문제로 나와 아내는 여행 중에도 몇 번의 의견 충돌이 있었다. 다행히 시간이 좀 지나자 아내가 못 이기는 척하면서 나를 이해해 주었다.

이제 여행을 마쳐야 할 시간이 됐다.

당신이 꿈꾸던 30일간의
북유럽 여행

30여 일의 지난 여정이 주마등처럼 떠올랐다. 스타방에르로 가는 기차 안에서 조용히 뜨개질하시던 할머니의 안경 낀 모습도 그려졌다. 로포텐 제도의 레이네브링겐에서 본 레이네의 모습도 잊을 수 없을 것 같았다. 그리고 야생화로 뒤덮여 있던 부네스 비치로 가는 트래킹 길은 얼마나 아름다웠는가?

모두 잊을 수 없는 추억이었다.

나는 아내와 다시 노르웨이 여행을 오자고 여러 차례 다짐했다. 그 약속이 지켜질지 모르겠지만 그 꿈을 계속 꾸면서 살아갈 것이다.

내가 여행한 북유럽 여행, 그중에서도 노르웨이 여행은 잊을 수 없다. 정말 노르웨이를 다시 한번 더 가고 싶다.

물론 여행은 항상 좋은 추억, 즐거운 일만 있는 것은 아니다. 오늘처럼 사소한 의견 충돌로 아내와 다투는 때도 많다. 그리고 새로운 여행지로 가면서 낯선 공항에 내리면 어떻게 호텔을 찾아갈 것인가 하고 얼마나 가슴 졸였었는가?

그렇지만 내 곁에는 늘 아내가 있었고, 길을 헤매도 아내는 이해해 주었다. 그래서 나는 내가 가야 할 곳, 가고 싶은 곳을 찾아갈 수 있었다. 나이가 들었지만, 물론 용기도 남아 있기 때문이었다. 그러나 아내가 옆에 없고 용기가 없었다면 나는 30여 일간의 긴 북유럽 여행을 꿈꾸지 못했을 것이다.

이제부터는 '어떻게 호텔을 찾아갈까?' 또 '무엇을 먹고, 무엇을 보러 갈 것인가?' 하고 고민하지 않아도 된다. 책임에서 벗어나니 정말 마음이 홀가분해지는 것 같다. 집에 도착하면 다시 일상으로 돌아갈 텐데, 그러면 다시 '어떻게 살아갈까?' 하고 고민할 것 같다. 그렇지만 지금 내 마음은 무척 홀가분했다. 무엇이든지 다 할 수 있을 것 같았다.

　그리고 이번 여행을 통해서 아내의 알뜰한 마음도 조금 알게 되었다. 나보다 집에 있는 아이들한테 더 가 있는 아내의 마음도 알게 됐다. 사실 그것이 엄마의 마음인 것 같았다. 엄마의 마음은 여자의 본능인 것 같이 느껴졌다.

　탑승수속 카운터로 가기 위해서 배낭을 챙기면서 아내에게 북유럽 여행 소감을 물었다. 아내는 의외의 대답을 한다.

　"난, 당신이 나를 사랑한다는 걸 다시금 느꼈어!"
　나는 왠지 쑥스러워졌다.
　"아니, 뭐….
　'내가 당신을 항상 사랑하지 않았나?'